Zentrum Moderner Orient
Geisteswissenschaftliche Zentren Berlin e.V

Wessen Geschichte? Muslimische Erfahrungen historischer Zäsuren im 20. Jahrhundert

Herausgegeben von
Henner Fürtig und Gerhard Höpp

Arbeitshefte 16

Verlag Das Arabische Buch

Die Deutsche Bibliothek - CIP-Einheitsaufnahme

Wessen Geschichte? : muslimische Erfahrungen historischer Zäsuren im 20. Jahrhundert / Zentrum Moderner Orient, Geisteswissenschaftliche Zentren Berlin e.V. Hrsg. von Henner Fürtig/ Gerhard Höpp. - Berlin : Verl. Das Arab. Buch, 1998
(Arbeitshefte / Zentrum Moderner Orient Berlin, Geisteswissenschaftliche Zentren Berlin e.V.; 16)
ISBN 3-86093-194-6

Zentrum Moderner Orient
Geisteswissenschaftliche Zentren Berlin e.V.

Direktor:
Prof. Dr. Ulrich Haarmann

Kirchweg 33
14129 Berlin
Tel. 030 / 80307 228

ISBN 3-86093-194-6
ARBEITSHEFTE

Bestellungen:
Das Arabische Buch
Horstweg 2
14059 Berlin
Tel. 030 / 3228523
Fax 030 / 3225183

Redaktion und Satz: Margret Liepach

Druck: Druckerei Weinert, Berlin
Printed in Germany 1998

Gedruckt mit Unterstützung der Senatsverwaltung für Wissenschaft, Forschung und Kultur, Berlin

Inhalt

Vorwort 5

Gerhard Höpp: Feindbild "Westen". Zur Rolle historischer Zäsuren beim Wandel muslimischer Europabilder seit dem 19. Jahrhundert 11

Börte Sagaster: Selbstbild und Fremdbild in der türkischen Literatur nach dem Ersten Weltkrieg: Yakup Kadri Karaosmanoğlus Roman Sodom ve Gomore 27

Juliane El-Maneie: Exodus, Flucht, Vertreibung, Katastrophe. Die Entstehung des palästinensischen Flüchtlingsproblems in der palästinensischen und israelischen Historiographie der Ereignisse von 1948 45

Henner Fürtig: Die Islamische Republik Iran und das Ende des Ost-West-Konflikts 73

Ellinor Schöne: Die islamische Staatengruppe und das Ende des Ost-West-Konflikts - die Sicht der Organisation der Islamischen Konferenz 97

Steffen Wippel: Europa als Gegner, Vorbild, Partner? Sichtweisen eines marokkanischen Wissenschaftlers und Politikers über mehrfache Zäsuren in drei Jahrzehnten 117

Vorwort

Seit 1996 beschäftigt sich eine Projektgruppe am Zentrum Moderner Orient mit dem Thema "Islam und Globalisierung. Wahrnehmungen und Reaktionen von Muslimen im 19. und 20. Jahrhundert"; dahinter verbirgt sich das Bemühen ihrer mittlerweile sechs Mitarbeiterinnen und Mitarbeiter, die geistige Verarbeitung von Globalisierungserfahrungen in der islamischen Welt in komparativer Weise zu untersuchen. Im Vordergrund ihres Interesses stehen die Wahrnehmungen des "Westens" durch Muslime sowie ihre Reaktionen auf die heterogenen Rhythmen des Wandels in der neuesten Geschichte, die sie im Sinne Albert Houranis als "interlocking rhythms of change" verstehen[1], also als komplexe Beziehungen zwischen Internem und Äußerem, zwischen "Eigenem" und "Fremdem", "Uns" und "Ihnen".

Die Analyse beider Phänomene findet vor dem Hintergrund eines nach wie ungeklärten Problems der Globalisierungsdebatte statt, der Frage nämlich, ob im Prozeß der Globalisierung "kleine" (v.a. "mikrosoziale") kulturelle Grenzen verfließen oder "große" (v.a. zivilisationsbedingte) sich eher verfestigen: Während manche Autoren auch noch in jüngster Zeit den "fraktalen", situationsgebundenen Charakter dieser Grenzen betonen und behaupten, Globalisierung intensiviere grenzüberschreitende, interkulturelle Kontakte[2] und bringe so "hybride" bzw. synkretistische Formen hervor[3], glauben andere die globale Politik und Geschichte der kommenden Jahrzehnte durch einen "clash of civilizations", einen Zusammenprall namentlich zwischen "islamischer" und "westlicher" Kultur bestimmt[4]; das heißt, die einen sehen im Ergebnis des Globalisierungsprozesses vorrangig die Verflüssigung der kulturellen Grenzen und die Heterogenisierung der Kulturen, die anderen hingegen deren antagonistische Verfestigung.

Die Bearbeiterinnen und Bearbeiter des Projekts gehen davon aus, daß sich die Gewichtung dieser oder jener Tendenz im Globalisierungsprozeß grundsätzlich in konkreten historischen Situationen sowie auf unterschiedlichen individuellen und kollektiven Handlungsebenen durchsetzt; darüber hinaus vertreten sie die These, daß dieser - unentschiedene - Vorgang nur durch die Berücksichtigung der Wahrnehmung bzw. Konstruktion des jeweiligen kulturellen "Anderen" zu klären ist, weil die Herausbildung "eigener" individueller und kollektiver Identitäten respektive die Formulierung und Ausübung entsprechender Reaktionen stets auch über die Wahrnehmung eines "Anderen" sowie durch die Möglichkeit vermittelt wird, sich imaginär mit dessen Augen zu sehen.[5] Zum Verstehen dieses Vorgangs will die Projektgruppe einen Beitrag leisten.

Das geschieht angesichts einer Diskussion, in der nach wie vor das pauschalisierende Paradigma zivilisationsspezifischer Perzeptionsraster dominiert: Edward Saids Kritik am Orientalismus unterstellte und unterstellt dem "Westen" ein jahrtausendaltes essentialistisches Orientbild[6] und bleibt damit hinter dem eigenen methodischen Anspruch zurück, Foucaults Diskurstheorie und Gramscis Hegemoniekonzept in die Analyse "westlicher" Wahrnehmung des "Orients" einzuführen; muslimische Autoren vertreten in der Orientalismusdebatte die Ansicht, im Grunde seien nur Muslime dazu fähig, den islamischen Orient zu verstehen. "Westliche" Autoren nehmen u.a. das zum Anlaß, um die Ansicht zu wiederholen, im islamischen Zivilisationsbereich sei die interkulturelle Wahrnehmungsbereitschaft im Vergleich zu der des "Westens" weit geringer entwikkelt[7]; Muslime widersprechen dem und machen für die Unterstellung den Orientalismus verantwortlich, den sie gelegentlich mit einem "Okzidentalismus" glauben beantworten zu müssen[8].

Immerhin hat aber der anti-orientalistische Diskurs im "Westen" wie im islamischen Orient eine spürbare Zunahme von Arbeiten über die jeweilige Perzeption des "Anderen" bewirkt. Allerdings fällt ein Ungleichgewicht auf: Einer Fülle von - nun vor allem orientalismuskritischen - Analysen des "westlichen" Bildes vom islamischen Orient stehen nur wenige über das muslimische Bild vom "Westen" gegenüber; letzteres ist gleichermaßen muslimischen und "westlichen" Autoren anzulasten. Die Projektgruppe will durch ihre Arbeiten bei einer Änderung dieses Zustandes mithelfen.

Damit hofft sie zugleich einen Beitrag zur Diskussion über die Globalisierung leisten, namentlich Bemühungen für die Formulierung ihrer historischen Dimension unterstützen zu können. Autoren wie Bryan S. Turner[9] haben, obwohl die Einordnung aktueller Globalisierungsprozesse in eine längere historische Perspektive noch aussteht, diese bereits berücksichtigt, und auch in der Wirtschaftsgeschichtsschreibung finden sich solche Ansätze. Desgleichen sei an Versuche erinnert, die ältere Dependenz- bzw. Weltsystem- mit der Globalisierungsdiskussion durch Konzepte einer "ungleichen Globalisierung" zu verknüpfen, die alte Muster der Hierarchisierung im internationalen System befördert. Die Mitarbeiterinnen und Mitarbeiter der Projektgruppe bevorzugen indessen den Anschluß an die neuerdings sehr lebendige Debatte über alternative oder "andere Moderne(n)" bzw. "global modernities".[10] Der Beitrag der Projektgruppe könnte darin bestehen, diese Sichtweise durch Beispiele muslimischer Wahrnehmungen und Reaktionen gerade an Schnitt- und Wendepunkten der gemeinsamen Geschichte mit dem "Westen" zu ergänzen bzw. zu überprüfen.

Nach dem Panel "Muslime sehen den Westen" auf dem dritten wissenschaftlichen Kongreß der Deutschen Arbeitsgemeinschaft Vorderer Orient (DAVO im November 1996 hatte die Gruppe deshalb im November 1997 das Panel "Wessen Geschichte? Muslimische Erfahrungen historischer Zäsuren im 20. Jahrhundert" gestaltet. Die Beiträge, die dort gehalten und diskutiert wurden, werden hier in überarbeiteter Form und, ergänzt durch Aufsätze von Juliane El-Maneie und Steffen Wippel, zugänglich gemacht. Sie spannen einen Bogen von den Schlachten des Ersten und des Zweiten Weltkrieges sowie der arabisch-israelischen Kriege über die europäischen und orientalischen Nachkriegsordnungen hin zum Ende des Ost-West-Konflikts und dem europäischen

Integrationsprozeß, die alle, wenngleich in unterschiedlichem Maße und in unterschiedlicher Weise auch von Muslimen als Zäsuren einer gemeinsamen Geschichte mit dem "Westen" erlebt wurden und werden.

Gerhard Höpp untersucht gewissermaßen in einer *tour de horison* den Einfluß historischer Einschnitte auf die Entwicklung des muslimischen Bildes vom "Westen" in den zurückliegenden zwei Jahrhunderten. Vorwiegend anhand arabischer Quellen verdeutlicht er, wie vereinzelte Vorbehalte gegenüber moralischen Normen und sozialen Verhältnissen in Europa trotz anhaltender Bewunderung für die "westliche" Technik und Wissenschaftskultur nach dem Ersten Weltkrieg, angesichts der Etablierung des europäischen Mandatssystems im Vorderen Orient und Nordafrika, zu einer fundamentalen Zivilisationskritik wurden und nach dem Zweiten Weltkrieg in dem nun entstehenden bipolaren Weltsystem zu einem Feindbild mutierten. Dabei werden im Sinne der "interlocking rhythms of change" Houranis auch die "dialogischen Beziehungen"[11] deutlich gemacht, die zwischen den jeweiligen Bildern vom "Anderen" wirken, darunter dem substituierenden Feindbild "Islam" nach dem Ende des Ost-West-Konflikts im "neuen Westen" und dem Feindbild "Westen" im islamischen Orient.

Auswirkungen des Ersten Weltkrieges auf das Europabild in der türkischen Literatur zeigt *Börte Sagaster* am Beispiel des Romans *Sodom ve Gomore* von Yakup Kadri Karaosmanoğlu. Zur Zeit der alliierten Besetzung Istanbuls 1920 bis 1922 handelnd, beschreibt er die dort herrschenden Zustände, in denen Türken und Levantiner mit den Okkupanten kollaborieren, als ein dekadentes "Sodom und Gomorra". "Sodom und Gomorra" ist also eine Metapher für die moralische Verwahrlosung in dem am Ende des Krieges zusammengebrochenen Osmanischen Reich und für die in der türkischen Gesellschaft herrschende Selbstentfremdung, welche für den Autor auf "westliche" Einflüsse zurückzuführen seien. So ist das in dem Roman vermittelte Europabild ähnlich dem in anderen zur selben Zeit handelnden türkischen Werken extrem negativ, von der Wahrnehmung des Europäers als Kolonialisten bestimmt.

Mit den Stichworten Exodus, Flucht, Vertreibung und Katastrophe wendet sich der Beitrag von *Juliane El-Maneie* der Verarbeitung der Ereignisse von 1948 in Palästina durch palästinensische und israelische Historiker zu. Im Mittelpunkt steht das palästinensischen Flüchtlingsproblem, das bis heute der entscheidende Faktor bei einer möglichen Lösung des Nahostkonflikts ist. An Beispielen aus der palästinensischen und israelischen Geschichtsschreibung, die sich in steter Spannung zueinander und durch heftige ideologische Auseinandersetzungen miteinander entwickelt haben, sowie anhand der innerpalästinensischen und innerisraelischen Diskussion wird gezeigt, daß Flucht und Vertreibung der Palästinenser und die "Erinnerung" daran konstituierende Elemente für die Herausbildung und Festigung der Identitäten der beiden

Völker waren und sind. Die muslimische Erfahrung wird hier in ihrer Gegenüberstellung zur israelischen geschildert.

Henner Fürtig stellt fest, daß das Ende des Ost-West-Konflikts in Iran scheinbar paradoxerweise zwei sich eigentlich ausschließende Tendenzen in seiner Politik gegenüber dem "Westen" hervorbrachte: Einerseits gaben das Verschwinden von Sowjetunion und Warschauer Pakt als Gegengewicht zum "westlichen" Druck sowie die ruinösen Folgen des ersten Golfkrieges Impulse für eine moderate, pragmatische Außenpolitik, die geeignet war, Isolation zu überwinden. Andererseits förderten dieselben Umstände Bestrebungen in der Führung der Islamischen Republik, eine neue Bipolarität in der Welt zu apostrophieren, als deren einen Pol sie sich selbst als Exponent eines revitalisierten und politischen Islam gegenüber dem "Westen" definierte. Welche Richtung überwiegt oder sich durchsetzen wird, ist derzeit nicht auszumachen.

Ellinor Schöne fragt danach, wie die in der Organisation der Islamischen Konferenz (OIC) vereinigten Staaten das Ende des Ost-West-Konflikts beurteilen und darauf reagieren. Anhand von Dokumenten der OIC weist sie nach, daß die islamischen Staaten den Zusammenbruch von Sowjetunion und Warschauer Pakt und das Scheitern der kommunistischen Ideologie und Politik mit Genugtuung registrierten und daran zugleich die Hoffnung knüpften, dies möge zu einem Aufbrechen des Nord-Süd-Konflikts, zur Demokratisierung der internationalen Beziehungen und zur Entstehung eines multipolaren, auf Gleichberechtigung beruhenden Weltsystems führen. Spätestens seit 1991 änderte sich das: Der zweite Golfkrieg, der Krieg in Bosnien-Herzegowina, das Stagnieren des Nahostfriedensprozesses und der immer deutlicher werdende unipolare Charakter der neuen Weltordnung bewirkten Skepsis und Enttäuschung: Das Nord-Süd-Verhältnis und sein Kern, jenes zwischen dem "Westen" und der islamischen Welt, bleibe zu ändern, "westliche" Dominanz zu brechen und das "westliche" verzerrte Bild vom Islam dringend zu korrigieren.

Steffen Wippel untersucht am Beispiel eines namhaften Wirtschaftswissenschaftlers und Politikers marokkanische Wahrnehmung und Verarbeitung einer dreißigjährigen Kooperationserfahrung mit Europa. Darin sind gleichermaßen die Beurteilung innereuropäischer Entwicklungen und ihrer Auswirkungen auf die gegenseitigen Beziehungen wie die Sicht auf alternative Kooperations- und Integrationsmöglichkeiten einbezogen. Grundsätzlich geht es um die Frage der Verortung Marokkos in Mehrfachzusammenhängen - in historischen, ökonomischen, politischen und soziokulturellen Dimensionen und in den Beziehungen zu Europa, dem Maghreb, den arabischen und den afrikanischen Ländern sowie denen des Mittelmeerraums. Das in den Schriften des Autors vermittelte Bild Europas sowie das Verhältnis Marokkos zu ihm waren von vielfältigen - globalen, regionalen und lokalen - Entwicklungen, Zäsuren und Brüchen geprägt.

Herausgeber und Autoren danken der Deutschen Forschungsgemeinschaft für die Förderung ihres Projekts sowie Margret Liepach vom Zentrum Moderner Orient für die sorgfältige redaktionelle Betreuung der Manuskripte und die technische Fertigstellung des Arbeitsheftes.

Henner Fürtig, Gerhard Höpp

Anmerkungen

1 Vgl. Albert Hourani, How Should We Write the History of the Middle East? In: International Journal of Middle East Studies, 23 (1991) 2 , S. 129.

2 Vgl. Inge Boer/Toine van Teeffelen/Annelies Moors (Hg.), Postmodernism and the Arab-Islamic World, Amsterdam-Atlanta 1995; Nilgün Yüce, Tourismus und kulturelle Spurensuche: Reisen als Möglichkeit interkultureller Identitätserkennung - dargestellt am Beispiel Türkei, Würzburg 1995; Margot Scheffold, Authentisch arabisch und dennoch modern? Berlin 1996.

3 Vgl. Walter Armbrust, Mass Culture and Modernism in Egypt, Cambridge 1996.

4 Vgl. Samuel P. Huntington, The Clash of Civilizations? In: Foreign Affairs, 72 (1993) 3, S. 22-49, sowie dens., Kampf der Kulturen. Die Neugestaltung der Weltpolitik im 21. Jahrhundert, München 1996.

5 Vgl. George Herbert Mead, Geist, Identität und Gesellschaft aus der Sicht des Sozialbehaviorismus, Frankfurt/M.1968.

6 Vgl. Edward Said, Orientalism, London 1978.

7 Vgl. Bernard Lewis, Other People's History. In: The American Scholar, 59 (1990) 3, S. 398f.

8 Vgl. Ḥasan Ḥanafī, Muqaddima fī ʿilm al-istiġrāb, Kairo 1991.

9 Vgl. Bryan S. Turner, Orientalism, Postmodernism and Globalism, London 1994.

10 Vgl. Mike Featherstone/Scott Lash/Roland Robertson (Hg.), Global Modernities, London 1995.

11 Vgl. Mohamad Tavakoli-Targhi, Orientalism's Genesis Amnesia. In: Comparative Studies of South Asia and the Middle East, 16 (1996) 1, S. 1ff.

Feindbild "Westen". Zur Rolle historischer Zäsuren beim Wandel muslimischer Europabilder seit dem 19. Jahrhundert

Gerhard Höpp

Bis zum heutigen Tage hat es, was bei der Vorbereitung dieses Beitrages schmerzlich zu spüren war, offensichtlich kein Orientalist vermocht, die Entwicklung des muslimischen Bildes vom Westen systematisch zu untersuchen: Sieht man von einigen Ansätzen dazu ab[1], so dominieren nach wie vor Schriften über meist mittelalterliche islamische Sichten des Christentums[2], über vor allem individuelle muslimische Perzeptionen des Westens aus dem 19. und 20. Jahrhundert[3] und - neben einigen Übersetzungen - Analysen von Berichten muslimischer Reisender über Europa und die "Neue Welt" ebenfalls meist aus den zurückliegenden beiden Jahrhunderten[4]. Obwohl gerade die Zahl der letzteren in jüngerer Zeit bemerkenswert zugenommen hat, kontrastieren doch Menge und auch Vielfalt aller dieser Untersuchungen noch immer beträchtlich zu der Flut europäischer und amerikanischer Darstellungen, in denen das westliche Bild vom (islamischen) Orient aus den verschiedensten Perspektiven und auf den unterschiedlichsten Ebenen widergespiegelt, beschrieben, gedeutet und gelegentlich hinterfragt wird.[5] Auch Muslime haben sich - spätestens seit Edward Saids Kritik am westlichen Orientbild - mit diesem auseinandergesetzt und neben apologetischen verschiedentlich wissenschaftlich beachtenswerte Beiträge dazu[6] sowie zum islamischen Bild vom Westen geliefert[7].

Das letztere hat indessen nicht vermocht, den unter Orientalisten weit verbreiteten Eindruck zu korrigieren, das Interesse der Muslime am Westen sei stets nur sehr gering gewesen und überhaupt erst vor kurzem erwacht, was seinen Ausdruck in dem schwachen Abbild des "Abendlandes" in der islamischen Literatur und letztendlich sogar im Fehlen einer "Okzidentalismus" zu nennenden Disziplin im Islam gefunden hätte; dies erkläre auch das oben erwähnte quantitative und qualitative Mißverhältnis zwischen der Beschäftigung mit dem westlichen Orientbild einerseits und dem muslimischen Bild vom Westen andererseits. Namentlich Bernard Lewis hat auf der Grundlage umfangreicher empirischer Untersuchungen nachzuweisen versucht, daß in der Geschichte stets "a complete lack of interest and curiosity among the Muslim scholars about what went on beyond the Muslim frontiers in Europe" bestanden hat[8]; das habe sich erst am Ende des 18., Anfang des 19. Jahrhunderts, als eine vierte Phase der "Muslim discovery of Europe" begann, geändert[9]. Das hinderte ihn indessen nicht, die kategorische Behauptung aufzustellen: "Islam did not study the West."[10]

Dieses Apodiktum hat Widerspruch vor allem bei muslimischen Autoren hervorgerufen. Sie kritisieren, daß durch die orientalistische Konstruktion, welche dem "Western writing" ein "Oriental silence" gegenüberstellt[11], der postulierte Mangel an muslimischer Neugier auf den Westen jenseits plausibler Gründe gewissermaßen ontologisiert wird. Demgegenüber meint Nasrin Rahimieh, "that the Orient has never been and is not now a silent addressee", und sie argumentiert:

> "The absence of an Oriental voice in Western letters does not necessarily reflect total silence on the subject of the West in Oriental literature and criticism. Throughout the centuries of contact between the two cultures there have been treatises written by both sides on the general character and customs of the other. If, during the Crusades, the Christians stereotyped their enemy, their Muslim counterparts elaborated an equivalent myth, that of the ferocious Franks or Rum."[12]

Auch Mohamad Tavakoli-Targhi greift das umstrittene Begriffspaar "Western writing" - "Oriental silence" auf und nennt es ein Produkt der "Orientalism's genesis amnesia"; für ihn sind "assumed silence and lack of scientific curiosity among the Orientals" gleichbedeutend mit einer "strategic choice for authorizing the "'disciplinization' of Orientalism and legitimating its claim to objective knowledge". Als Alternative dazu unternimmt er seinerseits den Versuch, mittels "retracing the contributions of Persianate scholars to the education of 'pioneering' Orientalists" die nach seiner Meinung von den Orientalisten vernachlässigten oder verdrängten "dialogic conditions of the emergence of modern Orientalism" wiederzufinden.[13]

Im Grunde ist das nicht neu: Spätestens seit George Herbert Mead wissen wir, daß die Herausbildung von individuellen und kollektiven Identitäten immer auch über die Wahrnehmung des Anderen und die damit gebotene Möglichkeit erfolgt, sich mit dessen Augen zu sehen.[14] Auch im Verhältnis der Muslime zum Westen war und ist das der Fall. Daß in diesem Zusammenhang wieder einmal daran erinnert werden muß, verdeutlicht, daß es hier nicht schlechthin um ein akademisches Desiderat - die Beschäftigung mit dem muslimischen Bild vom Westen eben - geht, sondern gleichzeitig oder sogar vielmehr um die Kritik am orientalistischen Diskurs und in der Konsequenz um die Suche nach Identität zwischen den realen und imaginären Polen "Tradition" und "Moderne", "Orient" und "Okzident". Es handelt sich dabei tatsächlich um ein wechselseitiges Verhältnis, eben eine "dialogische Beziehung", an der mindestens zwei Seiten beteiligt sind - nämlich die muslimischen Bilder vom Westen und die westlichen Bilder vom islamischen Orient, hinter denen jeweils stets konkrete Interessen, Haltungen und Handlungen stehen.

In der folgenden groben Skizze über die Herausbildung und Entwicklung muslimischer Bilder, darunter Feindbilder, vom Westen erscheinen die westlichen Orientbilder allerdings nur im Zusammenhang mit dem orientalistischen Diskurs, von dem noch näher die Rede sein wird; Beispiele für die muslimischen stammen vorwiegend aus den mir vertrauteren arabischen Ländern sowie aus dem 19. und 20. Jahrhundert, also jener vierten Phase der "muslimischen Entdeckung Europas", in welcher das Spannungsfeld zwischen "Tradition" und "Moderne", "Orient" und "Okzident" dort hinreichende Reflektion erfuhr und greifbare Alternativen oder Synthesen erzeugte.

Das 19. Jahrhundert hatte ein Bild vom Westen hervorgebracht, das ihn - zunächst vor allem Frankreich und Großbritannien, dann auch Deutschland und das europäische Rußland - als den Inbegriff des wissenschaftlichen Fortschritts, der technischen Innovation und Invention, des menschlichen Fleißes, der Bildung und der Prosperität, kurzum der "Moderne" zeichnete; es wurde - heute den ganzen industrialisierten Norden und Japan erfassend - im Grunde bis in die jüngste Vergangenheit bruchlos tradiert. Die Bewunderung für ihn war, obwohl frühzeitig differenziert, damals fast grenzenlos: Reisende und Journalisten priesen in Büchern und Zeitschriften - ganz besonders in *al-Muqtaṭaf*[15] - seine neuesten Errungenschaften und ihre Schöpfer; arabische Intellektuelle machten ihre Landsleute mit den "Geheimnissen" dieses Erfolgs vertraut - der christliche Libanese Yaᶜqūb Ṣarrūf (1852-1927) übersetzte z.B. 1880 unter dem Titel *Sirr an-naǧāḥ* Samuel Smiles' *Self Help*, und der muslimische Ägypter Aḥmad Fatḥī Zaġlūl (1863-1914) im Jahre 1899 Edmond Demolins' *A quoi tient la superiorité des Anglo-Saxons* als *Sirr taqaddum al-inklīz as-saksūnīyīn*. Der Vordere Orient wurde mit solchen Publikationen geradezu überschwemmt.

Das derart vermittelte Bild vom Westen war zugleich ein Spiegel, in dem Araber bzw. Muslime die eigene Rückständigkeit und Inferiorität um so deutlicher erkennen mußten. Zu denen, die das so empfanden, gehörte besagter Aḥmad Fatḥī Zaġlūl, ein Bruder des späteren Wafd-Führers und ägyptischen Ministerpräsidenten Saᶜd Zaġlūl (1860-1927); in seinem Vorwort zu Demolins' Buch klagte er nämlich:

> "Wir sind schwach gegenüber den europäischen Nationen: schwach in der Landwirtschaft ... schwach in der Industrie ... schwach im Handel, in der Wissenschaft, in der Entscheidungsfindung, in der Freundschaft, in der Eigenliebe, im religiösen Gefühl, im Nationalgefühl; schwach in der Wohltätigkeit; schwach in der Bewahrung des Erbes unserer Väter, im Erwerb von Gütern; schwach vor allem deshalb, weil wir ganz und gar auf die Regierung zählen."[16]

Viele sahen das seinerzeit ebenso und erblickten in der Verwestlichung das einzige Mittel, diesem als so armselig empfundenen Zustand und damit gewissermaßen auch der eigenen Geschichte zu entrinnen. Der ägyptische Khedive Ismāᶜīl (reg. 1863-1879) ist ein anschauliches und tragisches Beispiel dafür.

Zwei Jahre nach dem Staatsbankrott und der Errichtung der europäischen Finanzkontrolle über sein Land verkündete er 1878 mit einem nicht nur heute fast unbegreiflichen Stolz: "Mon pays n'est plus en Afrique, nous faisons partie de l'Europe actuellement."[17]

Das Bild des Westens war jedoch - wie bereits angedeutet - in den Augen der Araber bzw. Muslime keineswegs makellos. Vorbehalte, ja Vorurteile gegenüber und Kritik an so manchen Seiten seiner Zivilisation waren schon damals deutlich zu erkennen. Der Ägypter Rifāʿa aṭ-Ṭahṭāwī (1801-1873), der 1834 Frankreichs materiellen Fortschritt gerühmt hatte, riet in gleichem Atemzuge jedem Muslim, der sich mit dessen Philosophie befassen sollte, "sattelfest in Koran und Sunna (zu) sein, damit er sich nicht dadurch täuschen lasse und in seinem Glauben erlahme"[18] Ṣarrūf und sein Landsmann Aḥmad Fāris aš-Šidyāq (1801-1887), der staunend England bereist hatte, vermochten die Jagd nach dem Profit nicht zu begreifen, und letzterer fragte: "Was nützt der Vermögenszuwachs einem, den Gott durch seine Güte bereits reich gemacht hat?"[19] Und der Ägypter Muḥammad al-Muwailiḥī (1858-1930), der Arbeiter in französischen Bergwerken und Stahlgießereien gesehen hatte, erschrak darüber und gab zu bedenken:

> "Unglück über den Menschen! Er glaubt für das Lebensglück zu arbeiten. Indessen verbringt er seine Lebenszeit in Not und Plage, bis der Tod ihn ereilt. Dann verläßt er die Welt weinend, wie er in sie gekommen ist, nachdem er die kurze Erdenfrist in einer Weise verbracht hat, die den Tieren und Insekten angemessen ist. Dabei meint er doch, das höchste Geschöpf zu sein"[20].

Derartige Zweifel an der Vollkommenheit der westlichen Zivilisation, insbesondere an der Moral ihrer Menschen, ihrer Gottesfürchtigkeit etc., von denen gewiß manche bald zu Klischees gerannen, vermochten indessen nicht zu verhindern, daß in den Augen der Araber bzw. Muslime die "Moderne", also Innovation, Fortschritt und Demokratie, ausschließlich mit "dem Westen" konnotiert wurde. Dieser seinerseits förderte das begreiflicherweise durch entsprechende Selbstdarstellungen. Vor allem betrieb er durch Politiker, Philosophen und nicht zuletzt Orientalisten die Konstruktion einer komplementären Konnotation, nämlich der Verbindung von Stagnation, Rückständigkeit, Inferiorität und Despotie, kurz, der "Tradition", mit "dem Islam" bzw. mit "dem Orient".[21]

Reinhard Schulze deutete einmal an, daß der Kern der "orientalischen Tragödie" darin bestehe, daß der Orient das "orientalische Schauspiel" des Westens mitgemacht habe.[22] In der Tat! Es war vielleicht schon Resignation angesichts des immensen materiellen Vorsprungs des Westens, die Muslime dazu bewogen hat, gewissermaßen zum eigenen Trost eine globale Arbeitsteilung eigener, ihrem Zustand gemäßer Art zu konstruieren: 1841 schrieb der

Ägypter ʿAbduh Ḫalīfa Maḥmūd im Vorwort zur arabischen Übersetzung von William Robertsons *History of the Reign of the Emperor Charles the Fifth*, Gott habe Europa nun einmal mit den nützlichen Wissenschaften, der Bildung und Industrie ausgestattet, Asien hingegen mit der göttlichen Botschaft, der Prophetie, dem Großmut und der Ritterlichkeit beschenkt.[23] Und nur wenig später, 1860, verkündete der libanesische Christ Ḫalīl al-Ḫūrī (1836-1907), der sich in einer Novelle über die grotesken Formen der Verwestlichung seiner Landsleute lustig gemacht hatte, das Prinzip, "daß jedes Volk eine besondere Befähigung für eine bestimmte Art von Zivilisation besitzt, die seinen Veranlagungen und Sitten entspricht. Wird sie jedoch durch eine andere ersetzt, so besteht die Gefahr, daß die besten menschlichen Eigenschaften verlorengehen..."[24] Dieses essentialistische Identitätsmuster, das grundsätzlich "den Westen" mit dem Materiellen bzw. Materialistischen und "den Orient" mit dem Spirituellen assoziierte, blieb in Varianten bis heute erhalten und gültig.

Indem sie so dachten, eigneten sich Araber bzw. Muslime den orientalistischen Diskurs an, einen Denkstil, der nach Edward Said "upon an ontological and epistemological distinction made between 'the Orient' and (most of the time) 'the Occident'" beruht[25]; sie begannen, wie der Ägypter Aḥmad Abū Zaid jüngst beklagte, "to look at themselves with the eyes of others"[26]. Nun kann so etwas - im Sinne Meads etwa - für das Erkennen des Selbst zweifellos recht erhellend sein; hier bewirkte es jedoch, daß Araber bzw. Muslime fortan versuchten, ihre Identität in verhängnisvoller Weise ausschließlich aus der Konfrontation mit der westlichen "Moderne" zu schöpfen.

Wie das geschehen sollte, hatte ihnen der Syrer Muḥammad Rašīd Riḍā (1865-1935) schon 1898 beschrieben:

> "We must compete with the Europeans in an effort to discover the sources of benefits to us. We must explore their signs and causes, and refrain from confining ourselves to the importation of the products of their Western industries and achievements... Imitating the West will make us dependent on the Europeans for ever, and eliminate all our hopes to approach and emulate them."[27]

Anstelle von platter Verwestlichung empfahl er also gesellschaftliche Modernisierung; damit machte er das Dilemma zu einem Programm, das Generationen nach ihm - erfolglos, doch folgenreich - zu verwirklichen trachteten.

Schon zwanzig Jahre später, nach dem Ersten Weltkrieg, wurde dieses Dilemma offensichtlich: Während sich Riḍās Hoffnungen noch immer nicht erfüllt hatten, waren hingegen seine Befürchtungen eingetroffen: Mit z.T. brachialer Gewalt hatte der Westen unter Bruch von Versprechungen und Verträgen seine direkte und indirekte Herrschaft im Nahen Osten und anderswo im islamischen Orient errichtet bzw. gefestigt. Eine Folge war, daß das Bild des Westens als einzuholendes Vorbild für den Fortschritt nun durch das des intriganten imperialistischen Unterdrückers ergänzt wurde. Konsterniert schrieb 1920 derselbe Riḍā:

> "Europe has destroyed all the good reputation it had in the East after her experience during and after the war. Nobody believes the word of the Europeans any more, nor does anybody trust them or even perceive them to be qualified to exercise justice and virtue."[28]

Bekanntlich blieb es nicht bei diesem einen Mal!

Partielle Vorbehalte gegenüber dem Westen aus der Vorkriegszeit entwikkelten sich jetzt zu fundamentaler Zivilisationskritik. Dafür lieferte er, von seinem imperialistischen Auftreten im Orient einmal abgesehen, hinreichende weitere Anlässe: Wirtschaftskrisen und Werteverfall, soziale Unruhen und politische Korruption, Freimaurerei, Bolschewismus, Faschismus und Zionismus, die von den Muslimen in der Regel alle gleichermaßen als Ausgeburten des selben Systems diesem angelastet wurden. Unter dem Eindruck derartiger apokalyptischer Bilder konstatierte Anfang der dreißiger Jahre der liberale ägyptische Intellektuelle Muḥammad Ḥusain Haikal (1888-1956) eine "Krise der europäischen Vernunft", die aus deren ausschließlicher Orientierung auf das Materielle bzw. Materialistische erwachsen sei. Den Ausweg aus ihr erblickte er in der Wiederherstellung der auseinandergebrochenen Einheit von Geist und Materie, und mit Bezug auf die oben erwähnte essentialistische Konstruktion "Orient-Okzident"/Geist-Materie forderte er, das "neue Leben, das aus der Wissenschaft seine materielle Stärke gezogen hat, durch den Geist der in ihrer moralischen Erhabenheit tief verwurzelten islamischen Kultur" zu ergänzen; und da dem Geist nun einmal der Ruhm gebühre, sichere dies dem Orient - das seine Hoffnung - künftig die Führungsrolle in der Welt zu.[29]

Solche Fundamentalkritik am Westen, an der sich auch andere muslimische Intellektuelle beteiligten, vermochte zwar (noch) nicht die Konnotation der "Moderne" an ihn zu dekonstruieren. Sie erleichterte es aber den nun aufkommenden politischen, namentlich den nationalistischen und islamistischen Bewegungen, sich in noch deutlicherer Abgrenzung zu ihm und seinem "häßlichen" Bild selbst zu definieren: Weder (westlicher) Kapitalismus noch (westlicher) Sozialismus, hieß schon damals ein Grundsatz ihrer Ideologie. Außerdem vermittelten ihnen Intellektuelle wie Haikal und der Libanese Šakīb Arslān (1869-1946) - er hatte 1930 das vielbeachtete Buch *Limāḏā taʾaḫḫara al-muslimūn wa limāḏā taqaddama ġairuhum?* ("Warum sind die Muslime rückständig und die anderen fortgeschritten?") veröffentlicht - zugleich einen neuen Stolz auf ihre im Kontrast zur westlichen "Moderne" bisher als obsolet empfundene (islamische) Tradition und Geschichte. Damit ermöglichten sie, daß die letzteren, sozusagen im Rückgriff auf das Eigene, zur Konzipierung eines "dritten Weges" nutzbar gemacht werden konnten.

Das Beschreiten und die Ausgestaltung dieses Weges mußten allerdings solange aufgeschoben werden, bis Araber bzw. Muslime mit der Befreiung vom westlichen Kolonialismus und der Erringung der Eigenstaatlichkeit die wesentliche Voraussetzung dafür geschaffen hatten. Im Kampf um diese waren Feindbilder gefragt, also "Deutungsmuster für gesellschaftlich-politisches Geschehen" als "negative, hoch emotionale, veränderungsresistente Vor-Urteile", wie eine Definition lautet.[30] Aus der Sicht des Westens war es vor allem "der Nationalismus", mit dem der kämpfende Orient nun identifiziert wurde, aus der Sicht des kämpfenden Orients in erster Linie "der Imperialismus", als der ihm der Westen jetzt gegenübertrat - etwa während des Rifkrieges, des syrischen Aufstands und der Unruhen in Palästina in den zwanziger und dreißiger Jahren. Auf beiden Seiten erfüllten die Feindbilder zuallererst ihre Funktion, "breite Akzeptanz für Gewalt" zu erzeugen.[31] Sie überdeckten oder verdrängten damit zwar zeitweise das Bild des Westens als Träger der (nachzuholenden) Moderne, vermochten es aber nicht auszulöschen.

So war es auch nach dem Zweiten Weltkrieg und dem Ende des Dekolonisierungsprozesses, um eine weitere Zäsur zu benennen. Vor allem radikale, sozialrevolutionäre Bewegungen im Vorderen Orient entwickelten und nutzten neue Variationen dieses Feindbildes "Westen", wofür dieser, der ihnen nun vor allem in Gestalt der USA sowie des zionistischen Israel entgegentrat, durch seine Rolle in den Kriegen, Bürgerkriegen und Staatsstreichen der fünfziger, sechziger und siebziger Jahre ausreichend Anlaß bot. Das schloß politisch motivierte Differenzierungen nicht aus: Manche westeuropäische Länder, darunter die Bundesrepublik, erfuhren abweichende oder differenzierte Beurteilungen[32], und die Sowjetunion und das realsozialistische Lager waren zeit- und teilweise aus dem Feindbild "Westen" ausgeklammert; letzteres verhinderte jedoch nicht, daß sich aus Ansätzen der zwanziger und dreißiger Jahre bei Arabern bzw. Muslimen nun auch ein Feindbild "marxistischer Sozialismus" entwickelte.[33]

Zugleich kam eine weitere Funktion des Feindbildes immer stärker ins Spiel, nämlich die, welche "mehr der eigenen seelischen Stabilisierung als der realistischen Orientierung"[34] dienen sollte. Sie wurde vor allem von jenen arabischen bzw. islamischen Regimes benötigt, die seit den sechziger Jahren den angekündigten "dritten Weg" zwischen Kapitalismus und Sozialismus zu beschreiten trachteten. Als ihre meist staatskapitalistischen bzw. -sozialistischen Versuche scheiterten, wofür es zweifellos einen ganzen Komplex von internen und externen Gründen gibt, konnten sie damit wenigstens den Sündenbock "Imperialismus" für das Fiasko namhaft und haftbar machen.

Der Rückgriff auf Verschwörungstheorien bewahrte sie indessen nicht davor, von Konservativen und den nun - Ende der sechziger Jahre - stärker aufkommenden Islamisten angeklagt zu werden, unter der fadenscheinigen Camouflage eines vorgeblich indigenen arabischen und sogar islamischen Sozialismus lediglich westliche Gesellschaftsmodelle getestet zu haben; deshalb hätten sie nicht nur die Kriege mit Israel verloren, sondern die ganze Gesellschaft in die Irre und ins Verderben geführt.[35] Ein neues, gewissermaßen autochthones Feindbild entstand: die moderne *ǧāhilīya* (*al-ǧāhilīya al-muʿāṣira*). In dieses schlossen die Islamisten konsequenterweise sowohl die einheimischen Verderber als auch den von diesen nachgeahmten Westen ein.

Der Terminus *ǧāhilīya*, der in der islamischen Historiographie bekanntlich die Zeit vor dem Islam bezeichnet, als die Menschen noch ohne Kenntnis der göttlichen Botschaft auskommen mußten, war Ende der dreißiger Jahre zum ersten Male von dem indischen Islamisten Abuʾl-Aʿlā al-Maudūdī (1903-1979) zur Bezeichnung der westlichen "Moderne" verwendet worden[36]; aus ähnlichen Gründen wie etwa für den Liberalen Haikal war sie ihm damals als "moderne Barbarei" erschienen. In den sechziger Jahren wurde der Begriff von dem Islamisten Sayyid Quṭb (geb. 1906) auf das nasseristische Ägypten angewendet, das ihn 1966 hinrichten ließ. Er bezeichnet noch heute den für Muslime unakzeptablen Zustand, in welchem nicht Gott, sondern der Mensch über den Menschen bestimmt, Verhältnisse, die, wie es in einer jüngeren Schrift heißt, von der "Empörung (des Menschen) gegen das Recht Gottes zur Gesetzgebung" und der "Empörung gegen die Weisheit des wissenden und erfahrenen Gottes" gekennzeichnet seien.[37] Gegen die *ǧāhilīya*, heißt es, sei der *ǧihād* zu führen.

Obgleich die Verwendung des Begriffs *ǧāhilīya* auf kleine Zirkel beschränkt blieb, ist doch nicht zu übersehen, daß mit dem Erstarken der islamistischen Bewegung vergleichbare Denominationen der westlichen und ver-westlichten Gesellschaften eine immer breitere Akzeptanz fanden. Dazu trugen - wir kennen diesen Mechanismus mittlerweile - das Verhalten des Westens in den politischen Krisen der letzten beiden Jahrzehnte ebenso bei wie den Muslimen selbstgerecht oktroyierte westliche Diskurse etwa über die Universalität der Menschenrechte und den Säkularismus. Sie riefen in den islamischen Gesellschaften weniger polarisierende als vielmehr solidarisierende Wirkungen hervor. Vor allem die sich im Westen aus der Kritik am Verhalten von Muslimen bzw. islamischen Staaten unversehens herausbildende Feindseligkeit gegenüber "dem Islam" nötigte bislang nüchterne Intellektuelle dazu, in die schillernde Apologetik zu flüchten, und systemkonforme *ʿulamā*, den Wortschatz von regimekritischen Islamisten aufzugreifen. Im Bemühen, die Ursachen für die Krise der eigenen Gesellschaft in die Verantwortlichkeit des Westens zu projizieren (Sündenbock-Syndrom), wurde nicht nur das alte Feindbild "Westen" aufgegriffen, sondern es entstanden zugleich neue, gewissermaßen unter- oder nachgeordnete: So nennen die Azhar-Theologen ʿAbd al-Munʿim an-Nimr[38] und ʿAbd al-Ḥayy al-Farmāwī[39] neben den herkömmlichen Kolonialismus, Kommunismus, Zionismus und christliche Mission an vorderster Stelle den Säkularismus und den Orientalismus (*al-istišrāq*).

"Nach 1978 verwandelte sich Orientalismus in ein Feindbild", konstatiert Thomas Scheffler.[40] Dieser Umstand, den eine erstaunliche Fülle von Publikationen allein in den arabischen Ländern belegt[41], verdient in unserem Zusammenhang besondere Beachtung. Die Kritik Edward Saids am Orientalismus Ende der siebziger Jahre hatte bekanntlich einen emanzipatorischen Anspruch und die durch ihn ausgelöste Debatte nach ihm tatsächlich auch einen befreienden Diskurs nicht zuletzt in der islamischen Welt hervorgebracht[42]: Durch seine Kritik an Said legte er nämlich dessen eigene Befangenheit im orientalistischen Diskurs bloß. Zu den Ergebnissen dieses "anti-orientalistischen" Diskurses gehört der Nachweis, daß auch islamistische Bewegungen in ihm gefangen sind, indem - wie jüngst der türkische Schriftsteller Mustafa Armağan formulierte - sie sich und damit einen "imaginären Osten" durch einen "imaginären Westen" definieren[43]; indem sie, so der Iraner Mehrzad Boroujerdi, versuchen, den "Eurozentrismus" zu vermeiden, erliegen sie einem "Nativismus"[44]. Sie reproduzieren damit ihrerseits, was der syrische Philosoph Ṣādiq Ǧalāl al-ᶜAẓm schon 1981 bemerkt hatte, "the whole discredited apparatus of classical Orientalist doctrine", "replacing the familiar opposition of national liberation against imperialist domination by the more reactionary opposition of East against the West"; dadurch schufen sie einen "ontological Orientalism in Reverse", der "in the end, no less reactionary, mystifying, ahistorical and antihuman" sei als der von ihnen so heftig kritisierte Orientalismus.[45]

Es muß - auch angesichts dessen - eine hypothetische Frage bleiben, welche Schicksale die islamistische Bewegung und das Feindbild "Westen" gehabt hätten, wenn der Westen nach dem Ende der Ost-West-Konfrontation, um eine zunächst letzte Zäsur zu nennen, nicht das Feindbild "Islam" erfunden hätte. Dieses Feindbild ist keine Fiktion, schon gar nicht eine Erfindung der Islamisten.[46] Seine banalen wie seine intelligenten Varianten bestätigen und ergänzen vielmehr das Feindbild "Westen"; schließlich sind beide von der selben - essentialistischen - Art: Samuel P. Huntingtons These vom "clash of civilizations"[47] und Ataullah Bogdan Kopanskis "clash between Blind Reason and Living Faith"[48], die New World Order der USA und das *niẓām al-ᶜālamī al-ǧadīd* der Islamisten[49], der westliche Orientalismus und der islamische "Okzidentalismus" (*al-istiġrāb*).

Es sind vielleicht nicht so sehr Ḥasan Ḥanafī und seine wohl eher der Konjunktur geschuldete "Prolegomena zur Okzidentalistik"[50], die die Sackgasse verdeutlichen, in welche dieser Versuch führen kann, den Orientalismus mit seinen eigenen Mitteln zu bekämpfen - und schließlich zu ersetzen. Viel deutlicher wird sie von denen vorgeführt, die wie der revisionistische muslimische Historiker Kopanski vom Standpunkt eines offenherzigen "Islamozentrismus" dazu aufrufen, "to liberate the Muslim conscience of history from the bondage of French liberal extremism", "(to) desecularize and re-Islamize Muslim conscience" und schließlich "to take a revisionist look into the entire history of the world"; dies alles, weil angeblich "(a)ll works about Islam and Muslims written by Christian, Jewish or feminist authors are pugnaciously biased against Islam and its teachings"[51].

Angesichts derartiger essentialistischer Positionen ist Nasrin Rahimiehs Urteil nur zu verständlich, daß "Orientalism cannot and must not be replaced with a new discipline, Occidentalism, which would constitute a mere displacement of xenophobia"; solche "exaggerated gestures" würden "further reinforce an already faulty Western perception" des islamischen Orients.[52]

Es ist eine nicht minder hypothetische Frage, welche Wirkungen wohl sonst die postmoderne Kritik am orientalistischen Diskurs hätte haben können. Indem sie die "Moderne aus ihrer antinomischen Konstruktion" herauslöste, machte sie - wie Schulze jüngst schrieb - auch "die uns so geläufige Trennung zwischen westlichen und nichtwestlichen Kulturen" sinnlos, die "ja im wesentlichen auf der Zuordnung der Moderne 'zum Westen' und der Tradition 'zum Osten'" beruhe; beide Konzepte bildeten ihr zufolge vielmehr "eine einheitliche Form der Weltaneignung"[53]. Eine solche Perspektive könnte wahrhaftig verhindern helfen, daß die Welt - um mit Wolf Lepenies zu sprechen - "unaufhaltsam zu einem einzigen Abendland" würde.[54] Sie böte auch suchenden Arabern bzw. Muslimen Chancen, in ihr respektive in der Globalisierung zu sich selbst zu finden. Sie könnte sie nämlich irgendwann aus dem Dilemma erlösen, das der ägyptische Philosoph Zakī Naǧīb Maḥmūd als verzweifeltes "Lavieren zwischen der Scylla obsolet gewordener Lösungsansätze und der Charybdis einer 'hurerischen' Fremdkultur" beschreibt.[55] Es wäre dann nämlich Platz für viele Diskurse: für den Fouad Ajamis, der seinen Landsleuten prophezeit, daß eine "historiography that lays every blame at the doorstep of the West will have to be shed"[56]; für den Seyyed Hossein Nasrs, der seinen muslimischen Glaubensgenossen dringend rät, "(to) stop identifying the aggressively secularist force and crass commercial interests of the West with the whole of the West" und "(to) remember that, although the West is predominantly secular, there has survived in the West to this day important Christian and also Jewish elements whose worldviews, despite transient worldly interests in some quarters, are close to that of Islam"[57]; für den Ali Mazruis, der den Menschen im Westen vor Augen führt, daß die kulturelle Distanz zwischen ihnen und den Muslimen "narrower than they assume" ist[58]; und auch für den Diskurs Abdallah Larouis, der die Nähe zwischen westlichem Orientalismus und islamischem Fundamentalismus unter anderem darin erblickt, daß letzterer "apprehends the West as a concept given once for all, and compares it in every respect with what he calls true or pure Islam"[59]. Stattdessen bietet er die Vision von einem liberalen Islam an, der nicht - wie üblich - als eine Summe von Reformen, sondern als eine Situation aufzufassen sei, "in which society is set free to operate according to its own rules"; und augenzwinkernd fügt er hinzu: "I don't say its specific rules because this is a trick familiar to traditionalists".[60]

Schließlich wäre auch Platz für den Diskurs des *mainstream* der Islamisten, denn immerhin gibt Bobby S. Sayyid zu bedenken: "It is the deconstruction of the relation between modernity and the West that produced a space into which Islamism could locate itself."[61] Vorauszusetzen wäre dann wohl allerdings, er sei wirklich - wie Volker Perthes meint - "eine ganz normale Erscheinung konservativen Denkens"[62]; dafür scheint es ja, zumindest was das Demokratieverständnis angeht, mittlerweile Anzeichen zu geben.[63]

Anmerkungen

1 Vgl. Ibrahim Abu-Lughod, Arab Rediscovery of Europe, Princeton 1963; Rotraud Wielandt, Das Bild der Europäer in der modernen arabischen Erzähl- und Theaterliteratur, Beirut 1980; Albert Hourani, Arabic Thought in the Liberal Age 1798-1939, Cambridge u.a. 1983 (besonders das Kapitel "First Views of Europe", S. 34ff.); Tilman Nagel (Hg.), Asien blickt auf Europa. Begegnungen und Irritationen, Beirut 1990; William Montgomery Watt, Muslim-Christian Encounters. Perceptions and Misperceptions, London-New York 1991; Bernard Lewis, The Muslim Discovery of Europe, London 1982; Gerhard Höpp/Thomas Scheffler (Hg.), Gegenseitige Wahrnehmungen - Orient und Okzident seit dem 18. Jahrhundert, Berlin 1997 = asien, afrika, lateinamerika, 25 (1997) 1 und 3; Kate Zebiri, Muslims and Christians Face to Face, Oxford 1997 (besonders die Kapitel "The Study of Christianity by Muslim Intellectuals" und "Approaches to Islam by Christian Islamicists and Theologians", S. 137-225).

2 Vgl. Hugh Goddard, Muslim Perceptions of Christianity, London 1975; Bernard Lewis, Cultures in Conflict. Christians, Muslims, and Jews in the Age of Discovery, New York-Oxford 1995; Isabel Stümpel-Hatami, Das Christentum aus der Sicht zeitgenössischer iranischer Autoren, Berlin 1996.

3 Vgl. u.a. Werner Ende, Europabild und kulturelles Selbstbewußtsein bei den Muslimen am Ende des 19. Jahrhunderts, dargestellt an den Schriften der beiden ägyptischen Schriftsteller Ibrahim und Muhammad al-Muwailihi, Hamburg 1965; Baber Johansen, Muḥammad Ḥusain Haikal. Europa und der Orient im Weltbild eines ägyptischen Liberalen, Beirut 1967; Peter Bachmann, Ahnung und Gegenwart: Europa in Gedichten des arabischen "Dichterfürsten" Aḥmad Šauqī (1868-1932). In: Nagel, a.a.O., S. 31-60; Gerhard Höpp, Mohammed Essad Bey: Nur Orient für Europäer? In: Höpp/Scheffler, a.a.O., 1, S. 75-97; Dagmar Riedel, Französische Geschichte ohne Französische Revolution: ᶜAlī Mubāraks Darstellung der französischen Geschichte in "ᶜAlamuddīn". In: Ebenda, S. 15-27; Dagmar Glaß, Erziehung durch das fremde Beispiel: Arabische Biographien westlicher Forscher und Politiker. Journalistische Darstellung und Lesevorgang 1876-1926. In: Höpp/Scheffler, a.a.O., 3, S. 311-339; Henner Fürtig, Āyatollāh Chomeinīs Bild vom Westen. In: Ebenda, S. 355-375; Regina Karachouli, "al-ġarīb" und "al-ġurba" in Erzählungen des tunesischen Schriftstellers Ḥassūna al-Miṣbāḥī. In: Ebenda, S. 341-354;

4 Vgl. Henri Pérès, L'Espagne vue par les voyageurs musulmans de 1610 à 1930, Paris 1937; dens., Voyageurs musulmans en Europe aux XIXe et Xe siècles. Notes bibliographiques, Kairo 1940; Pierre Grandchamp, Une mission tunisienne à Paris (Février-Mai 1853). In: Revue Africaine, 90 (1946), S. 58-98; Jacques Caillé, Un ambassadeur maro-

cain à Paris (1845-1946). In: Le Monde Français, 16 (1949) 49, S. 74-86; dens., Ambassades et mission marocains en France. In: Hespéris Tamuda, 1 (1960) 1, S. 39-83; Anwar G.Chejne, Travel Books in Modern Arabic Literature. In: The Muslim World, 52 (1962) 3, S. 207-215; Anouar Louca, Voyageurs et écrivains égyptiens en France au XIXe siècle, Paris 1970; Leon Zolondek, Nineteenth-Century Arab Travellers to Europe. In: The Muslim World, 61 (1971) 1, S. 28-34; Ami Ayalon, The Arab Discovery of America in the Nineteenth Century. In: Middle Eastern Studies, 20 (1984) 4, S. 5-17; Dale Eickelman/James Piscatori, Muslim Travellers, London 1990; Milan Adamović, Europa im Spiegel osmanischer Reiseberichte. In: Nagel, a.a.O., S. 61-71; Susan Gilson Miller (Hg.), Disorienting Encounters. Travels of a Moroccan Scholar in France in 1845-1846. The Voyage of Muḥammad as-Saffār, Berkeley u.a. 1992; Gerard Wiegers, A Life between Europe and the Maghreb. The Writings and Travels of Aḥmad b. Qāsim... (born c. 977/1569-70). In: Geert Jan van Gelder/Ed de Moor (Hg.), The Middle East and Europe. Encounters and Exchanges, Amsterdam 1992, S. 101-115; Jacob M. Landau, Muḥammad Thābit: A Modern Arab Traveller. In: Jacob M. Landau, Jews, Arabs, Turks. Selected Essays, Jerusalem 1993, S. 111-115; Gerhard Höpp, Ein Bild vom anderen: Berlin in arabischen Reisebeschreibungen des 19. Jahrhunderts. In: Cornelia Wunsch (Hg.), XXV.Deutscher Orientalistentag, Vorträge, München 8.-13.4.1991, Stuttgart 1994, S. 167-173; Maria Pia Pedani Fabris, A Seventeenth Century Muslim Traveller in Paris. In: Quaderni di Studi Arabi, 13(1995), S. 227-236; Geoffrey Roper, Aḥmad Fāris al-Shidyāq (d. 1997) and the Libraries of Europe and the Ottoman Empire. Paper, Istanbul, August 1995; dens., Aḥmad Fāris al-Shidyāq (d.1887) in Cambridge. In: Cambridge Bibliographical Society Newsletter, Summer 1996, S. 5-8; Nazik Saba Yared, Arab Travellers and Western Civilization, London 1996; Susanne Enderwitz, Ein Marokkaner in Paris - Idrīs al-ᶜAmrāwī (gest.1879). In: Höpp/Scheffler, a.a.O., 1, S. 41-52; Börte Sagaster, Beobachtungen eines "Okzidentalisten". Aḥmed Midḥat Efendis Wahrnehmungen der Europäer anläßlich seiner Reise zum Orientalistenkongreß in Stockholm 1889. Ebenda, S. 29-40. Grundsätzlich über die kenntnisbildende Rolle des Reisens bei Muslimen vgl. Ian Richard Netton (Hg.), Golden Roads. Migration and Travel in Mediaeval and Modern Islam, Richmond 1993; dens., Seek Knowledge. Thought and Travel in the House of Islam, Richmond 1996.

5 Vgl. Richard W. Southern, Western Views of Islam in the Middle Ages. 2. Aufl., Cambridge (M.)-London 1978; Gernot Rotter, Abendland und Sarazenen. Das okzidentale Araberbild und seine Entstehung im Frühmittelalter, Berlin 1986; Klaus Hock, Der Islam im Spiegel westlicher Theologie. Aspekte christlich-theologischer Beurteilung des Islams im 20. Jahrhundert, Köln-Wien 1986; Paul B.Henze, Marx on Russians and Muslims. In: Central Asian Survey, 6 (1987) 4, S. 33-45; Ludwig Ammann, Östliche Spiegel. Ansichten vom Orient im Zeitalter seiner Entdeckung durch den deutschen Leser 1800-1850, Hildesheim u.a. 1989; Fuad Sha'ban, Islam and Arabs in Early American Thought. Roots of Orientalism in America, Durham 1991; Kenneth M. Setton, Western Hostility to Islam and Prophecies of Turkish Doom, Philadelphia 1992; Soegeng Hardiyanto, Zwischen Phantasie und Wirklichkeit. Der Islam im Spiegel des deutschen Denkens im 19. Jahrhundert, Frankfurt/M. u.a. 1992; Manuela Marín, The Image of Morocco in Three 19th Century Spanish Travellers. In: Quaderni di Studi Arabi 10 (1992), S. 143-158; Norman Daniel, Islam and the West, Oxford 1993; Eva Künzler, Zum westlichen Frauenbild von Musliminnen, Würzburg 1993; Der Islam in den Medien, Gütersloh 1994; Regina Karachouli, Vermutungen über das Orientbild des Leipziger Arabisten Heinrich Leberecht Fleischer (1801-1888). In:

Dieter Bellmann (Hg.), Gedenkschrift Wolfgang Reuschel, Stuttgart 1994, S. 175-184; Susanne Heine, Islam zwischen Selbstbild und Klischee. Eine Religion im österreichischen Schulbuch, Köln u.a. 1995; Nana Badenberg (Hg.), Tropische Tropen - Exotismus, Essen 1995 (= kultuRRevolution. Zeitschrift für angewandte Diskurstheorie, 32/33); Billie Melman, Women's Orients: English Women and the Middle East, 1718-1918. Sexuality, Religion and Work, London 1995; Ernstpeter Ruhe, Orientträume und Europamüdigkeit. Deutsche Algerienreisende im 19. Jahrhundert. In: Ernstpeter Ruhe (Hg.), Europas islamische Nachbarn. Studien zur Literatur und Geschichte des Maghreb, Würzburg 1995, S. 281-313; Judy Mabro (Hg.), Veiled Half-Truths. Western Travellers' Perceptions of Middle Eastern Women, London-New York 1996; Ottavio Bon, The Sultan's Seraglio. An Intimate Portrait of Life at the Ottoman Court, London 1996; Ahmad Gunny, Images of Islam in Eighteenth-Century Writings, London 1996; Nina Berman, Orientalismus, Kolonialismus und Moderne. Zum Bild des Orients in der deutschsprachigen Kultur um 1900, Stuttgart 1996; Karin Hörner, Ankunft im Orient - die Bedeutung der ersten Eindrücke für das Orientbild der Reisenden. In: Höpp/Scheffler, a.a.O., 1, S. 3-14; Thomas Scheffler, Linker Orientalismus? August Bebels Buch "Die Mohamedanisch-Arabische Kulturperiode". In: Ebenda, S. 99-109; Kai Hafez, Der Islam in den Medien und die Paradigmen der Medienkritik. Anmerkungen zur gesellschaftlichen Wirkung der Orientwissenschaft. In: Höpp/Scheffler, a.a.O., 3, S. 383-392; Kristina Stock, "So Gott will" oder "vielleicht". Journalistische Sensationen und die mißverstandene Sprache der "Mutter der Schlachten". In: Ebenda, S. 377-381; Eva-Maria Auch, Zum Muslimbild deutscher Kaukasusreisender im 19.Jahrhundert. In: Eva-Maria Auch/Stig Förster (Hg.), "Barbaren" und "Weiße Teufel". Kulturkonflikte und Imperialismus in Asien vom 18. bis zum 19. Jahrhundert, Paderborn u.a. 1997, S. 83-100; Rachida Nachit, Literarische Bilder von Marokko. Darstellungsformen in deutschen Übersetzungen marokkanischer Autoren und in deutschsprachiger Literatur, Münster u.a. 1997.

6 Vgl. Abdallah Laroui, L'Idéologie arabe contemporaine. Essai critique, Paris 1977 (besonders S. 95ff.); Hichem Djaït, Europe and Islam, Berkeley u.a. 1985 (besonders das Kapitel "Modern Europe and its Image of Islam", S. 16-20); Rana Kabbani, Europe's Myths of Orient, Bloomington 1986; Ḥilmī Ḫiḍr Sārī, Ṣūrat al-ʿarab fī aṣ-ṣiḥāfa al-barīṭānīya, Beirut 1988; Eira Patnaik, Europe's Middle East: History or Invention? In: The American Journal of Islamic Social Sciences, 7 (1990) 3, S. 335-356; Ibrāhīm al-Ḥaidarī, Ṣūrat aš-šarq fī ʿuyūn al-ġarb, London 1996. Vgl. auch Ekkehard Rudolph, Westliche Islamwissenschaft im Spiegel muslimischer Kritik, Berlin 1991.

7 Vgl. Mustafa Haggag, Politische Aspekte des Deutschlandbilds in der veröffentlichten Meinung Ägyptens, 1964-1978, Frankfurt/M. 1977; Moustafa Maher, Das Bild des Deutschen in der arabischen und das Bild des Arabers in der deutschen Literatur, Hamburg 1978; Nāǧī Naǧīb, ar-Riḥla ilaʾl-ġarb wʾar-riḥla ilaʾš-šarq, Beirut 1981; Ḫalīl aš-Šaiḫ, Ṣūrat Bārīs fī al-adab al-ʿarabī al-ḥadīṯ ḥattā al-ḥarb al-ʿālamīya al-ūlā. In: ʿĀlam al-fikr, 19 (1988) 2, S. 187-242; Muʿīn aṭ-Ṭāhir, aṭ-Ṭahṭāwī waʾl-ġarb. In: al-Ḥiwār, 3 (1988) 10, S. 24-43; Mohammed Arkoun, La perception arabe de l'Europe. In: Awraq, 10 (1989), S. 25-39; Emad Eldin Shahin, Muḥammad Rashīd Riḍā's Perspectives on the West as Reflected in *Al-Manār*. In: The Muslim World, 79 (1989) 2, S. 113-132; ʿIṣām Bāhī, ar-Riḥla ilaʾl-ġarb fī ar-riwāya al-ʿarabīya al-ḥadīṯa, Kairo 1991; Abdelmajid Kaddouri, Images de l'Europe dans un genre d'écriture marocaine: La Riḥla. In: Les Cahiers de Tunisie, 44 (1991) 157-158, S. 123-134; Emad Eldin Shahin, Through Muslim Eyes: M. Rashīd Riḍā and the West, Herndon 1994; Mostafa Hassani Idrissi, Die Wahrnehmung Europa und speziell Deutschlands im Geschichts-

unterricht Marokkos. In: Herbert Popp (Hg.), Die Sicht des Anderen - Das Marokkobild der Deutschen, das Deutschlandbild der Marokkaner, Passau 1994, S. 221-224; Mohamed Berriane, Die Wahrnehmung Deutschlands durch marokkanische Gastarbeiter in der Bundesrepublik. In: Ebenda, S. 239-250; Rahma Bourqia, Die Wahrnehmung der Fremde bei marokkanischen Landfrauen. In: Ebenda, S. 229-237; Magdi Keshk, Die BR Deutschland-Berichterstattung in der ägyptischen Presse, Hamburg 1995.

8 Lewis, The Muslim Discovery of Europe, a.a.O., S. 142.

9 Vgl. dens., Muslim Perceptions of the West. In: Bernard Lewis/Edmund Leites/Margret Case (Hg.), As Others See Us. Mutual Perceptions, East and West, New York 1985/86 (= Comparative Civilizations Review, 13-14), S. 4.

10 Bernard Lewis, Other People's History. In: The American Scholar, 59 (1990) 3, S. 401.

11 Vgl. Edward Said, Orientalism, London 1991, S. 94.

12 Nasrin Rahimieh, Oriental Responses to the West, Leiden u.a. 1990, S. 2.

13 Mohamad Tavakoli-Targhi, Orientalism's Genesis Amnesia. In: Comparative Studies of South Asia, Africa and the Middle East, 16 (1996) 1, S. 1. Vgl. dazu das (selbst)kritische Eingeständnis, westliche Historiker hätten versäumt, "sich auf Quellen nichteuropäischer Herkunft einzulassen". Jürgen Osterhammel, Wissen als Macht: Deutungen interkulturellen Nichtverstehens bei Tzvetan Todorov und Edward Said. In: Auch/Förster, a.a.O., S. 168.

14 Vgl. George Herbert Mead, Geist, Identität und Gesellschaft aus der Sicht des Sozialbehaviorismus, Frankfurt/M. 1980.

15 Vgl. neben Glaß, a.a.O., besonders L.M.Kenny, East Versus West in *Al-Muqtaṭaf*, 1875-1900. Image and Self-Image. In: D.P. Little (Hg.), Essays on Islamic Civilization. Presented to Niyazi Berkes, Leiden 1976, S. 140-154.

16 Zit. in: Henri Pérès, Les origines d'un roman célèbre de la littérature arabe moderne: "Ḥadīṯ ʿĪsā ibn Hišām" de Muḥammad al-Muwailiḥī. In: Bulletin d'Études Orientales, 10 (1943-44), S. 103.

17 Moniteur Égyptien, 24. August 1878.

18 Rifa'a al-Tahtawi, Ein Muslim entdeckt Europa. Die Reise eines Ägypters im 19.Jahrhundert nach Paris, Leipzig-Weimar 1988, S. 147. Zur selektiven Rezeption z.B. der Französischen Revolution vgl. neben Riedel, a.a.O., auch Gerhard Höpp/Mathias Pätzold, The Arabs and the Great Revolution of the French. Impulses and Effects in the 19th Century. In: Joachim Heidrich (Hg.), The French Revolution of 1789. Its Impact on Latin America, Asia and Africa, Berlin 1989 (= asia, africa, latin america, special issue, 25), S. 57-69.

19 Zit. in: Wielandt, a.a.O., S. 82.

20 Zit. in.: Ende, a.a.O., S. 94.

21 Vgl. Said, a.a.O., S. 42.

22 Vgl. Reinhard Schulze, Schauspiel oder Nachahmung? Zum Theaterbegriff arabischer Reiseschriftsteller im 19. Jahrhundert. In: Die Welt des Islams, 34 (1994), S. 84.

23 Vgl. Abu-Lughod, a.a.O., S. 153.

24 Ḫalīl al-Ḫūrī, Way iḏan lastu bi-Ifranǧī, Beirut 1860, S. 3.

25 Vgl. Said, a.a.O., S. 2.

26 Fedwa Malti-Douglas, In the Eyes of the Others. The Middle Eastern Response and Reaction to Western Scholarship. In: Lewis/Leites/Case, a.a.O., S. 40.

27 Zit. in: Shahin, Through Muslim Eyes, a.a.O., S. 50.

28 Ebenda, S. 85.

29 Zit. in: Johansen, a.a.O., S. 154.

30 Zit. in Karin Hörner, Der Begriff Feindbild: Ursachen und Abwehr. In: Verena Klemm/Karin Hörner (Hg.), Das Schwert des "Experten". Peter Scholl-Latours verzerrtes Araber- und Islambild, Heidelberg 1993, S. 36. Vgl. auch Sybille Bauriedl, Konstruktionen des Orients in Deutschland, Berlin 1996, S. 4ff.

31 Hörner, a.a.O., S. 34.

32 Vgl. Haggag, a.a.O., und Keshk, a.a.O.

33 Als rezentes Beispiel vgl. Ṣalāḥ ad-Dīn Ḫalīl ʿUṯmān, Ufūl an-naẓarīya al-mārksīya fī dauʾ al-fikr al-islāmī, Kairo 1995. Dagegen gerannen "Faschismus" bzw. "Nationalsozialismus" niemals zu einem Feindbild. Vgl. Edmond Cao-Van-Hoa, Zionismus und Nationalsozialismus - Vergleiche bei arabischen Autoren. In: Die Welt des Islams, 27 (1987) 4, S. 250-260; dens., "Der Feind meines Feindes..." Darstellungen des nationalsozialistischen Deutschland in ägyptischen Schriften, Frankfurt/M. u.a. 1990; Jamaa Baida, Die Wahrnehmung der Nazi-Periode in Marokko. Indizien für den Einfluß der deutschen Propaganda auf die Geisteshaltung der Marokkaner. In: Popp, a.a.O., s.193-196.

34 Hörner, a.a.O., S. 35.

35 Typisch für diese Argumentationsweise war der Libanese Ṣalāḥ ad-Dīn al-Munaǧǧid, Balšafat al-Islām ʿinda al-mārksīyīn wa'l-ištirākīyīn al-ʿarab, o.O. 1967; vgl. auch von dems., Wohin treibt die islamische Welt? München 1968.

36 Vgl. Eleanor Abdella Doumato, Jahiliyah. In: John Esposito (Hg.), The Oxford Encyclopedia of the Modern Islamic World. Bd. 2, New York-London 1995, S. 353. Zur Stigmatisierung der "alten" *ǧāhilīya* vgl. As'ad Abu Khalil, The Incoherence of Islamic Fundamentalism: Arab Islamic Thought at the End of the 20th Century. In: Middle East Journal, 48 (1994) 4, S. 680f.

37 Muḥammad Qutb, Ruʾya islāmīya li-aḥwāl al-ʿālam al-muʿāṣir, Kairo 1991, S. 38.

38 Vgl. ʿAbd al-Munʿim an-Nimr, aṯ-Ṯaqafa al-islāmīya baina al-ġazū wa'l-istiġzāʾ, Kairo 1987, S. 145ff.

39 Vgl. ʿAbd al-Ḥayy al-Farmāwī, al-Muslimūn baina al-azma wa'n-nahḍa, Kairo 1990, S. 33ff.

40 Thomas Scheffler, Exotismus und Orientalismus. In: Badenberg, a.a.O., S. 110.

41 Vgl. ʿAfāf Ṣabrā, al-Mustašriqūn wa muškilat al-ḥaḍāra, Kairo 1985; Muḥammad ʿAbdallāh Šarqāwī, al-Istišrāq wa'l-ġazū ʿalā'l-fikr al-islāmī, Kairo 1990; Sulṭān ʿAbd al-Ḥamīd Sulṭān, Min ṣuwar al-ġazū al-fikrī li'l-Islām: al-tabšīr, al-istišrāq, al-ʿalmānīya, Kairo 1990; Šauqī Abū Ḫalīl, Aḍwāʾ ʿalā mawāqif al-mustašriqīn wa'l-mubašširīn, Tripolis 1991; Sāsī Sālim al-Ḥaǧǧ, aẓ-Ẓāhira al-istišrāqīya wa āṯāruhā ʿalā'd-dirāsāt al-islāmīya, Valetta 1991; Ṣāliḥ Ẓahr ad-Dīn, al-Islām wa'l-istišrāq, Beirut 1991; Ahmad Ghorab, Subverting Islam: The Role of Orientalist Centres, Washington u.a. 1994; Muḥammad Ḥilmī, ʿUlamā al-ġarb yudaḫḫilūn al-Islām, Ḳairo 1994; Ṣalāḥ ad-Dīn Ḫalīl ʿUṯmān, al-Istišrāq wa manhaǧuhu fī dirāsāt al-Islām, Kairo 1994; ʿAbd al-ʿAbbūd Muṣṭafā Sālim, al-Mustašriqūn wa āṯāruhum as-saiʾ ʿala'l-biʾa al-islāmīya, Kairo 1994; dens., Mauqif mufakkirī al-muslimīn min al-mustašriqīn, Kairo 1994; ʿAbd al-Mutaʿāl Muḥammad al-Ǧabrī, al-Istišrāq waǧh li'l-istiʾmār al-fikrī, Kairo 1995.

42 Eine vorläufige Bilanz der Diskussion ziehen Catherina Hinz/Isolde Kurz, From Orientalism to Post-Orientalism? Middle Eastern and South Asian Perspectives. In: Höpp/Scheffler, a.a.O., S. 281-302.

43 Mustafa Armağan, Imaginärer Osten versus imaginären Westen. In: Zeitschrift für Kulturaustausch, 47 (1997) 1-2, S. 51.

44 Vgl. Mehrzad Boroujerdi, Iranian Intellectuals and the West. The Tormented Triumph of Nativism, Syracuse-New York 1996, S. 177.

45 Sadik Jalal al-'Azm, Orientalism and Orientalism in Reverse. In: Khamsin, (1981)8, S. 22ff.

46 Vgl. Gernot Rotter, Europa und Orient. Geschichte und Wiedergeburt eines alten Feindbildes. In: Forum Loccum, 10 (1991) 1, S. 11-15; Dritte Welt und Islam: Neue Feindbilder nach dem Kalten Krieg? Wuppertal 1992; Jochen Hippler, Feindbild Islam, Hamburg 1993; Peter Heine, Konflikt der Kulturen oder Feindbild Islam, Freiburg u.a. 1996; dens., Die Kontinuität von Feindbildern: Der Islam. In: Höpp/Scheffler, a.a.O., S. 303-310.

47 Vgl. Samuel P. Huntington, The Clash of Civilizations. In: Foreign Affairs, 72 (1993) 3, S. 22-49.

48 Ataullah Bogdan Kopanski, Muslim Historian, Occidentosis and Historical Revisionism (Is an Islamization of History Possible?). In: Hamdard Islamicus, 19 (1996) 3, S. 31.

49 Zum Konzept vgl. Aḥmad Manṣūr, Qaḍāyā al-ᶜālam al-islāmī fī ẓill an-niẓām al-ᶜālamī al-ǧadīd, Beirut 1994; Musa Saleem, The Muslims and the New World Order, London 1993. Zur Kritik vgl. Maha Azzam, Islamist Attitudes to the Current World Order. In: Islam and Christian-Muslim Relations, 4 (1993) 2, S. 247-256; David George, Pax Islamica: An Alternative New World Order? In: Abdel Salam Sidahmed/Anoushiravan Ehteshami (Hg.), Islamic Fundamentalism, Boulder 1996, S. 71-90; Abdallah Laroui, Islamisme, modernisme, libéralisme. Esquisses critiques, Casablanca 1997 (besonders das Kapitel "L'Islam et le nouvel ordre mondial", S. 173-190). Zur Genesis des Begriffs vgl. Muhammad Ali, The New World Order, Lahore 1942.

50 Vgl. Ḥasan Ḥanafī, Muqaddima fī ᶜilm al-istiġrāb, Kairo 1991.

51 Kopanski, a.a.O., S. 25, 32 und 18

52 Rahimieh, a.a.O., S. 8, 10.

53 Reinhard Schulze, Gibt es eine islamische Moderne? In: Kai Hafez (Hg.), Der Islam und der Westen. Anstiftung zum Dialog, Frankfurt/M.1997, S. 40f.

54 Die Zeit, 5. November 1993.

55 Margot Scheffold, Authentisch arabisch und dennoch modern? Zakī Naǧīb Maḥmūds kulturtheoretische Essayistik als Beitrag zum euro-arabischen Dialog, Berlin 1996, S. 145.

56 Fouad Ajami, The Arab Inheritance. In: Foreign Affairs, 76 (1997) 5, S. 147.

57 Seyyed Hossein Nasr, Islam and the West: Yesterday and Today. In: The American Journal of Islamic Social Sciences, 13 (1996) 4, S. 556.

58 Ali A.Mazrui, Islamic and Western Values. In: Foreign Affairs, 76 (1997) 5, S. 118.

59 Abdallah Laroui, Western Orientalism and Liberal Islam: Mutual Distrust? In: Middle East Studies Association Bulletin, 31 (1997) 1, S. 4.

60 Vgl. ebenda, S. 9f.

61 Bobby S. Sayyid, A Fundamental Fear. Eurocentrism and the Emergence of Islamism, London-New York 1997, S. 120.

62 Volker Perthes, Die Fiktion des Fundamentalismus. Von der Normalität islamistischer Bewegungen. In: Blätter zur deutschen und internationalen Politik, (1993) 2, S. 200.

63 Vgl. Gudrun Krämer, Islam, Menschenrechte und Demokratie. In: Albrecht Zunker (Hg.), Weltmacht oder Chaos? Beiträge zur internationalen Politik. Festschrift zum 75.Geburtstag von Klaus Ritter, Baden-Baden 1993, S. 345; Raghid El-Solh, Islamist Attitudes Towards Democracy: A Review of the Ideas of al-Ghazālī, al-Turābī and ᶜAmāra. In: British Journal of Middle Eastern Studies, 20 (1993) 1, S. 63.

Selbstbild und Fremdbild in der türkischen Literatur nach dem Ersten Weltkrieg: Yakup Kadri Karaosmanoğlus Roman *Sodom ve Gomore*

Börte Sagaster

> "In den Literaturen des nahen Ostens, in dem heutigen Schaffen der Araber, Türken, Perser, Tataren spielt die Dichtung der modernen Türkei, die neue türkische Literatur, eine ganz eigentümliche, man kann sagen zivilisatorische Rolle. Die Welt des europäischen Gedankens, der europäischen Kultur offenbart sich den Völkern des Ostens vermittels der türkischen Moderne, die als einzige Literatur des Ostens sich stofflich und formell der europäischen angenähert hat, ohne den Zusammenhang mit der Welt des Orients zu verlieren. Als bewußte Trägerin der europäischen Kultur ist die 'türkische Moderne' vor allem eine *didaktische* Literatur, die aber doch Kraft genug besitzt, auch dichterisch Wertvolles hervorzubringen..."

So beginnt ein 1929 für die Berliner *Literarische Welt* geschriebener Artikel Essad Beys[1] anläßlich eines Gespräches mit der Schriftstellerin Suad Derviş Hanım (verdeutscht "Suad Derwisch Hanum"), die in den zwanziger Jahren in Berlin lebte, über die türkische Gegenwartsliteratur.[2] Der Beginn der modernen türkischen Literatur wird im allgemeinen - wie hier von Essad Bey - mit der Übernahme europäischer literarischer Genres durch die osmanischen Türken in der europäisch ausgerichteten Reformzeit in der zweiten Hälfte des 19. Jahrhunderts gleichgesetzt.[3] Diese neue Literatur - Romane, Kurzgeschichten, Dramen - wurde ausschließlich von Autoren produziert, die die Notwendigkeit einer Reformierung des osmanischen Staates mit europäischer Ausrichtung grundsätzlich befürworteten. Die meisten dieser Autoren hatten enge Beziehungen zur osmanischen Regierung und waren oft auch durch ihre Kenntnisse europäischer Sprachen als Absolventen einer Ausbildung im 1833 gegründeten Tercüme Odası (Übersetzungsbüro) der Hohen Pforte oder eine Ausbildung in den neu eingerichteten säkularen Bildungsinstitutionen des Landes für eine Karriere im Außenministerium prädestiniert. Sie gehörten in der Regel zur Regierungselite des osmanischen Staates, und der Gebrauch westlicher literarischer Genres hatte für sie eine hochgradig politische Funktion: Durch sie sollten den osmanischen Lesern Konzepte europäischer Bildung und Politik nahegebracht werden, und sie spielten eine wichtige Rolle in der allmählichen Entwicklung eines nationalen türkischen Konzepts, das das osmanische Konzept ersetzte. Die Orientierung nach Europa ist daher das große Thema der türkischen Literatur europäischen Stils vom Zeitpunkt ihrer Entstehung bis weit in die Republikzeit. Entsprechend war der Hauptschwerpunkt der neuen türkischen Literatur die Auseinandersetzung mit europäischen Ideen - die Literatur wurde zur Bühne für einen literarischen Diskurs über die Vor- und Nachteile der "europäischen Lebensweise". Charakteristisch für diesen Diskurs, wie er im 19. Jahrhundert geführt wurde, ist sein kritischer Fortschrittsoptimismus: Ausgehend von der Prämisse, daß eine Veränderung der osmanischen Gesellschaft im Hinblick auf eine von europäischen Ideen geprägte Moderne notwendig sei, gingen zwar die Meinungen darüber, wie und was man sich von der europäischen Kultur und Lebensart aneignen solle, auseinander - einig war man sich jedoch zunächst in der Überzeugung, daß am Ende des Reformprozesses die osmanische Gesellschaft auf der Grundlage einer spezifisch osmanisch-türkischen Form der Moderne in den Stand versetzt sein werde, mit den europäischen Staaten konkurrieren zu können. Im türkischen literarischen Bild der Europäer hielten sich dementsprechend im 19. Jahrhundert positive und negative Vorstellungen von den Europäern noch recht gleichmäßig die Waage: Als Kaufleute, Lehrer, Gouvernanten, Reisende waren sie in der Literatur weit verbreitete Figuren und fungierten positiv als Vermittler westlicher Bildung und westlichen Know-hows.

Der Anerkennung war jedoch stets auch Kritik beigemischt; zweifelhaft ist z.B. oft die literarische Rolle der Europäer hinsichtlich Moral und Anstand: Am freizügigen Verhalten der Europäerin vor allem entzündet sich die Diskussion um die Übernahme europäischen Sozialverhaltens, das in den Augen türkischer Autoren viele Gefahren in sich birgt. Auch die "europäische Arroganz" wird von den türkischen Autoren bemängelt: die französische Gouvernante, die trotz langjährigen Aufenthalts in Istanbul kein Türkisch spricht (wie in Sami Paşazade Sezais Roman *Sergüzeşt*, 1888), die europäische Mätresse, die sich über die Naivität ihres türkischen Liebhabers lustig macht (wie in Hüseyin Rahmi Gürpınars Roman *Şık*, 1889), Europäer, die auf Salonempfängen den türkischen Helden mit Vorliebe herablassende Fragen über deren Kultur stellen (wie in Emin Nihads Erzählung *Bir Osmanlı kapudanın bir İngiliz kızıyla vuku' bulan sergüzeşti*, 1871, oder Ahmed Midhats Roman *Parisde Bir Türk*, 1876) sind beliebte Themen. Selten jedoch werden Europäer so verteufelt, wie es in Emin Nihads Erzählung "Binbaşı Rifat Beyin Macerası" (1872) geschieht, in der ein Europäer der Initiator eines hinterhältigen Komplotts ist mit dem Ziel, einen Muslim christlich zu missionieren. Analog zu der Zeichnung der Europäer fällt auch das türkische Selbstbild mehrdimensional aus: Der "europäisierte Geck", der auch die abwegigste europäische Mode mitmacht und sich mit Vorliebe in Europäerinnen mit zweifelhaftem Lebenswandel verliebt, macht sich gänzlich lächerlich, da er die europäische Lebensart im Grunde nicht verstanden hat (so der Felâtun in Ahmed Midhats *Felâtun Beyle Râkım Efendi* von 1875, der Şöhret Bey in Hüseyin Rahmi Gürpınars Roman *Şık* von 1889, der Bihruz Bey aus Recaizade Mahmud Ekrems Roman

Araba Sevdası von 1896, um drei wichtige Beispiele zu nennen). Das "falsche Verstehen der europäischen Kultur" ist vielleicht der wichtigste literarische Topos der modernen türkischen Literatur des 19. Jahrhunderts. Das Gegenbild zum "europäisierten Gecken" ist der perfekte osmanische Türke, der sich aus den osmanischen und europäischen Kulturen das für ihn Beste herauszusuchen versteht und auf diese Weise zu einer allseits gebildeten, bei "Orientalen" und "Okzidentalen" gleich stark beliebten Idealfigur mutiert.

Der hier kurz skizzierte literarische Umgang mit der Europäisierungsthematik in der Anfangszeit der modernen türkischen Literatur erfuhr durch die Erfahrung der rapiden Landverluste in der Zeit der jungtürkischen Herrschaft (1908 Bulgarien erklärt seine Unabhängigkeit; 1911-12 osmanisch-italienischer Krieg: Italien erobert Libyen; 1912-13 erster und zweiter Balkankrieg: Verlust von Edirne, Ägäischen Inseln, Trakien, Makedonien) und des Ersten Weltkriegs einen wichtigen Einschnitt. Die selbstkritisch-ironische Souveränität, die den Umgang mit dem Thema zuvor oft auszeichnet, ist nun verschwunden: Die türkische Haltung zu Europa ist vielmehr geprägt durch die Erfahrung einer tiefen Enttäuschung, bedingt durch militärische Niederlagen und die Aufteilung der Türkei unter den Siegermächten nach dem Ersten Weltkrieg.

Im folgenden soll ein türkischer Roman, der diese historische Umbruchsituation behandelt, auf die in ihm vermittelten Selbst- und Fremdbilder hin untersucht werden. Wie gestalten sich diese in einer Zeit, in der ein weitgehender Wertewandel in der türkischen Gesellschaft stattfand? Was sagen sie aus über die gesellschaftliche Situation in dieser Zeit? Der Roman gehört zu einer Reihe von türkischen Romanen, die alle in den zwanziger Jahren geschrieben wurden und die Zeit unmittelbar nach dem Ersten Weltkrieg thematisieren.[4] Er beschäftigt sich mit der alliierten Besetzung des Osmanischen Reiches und dem türkischen Unabhängigkeitskampf. Das Hauptthema des Buches - es ist Yakup Kadris (Karaosmanoğlu) *Sodom ve Gomore* - ist der Kolonialismus der europäischen Besatzer und der durch diesen bedingte moralische Verfall der osmanischen Gesellschaft. Die Figuren, die die Haupthandlung tragen, sind dementsprechend sowohl Europäer wie auch Türken.

Es ist meines Wissens ungeklärt geblieben, wann genau Yakup Kadri den Roman *Sodom ve Gomore* geschrieben hat. War es die Zeit des Befreiungskrieges zu Beginn der zwanziger Jahre, wie es auf dem Umschlagtext der 2. Auflage des Romans von 1966(!) behauptet wird, waren es, wie am Schluß des Romans in derselben Ausgabe steht, die Jahre 1927-1928, oder war es das Jahr 1928, in dem der Roman als Fortsetzungsserie in der Zeitung *Milliyet* erstmals veröffentlicht wurde?[5] Im ersteren Falle wäre der Roman wie Halide Edibs (Adıvar) *Ateşten Gömlek* von 1922 unmittelbar aus der Erfahrung der Kriegsniederlage heraus geschrieben, was die besondere Heftigkeit der antiwestlichen Äußerungen in ihm mit erklären würde.[6] Ob aber zu Anfang oder gegen Ende der zwanziger Jahre - in jedem Fall entstand der Roman in der

Zeit des türkischen Nationalismus nach dem Ersten Weltkrieg und ist als ein ausgesprochen "türkischer" Roman zu lesen, der in der Tradition der *Millî Edebiyat* steht, der Nationalliteratur, wie sie in der zweiten konstitutionellen Periode nach dem Wiederinkraftsetzen der Verfassung 1908 mit der Herausgabe der Zeitschrift *Genç Kalemler* im April 1911 begonnen wurde und bis in den Beginn der Republikzeit weiter andauerte.[7] Es wird hier überwiegend von der türkischen Sicht Europas und der Europäer und nicht, allgemeiner, "des Westens" die Rede sein. Auch dies hängt mit dem Inhalt des Romans und der historischen Situation zusammen, in der *Sodom ve Gomore* entstand. Obwohl in dem Roman auch einige Amerikaner als Vertreter der Siegermächte vorkommen,[8] so sind diese entsprechend ihrer weltpolitischen Rolle zu Beginn des 20. Jahrhunderts doch nicht die zentralen Figuren des Romans, sondern eher am Rande des Geschehens plaziert - die Hauptauseinandersetzung erfolgt mit den europäischen Siegermächten und vor allem mit den Engländern.

Historischer Hintergrund[9]

Den zeitlichen Rahmen des Romans bilden die Jahre 1920 bis 1922, d.h. der Zeitraum von der alliierten Besetzung Istanbuls am 16. März 1920 bis zum Sieg der türkischen Armee über die Besatzer in Anatolien im Herbst 1922: Nachdem die militärischen Besetzungen ehemals osmanischer Gebiete[10] durch die Siegermächte vom Ende des Weltkrieges bis zum Mai 1919 (15. Mai Besetzung Izmirs durch Griechenland) praktisch alle Regionen des Landes erfaßt hatten, formierte sich eine nationale Widerstandsbewegung. Die Besetzung Istanbuls war eine Reaktion der Ententemächte auf den in einem "Nationalpakt" (*Misak-ı Millî*) niedergelegten Beschluß von Abgeordneten des osmanischen Parlaments, die Teilung ihres Landes nicht hinzunehmen. In der Folgezeit erhielt die Widerstandsbewegung um den späteren Staatsgründer, den Offizier Mustafa Kemal, ihren entscheidenden Auftrieb: Das Parlament, welches per Dekret des Sultans nach der Besetzung Istanbuls aufgelöst worden war, konstitutierte sich in Ankara am 23. April 1920 als "Große Nationalversammlung" neu. Mustafa Kemal, der durch ein Rechtsgutachten (*fetva*) des Scheich-ul-Islam in Istanbul zum Tode verurteilt worden war, legitimierte seine Bewegung, indem er die "Befreiung des Kalifen" in Istanbul per Gegen-*fetva* eines Muftis in Ankara zum obersten Ziel erklärte. In der Folgezeit begann der Kampf der kemalistischen Truppen in Anatolien um die Wiedergewinnung besetzter Gebiete, der mit einem Sieg über die griechische Armee im Sommer 1922 und der Rückeroberung Izmirs am 26. August 1922 endete. Im Waffenstillstand von Mudanya am 10. Oktober 1922 wurde der Rückzug der Besatzungsmächte vereinbart; ihre Truppen hatten innerhalb von 30 Tagen Ostthrakien und die Meerengen zu räumen. Dieser Zeitpunkt stellt das Ende der in dem Roman beschriebenen

Ereignisse dar: Die europäischen Besatzer bereiten sich darauf vor, Istanbul zu verlassen.[11]

Der Roman *Sodom ve Gomore*

Yakup Kadri (1889-1974), ein bedeutender türkischer Autor der frühen Republikzeit, ist bekannt für den engen Zusammenhang zwischen seinem persönlichen Leben und seinem Werk. In ihrer chronologischen Folge lesen sich seine Bücher fast wie ein "Spiegel" der politischen und sozialen Geschichte der Türkei.[12] Darüber hinaus läßt sich auch die Entwicklung einer geistigen Haltung des Autors selbst in ihnen verfolgen. Es sei hier versucht, einiges davon am Beispiel von *Sodom ve Gomore* aufzuzeigen. Zunächst eine kurze Zusammenfassung des Inhalts:

Der Roman *Sodom ve Gomore* rankt sich um die Geschichte der türkischen Verlobten Leylâ und Necdet, die beide zur Zeit der alliierten Besatzung nach dem Ersten Weltkrieg in Istanbul leben. Leylâ und ihre Familie sind Teil der Istanbuler feinen Gesellschaft der Nachkriegszeit, die sich aus Mitgliedern der europäischen Siegermächte sowie einigen Amerikanern und mit ihnen sympathisierenden Türken und Levantinern zusammensetzt. In diesen Kreisen, deren Vertreter sich auf abendlichen Parties treffen oder zusammen durch die Nachtclubs in Beyoğlu streifen, herrscht ein Zustand wie im alttestamentarischen "Sodom und Gomorra": Die Vertreter der westlichen Siegermächte, und an deren Spitze die "Besatzer erster Klasse", die Engländer, werden dargestellt als "schamlose Existenzen", die mit dem offenen Ausleben ihrer sexuellen Neigungen in höchstem Maße gegen den in der türkischen Gesellschaft herrschenden Moralkodex verstoßen. Die Türken, die sich ihnen anschließen, machen durch ihren Einfluß einen tiefen moralischen Fall durch. So auch Leylâ: ihr häufiges Zusammensein mit Colonel Read, einem in sie verliebten Engländer, führt zu Klatsch und Tratsch in der Gesellschaft und sorgt für die ständige Eifersucht Necdets, der ihr trotz ihres immer schlechteren Rufes weiter verfallen ist. Necdet hat eine sehr zwiespältige Haltung gegenüber Leylâ: Er ist fasziniert von ihrer mondänen Art und ist angezogen durch ihre körperlichen Reize; doch er ist abgestoßen durch ihre lockere Moral und die Tatsache, daß sie schon vor der Ehe mit ihm schlief. Als Leylâ daher einmal das Thema auf das Datum ihrer Hochzeit bringt, antwortet er ausweichend; Leylâ, die sich gekränkt fühlt, will ihn erst wieder sehen, wenn er sich für oder gegen sie entschieden hat. Von da an trennen sich ihre Wege; zwar beobachtet Necdet Leylâ, von der er weiter fasziniert ist, eifersüchtig aus der Distanz, doch soll es nie wieder zu einem Zusammensein der beiden kommen. Während Leylâ von nun an ein immer schamloseres Verhalten in der Öffentlichkeit zeigt - wie sie zu Necdet sagt, um ihn zu kränken - und schließlich durch die Intrigen

Madame Jimsons, einer auf sie eifersüchtigen Levantinerin und Freundin Colonel Reads, ins gesellschaftliche Abseits gebracht und dann in eine Nervenkrise getrieben wird, entscheidet sich Necdet für die Teilnahme am türkischen Befreiungskrieg und wird ein fanatischer Nationalist. Als sich die beiden nach der Befreiung Istanbuls von den Siegermächten wiedertreffen und Leylâ versucht, ihn wieder zu verführen, ist er für Leylâs Reize gänzlich unempfänglich geworden, ja er empfindet sie als Last, die ihn von seinen nationalen Pflichten ablenkt.

Selbstentfremdung

In Yakup Kadris Roman herrscht das Paradox, daß trotz des häufigen Rückgriffs auf Elemente der europäisch-christlichen Kultur in Form von Bibelzitaten, Anspielungen auf Werke des europäischen Geisteslebens und des häufigen Gebrauchs französischer Wörter die Repräsentanten dieser Kultur eine Negativgröße darstellen. Dies gilt insbesondere für die "Besatzer erster Klasse", die Engländer: Colonel Read, die wichtigste Europäerfigur im Roman, ist ein junger, selbstverliebter und gefühlsarmer Beau, für den die Türkei der Nachkriegszeit nichts anderes darstellt als eine neue englische Kolonie. Er hat zahlreiche Affären mit türkischen Frauen, die er "schwerer zu bändigen" findet "als die Frauen der Inseln im Indischen Ozean"[13]. Seine Freunde Captain Marlow und Major Will, der eine ein Homosexueller, der andere sadomasochistisch und voyeurhaft veranlagt, sind bekannte Größen der Istanbuler Halbwelt, die wie Read von einer Überlegenheit der Engländer über die Türken ausgehen.

Als "Sodom und Gomorra" - der Titel des Buches - bezeichnet die konservative englische Mutter Captain Reads das Osmanische Reich der Nachkriegszeit und warnt ihren Sohn beim Abschied aus England, er solle "sauber bleiben"[14]. Doch wird aus dem Romankontext deutlich, daß "Sodom und Gomorra" letztendlich eigentlich ein unosmanisches Übel darstellen: Die Orientierung an westlichen Vorbildern ist es, die Charaktere wie Leylâ und die Istanbuler *monde* hervorgebracht hat. So steht der Titel zum einen für die Entfremdung der türkisch-osmanischen Gesellschaft der Nachkriegszeit von ihren kulturellen Wurzeln. Doch noch in einem weiteren Zusammenhang steht der Titel des Werkes für eine "Entfremdung": Yakup Kadri Karaosmanoğlu hegte eine besondere Vorliebe für Marcel Proust, den Autor des monumentalen Romanzyklus *A la recherche du temps perdu*, und äußerte selbst, er sei beim Schreiben von *Sodom ve Gomore* von diesem inspiriert worden.[15] Tatsächlich ist sein Romantitel mit dem Titel des vierten, 1920/21 erschienenen Buches aus Prousts Romanzyklus identisch und behandeln beide Romane eine gesellschaftliche Umbruchszeit.[16] Dafür, daß Yakup Kadri sein Schaffen in den Rahmen eines internationalen Geisteslebens plazierte, mußte er sich verschiedentlich den Vorwurf gefallen lassen, er sei seiner eigenen Gesellschaft entfremdet: 1934 äußerte er in seiner Antwort auf die Kritik seines Kollegen Hüseyin Cahit (Yalçın), er schreibe in seinem Roman zu wenig authentisch, benutze zu viele französische Wörter und ahme die Sprache der Bibel nach, er sei eben ein Mensch, der die Welt innerhalb einer universalen Kultur sehe, und orientiere sich in seiner Schreibweise an Europa.[17] Daß er "universal-europäisch" zu schreiben versuchte und dabei "türkisch-nationale" Ideen propagierte, sah er offensichtlich nicht als Widerspruch.

War sich Yakup Kadri der Ambivalenz seiner eigenen Haltung gegenüber der europäisch-westlichen Kultur und Gesellschaft vielleicht weniger bewußt, so nahm er die widersprüchliche Haltung seiner Gesellschaft gegenüber Europa und den Europäern sehr wohl wahr und thematisierte sie in seinen Werken: Schon im um 1911 geschriebenen und 1913 veröffentlichten ersten Teil von *Miss Chalfrin' in Albümünden*, den fiktiven Reisebriefen einer Engländerin, spielt der Autor auf das Gefühl kultureller Entwurzelung bei seinen Landsleuten an, indem er die englische Reisende Miss Chalfrin in ihren Briefen z.B. kritisch anmerken läßt, die Istanbuler schätzten "ihre eigene Abstammung gering"[18], sie fühlten sich durch die in ihrer Stadt anwesenden Europäer "wie gestört in ihrem eigenen Land, wie Fremde"[19], sie seien "veränderungswütig, doch wissen sie nicht, was sie wollen"[20]. In *Sodom ve Gomore* ist die Trägerin dieses Gefühls von Entwurzelung, Heimatlosigkeit und Orientierungslosigkeit vor allem Leylâ, die Yakup Kadri als "yersiz, yurtsuz, bütün manasıyle gurbetzede bir serseri"[21] (ohne festen Platz, vaterlandslos, eine wirkliche Streunerin ohne Heimat) bezeichnet. Bleibt man im Kontext der Bibel, die anders als der Koran die Frau als Hauptschuldige an der Vertreibung aus dem Paradies ansieht, so könnte man in Leylâ eine zweite Eva sehen. Necdet aber ist kein zweiter Adam - er wird nicht mit Leylâ/Eva zu einem "Verbannten" (gurbetzede = heimatlos, verbannt) - anders übrigens als sein Vorgänger Hakkı Celis im ersten, 1922 veröffentlichten Roman Yakup Kadris, *Kiralık Konak*, kann er sich von seiner Liebe zu einer Frau, die für die Degeneriertheit der spätosmanischen Gesellschaft steht, befreien und findet so nicht wie Hakkı Celis den Tod, sondern ein neues Leben in Form des türkischen Nationalismus. Leylâ hingegen "erstarrt" am Schluß des Romans gleich der Frau Lots zu einer "Salzsäule" (*heykel*, eig. Statue), als sie versucht, Necdet durch einen Kuß zurückzugewinnen - sich also symbolisch zurückwendet zu der lasterhaften Welt von Sodom und Gomorra/Istanbul.[22]

Suche nach einer neuen Identität

Steht Leylâ für die türkische Selbstentfremdung, dann steht Necdet für die Suche nach einer neuen türkischen Identität. Neben der zweifellos starken Rolle, die europäische Kultureinflüsse in Yakup Kadris Roman spielen, ist in dem Roman auch ein Bezug zur islamischen Kulturtradition auszumachen, welcher sich in einer scheinbar nebensächlichen Bemerkung zu Anfang der Romanhandlung "enttarnt": Leylâ und Necdet sind nicht nur Verlobte, sondern zugleich auch Cousin und Cousine.[23] Diese merkwürdige Koinzidenz, die so gar nicht zu dem städtischen, modernen Hintergrund der Familie Leylâs passen will, wird erklärbar mit einem Blick auf die bekannte frühislamische Romanze von "Leylâ ve Mecnun". Der Urheber dieser Geschichte, die in zahlreichen Versionen in verschiedenen Regionen der islamischen Welt literarisch verarbeitet wurde, soll nach einer Überlieferung ein junger Umayyade gewesen sein, der unter dem Pseudonym "Mağnūn" Geschichten in Umlauf brachte, in die er Verse über die unerfüllte Liebe zu seiner Cousine einspann.[24] Gegenstand der Geschichte ist die unglückliche Liebe zwischen dem Beduinenmädchen Lailā und dem jungen Qais, über die der junge Mann den Verstand verliert (*mağnūn*) und schließlich stirbt.

Das Spiel mit dieser in der Kulturtradition des Nahen Ostens angesiedelten Thematik kann als ein Hinweis auf die nicht-europäische Herkunft der Romanhelden gedeutet werden, auf ihre kulturellen Wurzeln. Der Name Necdets hebt den Romanhelden von seinem literarischen Ahnherren jedoch deutlich ab: "Necdet", ein Wort arabischen Ursprungs, bedeutet "Hilfe, Unterstützung, Mut" und verweist damit auf die neue Rolle, die Necdet am Ende des Romans einnimmt. Zuvor jedoch ist Necdet wie Leylâ lange ein "Entwurzelter", der in seinen Handlungen leicht zu beeinflussen ist und nicht recht sicher ist, was er will. Wie Leylâ ist er europäisch gebildet und war, wie angedeutet wird, während eines Studienaufenthalts in Deutschland europäischer Unmoral nicht ganz abgeneigt.[25] Obwohl er eigentlich auch nach dem Krieg noch auf der Seite der Deutschen steht und die Siegermächte abgrundtief haßt, läßt er sich aufgrund seiner Gefühle für Leylâ zunächst dazu bewegen, an den gesellschaftlichen Ereignissen der Istanbuler feinen Gesellschaft teilzunehmen. Doch nimmt Necdets Schicksal am Schluß des Romans eine abrupte Wendung: Seine resignative Haltung - einem Freund gegenüber äußert er einmal die Ansicht, die Siegermächte hätten "uns bis ins Mark zerstört"[26] - macht einem fanatischen türkischen Nationalismus Platz, durch den seine Bindung an Leylâ gelöst wird.

Welchen Charakter hat nun Necdets neu gefundene Identität? Keinesfalls ist sie sehr gefestigt, wie sich anhand des folgenden aufzeigen läßt: Anders als in einem klassischen Bildungsroman[27] ist Necdets Wendung zum Nationalismus weniger ein Ergebnis von Reife denn von einer gewaltigen Frustration. Diese ist bedingt durch die Erfahrung einer doppelten Niederlage auf politischer und privater Ebene: Die arrogante Haltung der europäischen Besatzer und seine Enttäuschung über Leylâ, die mit diesen kollaboriert, stoßen ihn in den türkischen Befreiungskrieg regelrecht hinein. Zunächst jedoch ist Necdet über weite Strecken des Romans kein positiver Held, der sich seinen Sieg erkämpft. Wie Murat Belge richtig feststellt, charakterisiert ihn vielmehr eine weitgehende Lähmung und Erfolglosigkeit.[28] Deutlich wird diese Machtlosigkeit immer wieder durch seine Beziehung zu Leylâ, die ihn wiederholt aus prekären Situationen rettet: Als er in der dritten Nacht nach der alliierten Besetzung Istanbuls (16. März 1920) aus ungeklärten Gründen aus dem Bett geholt und abgeführt wird, holt ihn Leylâ mit Hilfe ihrer guten Beziehungen zu den Besatzern aus dem Gefängnis[29], und als es zu einer bedrohlichen Situation zwischen Necdet und Captain Read kommt - den Necdet zum Duell aufgefordert hat -, ist es wieder Leylâ, die die beiden Kontrahenten beschwichtigt und Necdet vor einer Anklage durch das Kriegsgericht bewahrt[30]. Die Beziehung zwischen Leylâ und Necdet ist lange durch eine Umkehrung des klassischen patriarchalen Mann-Frau-Verhältnisses gekennzeichnet: Leylâ, nicht Necdet, nimmt sich das Recht der sexuellen Promiskuität heraus, sie ist es, die die aktive, eigentlich dem Mann zugedachte Beschützerrolle übernimmt, indem sie Necdet verschiedentlich aus mißlichen Situationen befreit. Necdet dagegen ist durch "weibliche" Passivität gezeichnet, seiner Liebe zu Leylâ hilflos ausgeliefert:

> "Necdet wollte sich unaufhaltsam einen endlosen Abgrund hinunterrollen lassen. Für ihn lag das ganze Gesetz, der ganze Sinn der Welt in diesem Sturz nach unten. Leylâs Liebhaber fühlte sich in diesem Punkt mit dem Willen der Ewigkeit des Universums eins. Bisweilen warnte ihn eine innere Stimme vor den Gefahren dieses seelischen Verfalls; doch das Mittel, um diese Stimme zum Schweigen zu bringen, war wieder, sich dem Brausen seiner Gefühle hinzugeben. Dieser krankhafte Zustand, den man meistens bei Frauen beobachten kann, die in die Prostitution abgerutscht sind, dieser Wunsch, immer weiter zu fallen, dieser Geschmack an einem unaufhörlichen inneren Abrutschen und das rauschhafte Vergnügen an diesem Abrutschen war bei Necdet, der ohnehin einen passiven Charakter hatte, zur zweiten Natur geworden."[31]

So ist Necdet lange ein Antiheld: Erst als sich das politische Blatt schon gewendet hat und deutlich ist, daß der Befreiungskampf eine Aussicht auf Erfolg hat, entscheidet sich auch er für die Teilnahme daran und findet die Kraft, sich von Leylâ zu lösen. Dennoch hat auch jetzt noch keine wirkliche innere Wandlung Necdets stattgefunden; er bleibt kein Aktionist, sondern ein Träumer:

> "In Istanbul blieb keine Zeit, vom Staunen zur Freude überzuwechseln. In sechs Tagen von Afyon nach Izmir! Diese Strecke ist doch selbst in einem bequemen Marsch ohne Hindernisse in sechs Tagen unmöglich zu bewäl-

> tigen! Necdet gehörte zu denen, die glaubten, dies sei ein Traum. Doch ein so süßer, ein so erhabener und göttlicher Traum, daß er daraus durchaus nicht erwachen wollte. 'In einem Traum möchte ich sterben!', sagte er."[32]

Die abrupte Wandlung Necdets zum entschlossenen, unerweichlichen und aktiven - "typisch männlichen" - Nationalisten, wie Yakup Kadri ihn schließlich im letzten Kapitel des Romans präsentiert, ist dementsprechend überraschend. Necdets neue Identität wirkt wie ein Programm. Sie beruht nicht auf einer überzeugenden Darstellung der inneren Wandlung des Protagonisten und steht somit im wahrsten Sinne des Wortes für einen gesellschaftlichen Um-Bruch, wie ihn der schnelle Übergang vom Osmanischen Reich zur Republik darstellte.

Rolle der Europäer

Während Necdet nach einer Zeit des Zweifels und der Verwirrung, die mit der versuchten Annäherung an die Europäer verbunden war, zu einer ablehnenden Haltung gegenüber Europa gelangt, nimmt die Entwicklung der europäischen Figuren im Roman eine umgekehrte Richtung: Denn während sie zu Anfang des Romans eine durchweg negative Rolle spielen, wendet sich gegen Ende des Romans ihre Haltung gegenüber den Türken. Sie müssen nunmehr positiv bestätigen, daß die Türken mit ihrem "Befreiungskrieg" auf dem richtigen Weg sind, und haben somit die Funktion einer Instanz, auf die man in seiner Selbstsicht zurückgreift. Rotraud Wielandt hat in der arabischen Literatur ab dem späten 19. Jahrhundert einen Europäertypus ausgemacht, den sie als Indiz für ein "bereits gebrochenes kulturelles Selbstbewußtsein" der Araber wertet und als den "europäischen Bestätiger vom Dienst" bezeichnet:

> "... er spielt die Rolle desjenigen, der der kulturellen, ethnischen oder nationalen Bezugsgruppe des Autors, also etwa den 'Orientalen', Ägyptern oder Arabern, zu bescheinigen hat, daß sie im Entscheidenden - wie immer dieses definiert sein mag - doch die Überlegenen sind."[33]

Dieser Typus läßt sich ähnlich auch in der türkischen Literatur seit dem 19. Jahrhundert nachweisen.[34] In *Sodom ve Gomore* nun fällt die Rolle des "europäischen Bestätigers" insbesondere Captain Marlow und Captain Read zu. Captain Marlow, der sich am Schluß des Romans zum "Türkenfreund" (*Türk dostu*) gewandelt hat und "in der halb mittelmeerischen, halb berberhaften Gesellschaft" von Istanbul seine "unsympathische englische Härte" verloren hat,[35] lobt nun die Türken, indem er ihren antiimperialen Widerstand mit der Haltung der Deutschen im Ersten Weltkrieg vergleicht:

"Auf der Insel Großbritannien gibt es Leute, die überzeugt sind, die Welt bestehe nur aus England. Bis vor dem Krieg dachte auch meine Mutter, Deutschland sei ein Land, das wie Indien von einem englischen 'Vizekönig' regiert wird. Erst als der Krieg anbrach und die imposanten Zeppeline am englischen Himmel Schrecken verbreiteten, glaubten die Engländer daran, daß es auf der Welt noch ein zweites Volk gibt, was es mit ihnen aufnehmen kann. Nun warten wir darauf, daß uns der türkische Säbel an den Hals geht, um zu begreifen, daß es ein türkisches Volk außerhalb unseres Einflusses und unserer Oberherrschaft gibt."[36]

Selbst Captain Read, bis zuletzt der Inbegriff des "sturen, arroganten Engländers", muß in einem Brief an seine Mutter feststellen, daß sich die Verhältnisse geändert haben:

"... Doch der gesunde Menschenverstand befiehlt uns, von nun an gegenüber den Türken eine Politik des guten Willens zu betreiben. Sagen Sie das dort drüben allen Ihren Bekannten, allen Verwandten und jedem, dem Sie begegnen..."[37]

Daß Figuren wie Captain Marlow und Captain Read in *Sodom ve Gomore* trotz der negativen Rolle, die die Europäer in dem Roman spielen, weiter als "europäische Bestätiger vom Dienst" fungieren, ist ein Indiz für den unsicheren Platz, den die neue politische Richtung in Yakup Kadris Weltsicht noch einnimmt, für ein alles in allem also noch sehr fragiles neues Selbstbild. Noch 1919 hatte er im zweiten Teil seiner fiktiven Reisebriefe aus Istanbul die Engländerin Miss Chalfrin über die jungen türkischen Nationalisten kurz nach dem Ersten Weltkrieg sagen lassen:

"Lieber James, Sie sehen, wie alles ist hier das Türken- und Orientalentum ein schlechtes Produkt (matah) aus europäischer Produktion. Ist es nicht seltsam, daß die seit dem 19. Jahrhundert mal als Kolonialpolitik, mal als 'Exotismus'-Mode in so gut wie allen europäischen Herzen verborgene Orientsehnsucht und die Lust am Orientalischsein sich nun umkehrt und in einen türkischen Nationalismus verwandelt?"[38]

Miss Chalfrin alias Yakup Kadri spielt hier auf ein Phänomen an, welches J. Th. Leerssen in einem Aufsatz über das deutsche Selbstbild nach dem Zweiten Weltkrieg als "autoexotische Wahrnehmung" bezeichnet. Leerssen unterscheidet in Anlehnung an Begriffsbestimmungen aus der Anthropologie zwei Konzepte eines nationalen Selbstbildes von Völkern, das "ethnozentrische" (*ethnocentricity*) und das "exotische" (*exoticism*).[39] Während das ethnozentrische Selbstbild auf der Identifizierung mit den eigenen kulturellen Werten beruht, ist das exotische Selbstbild das Produkt einer Reputation, die ein Volk/eine Nation ursprünglich in den Augen anderer hatte. Ein autoexotisches Selbstbild ist nach Leerssen ein Phänomen, welches typisch ist für Literaturen postkolonialer Staaten außerhalb Europas und für marginalisierte und nichtunabhängige Kulturen innerhalb Europas - Literaturen von Staaten bzw. Kulturen also, die einem starken hegemonialen Druck ausgesetzt sind:

> "... auto-exoticism can be expected to occur in those cases where a nation has undergone a cultural self-enstrangement and where an attempt at reappropriating one's cultural past takes place. That goes for Ireland, for Africa, for many post-colonial nations outside Europe, and for marginalized and non-independent cultures within Europe such as Flanders, Sardinia etc. In all these cases, dominant cultural hegemonism from outside has been paramount to such an extent that even for the representation of a local identity, recourse must be taken to imported imagery, and identity can only be formulated in terms of a 'refusal to belong'..."[40]

Ein weiteres Merkmal von Autoexotik ist für Leerssen ihre populistische Tendenz. Die Akteure im autoexotischen Diskurs entstammen jedoch selten dem "Volk", sondern sind Teil eines gehobenen Bildungsbürgertums:

> "... auto-exoticism is populist in tendency. It tends to glorify a cultural identity which is seen as rooted in the nation-at-large, the people; but at the same time, the producers of auto-exoticist discourse are but rarely part of popular culture: they are educated, have access to the literary institution and write for a middle-class audience which tends to be discrepant from the popular culture they describe. The people they write *about* and the people they write *for* belong to different social spheres; and that, too, is a hallmark of exoticism."[41]

Yakup Kadris *Sodom ve Gomore* kann nach dieser Definition als Beispiel für eine solche autoexotische Wahrnehmung betrachtet werden: Die Orientierung an Europa in so gut wie allen Bereichen des gesellschaftlichen Lebens, gepaart mit einer extremen finanziellen und politischen, fast kolonial zu nennenden Abhängigkeit, hatte im Verlauf des 19. Jahrhunderts im Osmanischen Reich zu einer kulturellen Selbstentfremdung geführt. Als deren typisches Produkt kann die Persönlichkeit des Autors selbst gelten: Aus einer angesehenen Familie stammend, umfassend europäisch gebildet, war er der Vertreter einer Generation türkischer Autoren, die meist der Oberschicht entstammten, jedoch für das "Volk" schreiben wollten.[42] Um ihre Ansichten zu verbreiten, hatten sie die europäische Literaturgattung des Romans gewählt, und mit der Gattung übernahmen sie viele aus der europäischen Literatur entlehnten Bilder und Themen. Dennoch diente die neue Schreibweise ihnen nicht etwa zur Legitimierung der europäischen Hegemonie, sondern war ein Mittel, um kulturelle Identität neu zu formen: Der Sieg des türkischen Volkes über die Besatzer, mit dem Yakup Kadri den Roman beschließt, die neue Identität Necdets als "nationaler Türke", der in seinem Volk aufgeht,[43] dienen der Zeichnung der Andersartigkeit der Türken, die diese positiv von den Europäern abhebt.

Schlußbemerkungen

Sodom ve Gomore ist ein Roman, der in einer Zeit heftigen gesellschaftlichen Umbruchs entstand: Die aggressive antiwestliche Haltung, wie sie in ihm zum Ausdruck kommt, ist als Reaktion auf die Aufteilung des Osmanischen Reichs unter den Siegermächten nach dem Ersten Weltkrieg zu werten. Andererseits ist jedoch schon die Wahl der Romanform als Medium zum Transport der literarischen Botschaft ein Zeichen für die Nähe des Autors und seiner Rezipienten zur europäischen Kultur. Der Rückgriff auf Bilder und Begriffswortschatz der "Anderen", um das "Eigene" zu beschreiben, bezeugt einen Prozeß kultureller Selbstentfremdung und neuer Identitätssuche. Der türkische Nationalismus, wie er in dem Roman als Gegenentwurf zur europäischen Dekadenz gezeichnet wird, steht am Ende dieses Prozesses als, wie Leerssen es ausdrückt, "refusal to belong"[44].

Es ist auffällig, daß das türkische Selbstbild, welches Yakup Kadri in seinem Roman zeichnet, über lange Strecken eher durch ein fehlendes Selbst gekennzeichnet scheint. Türken werden dargestellt als bloße Nachahmer der Europäer ohne eigene Meinung und Identität, verunsichert durch eine übertrieben europäische Erziehung, die sie die eigenen kulturellen Wurzeln vergessen ließ. Ein typisches Produkt dieser Erziehung ist Leylâ, deren Vater Sami Bey selbst nach dem türkischen Sieg nicht an eine Überlegenheit der Türken über die Europäer glauben kann:

> "Die Szenerie in Istanbul hatte in den letzten Wochen Sami Bey ebenso beunruhigt wie seine Tochter. Der scharfe Wind, der die Stadt durchwehte, war zuviel für den alten Salonlöwen, und sein Verstand ließ nicht zu, daß die westlichen Staaten angesichts unserer Schwerter eine politische Niederlage erleben könnten. Ein türkischer Sieg!... Das war ein Ereignis, welches seine gewohnte Denkungsart ins Wanken brachte, seine seit Jahren gehegten politischen und sozialen Vorstellungen zerstörte, kurz, es beunruhigte ihn und verdarb ihm die Laune."[45]

Selbst Necdet, der "Held", ist, bevor er sich radikal von seiner Vergangenheit löst, bis fast zum Romanschluß ein verunsicherter Antiheld. Das Ende des Romans hebt sich daher in seinem entschiedenen nationalen Tenor und dem häufigen subjektiven Eingreifen des Autors in die Romanhandlung, wie es beispielsweise im obigen Zitat geschieht, auffällig vom Rest des Romanes ab. Es bleibt die Frage, ob Yakup Kadri sich dieser Diskrepanz bewußt war und sie bewußt geschaffen hat, um das Positive und die Kraft des "neuen türkischen nationalen Weges" im Kontrast zum Verfall der alten osmanischen Gesellschaft besonders hervorzuheben, oder ob sie unbewußter Ausdruck seiner eigenen Verunsicherung auf der Suche nach einer "neuen türkischen Identität" ist.

Anmerkungen

1 Essad Bey, Die neue türkische Literatur: Gespräch mit Suad Derwisch Hanum. In: Die Literarische Welt, Berlin 5 (1929) 2, S. 1. Zur Biographie Essad Beys, eines wahrscheinlich 1905 in Baku geborenen Juden, der zum Islam konvertierte, vgl. Gerhard Höpp, Mohammed Essad Bey: Nur Orient für Europäer? In: Gerhard Höpp/Thomas Scheffler (Hg.), Gegenseitige Wahrnehmungen in Orient und Okzident seit dem 18. Jahrhundert, Berlin 1997, S. 75-97.

2 Zu Suat Derviş (Baraner) vgl. insbesondere Saliha Paker/Zehra Toska, Yazan, yazılan, silinen ve yeniden yazılan özne: Suat Derviş'in kimlikleri. In: Toplumsal Tarih, 7 (1997) 39, S. 11-22.

3 Als erstes türkisches Theaterstück gilt das 1860 als Buch veröffentlichte Stück *Şair Evlenmesi* (Die Hochzeit des Dichters) von İbrahim Şinasi. Die ersten romanartigen Erzählungen veröffentlichten zu Anfang der siebziger Jahre des 19. Jahrhunderts Ahmed Midhat, Emin Nihad und Şemseddin Sami. Vgl. Ahmet Ö. Evin, Origins and Development of the Turkish Novel, Minneapolis 1983, S. 50ff.

4 So z.B. Halide Edib (Adıvar), Ateşten Gömlek (1922), Peyami Safa, Sözde Kızlar (1925), Mehmed Rauf, Halâs (1929), Reşat Nuri (Güntekin), Yeşil Gece (1928), Selâhattin Enis, Zaniyeler (1924).

5 Diese Frage stellt Hikmet Dizdaroğlu in seiner Rezension der 2. Auflage von İkinci baskısı dolayısıyle Sodom ve Gomore. In: Türk Dili, 15 (1966) 179, S. 1029-1035.

6 Dagegen spricht allerdings seine Aussage in einem 1974 geführten Interview, nach dem er den Roman unter dem Eindruck Prousts schrieb, den er erst 1922 entdeckt habe. Vgl. Anmerkung 15 dieses Aufsatzes.

7 In dieser Zeitschrift wurde u.a. für die "Reinigung" der Sprache plädiert, für eine von arabischen und persischen Elementen freie rein türkische "nationale" Sprache. Während die *Milli Edebiyat*-Literatur zunächst eine rein panturkistische Literaturströmung war, wurde sie in den zwanziger Jahren eine breite Literaturströmung, unter der sich Autoren mit ganz unterschiedlichen Weltanschauungen einordneten. Einig waren sie sich allerdings in ihrem türkischen Nationalismus, d.h. darin, in einer realistischen Schreibweise für "türkische, islamische, zeitgenössische" Ziele einzutreten (*Türkleşmek, İslamlaşmak, Muasırlaşmak*, so der Titel des 1918 veröffentlichten Buches des nationalistischen Chefideologen Ziya Gökalp). Vgl. Atilla Özkırımlı, Türk Edebiyatı Ansiklopedisi. Bd. 2: Genç Kalemler, S. 531f., und ebenda, Bd. 4: Türk edebiyatında akımlar, S. 1151-1168.

8 Die wichtigste Vertreterin der Amerikaner ist Miss Moore, eine junge lesbische Journalistin, die ein türkisches Mädchen verführt und mit nach Amerika nimmt.

9 Für eine ausführlichere Darstellung vgl. Erik J. Zürcher, Turkey: A Modern History, London-New York 1993, S. 138-172, und Fikret Adanir, Geschichte der Republik Türkei, Mannheim u.a. 1995, S. 21-30.

10 Am Ende des Ersten Weltkrieges erhob das Osmanische Reich noch Anspruch auf das Gebiet der heutigen Türkei sowie Mesopotamien, Palästina, Syrien, Hedschas, Thrakien und einige Inseln in der Ägäis.

11 Offiziell von den Westmächten an die Türken übergeben wurde die Stadt schließlich am 4.10.1923. Vgl. Zafer Toprak: Mütareke Döneminde İstanbul. In: Dünden Bugüne İstanbul Ansiklopedisi. Bd. 6, Istanbul 1994, S. 19-23.

12 Dizdaroğlu, a.a.O.

13 Ich zitiere nach der folgenden Ausgabe: Yakup Kadri Karaosmanoğlu, Sodom ve Gomore, 8. Aufl., bearb. von Atilla Özkırımlı, Istanbul 1995, S. 20.

14 Sodom ve Gomore, S. 133.

15 In einem von Adile Ayda 1974 geführten Interview. In diesem antwortete er auf die Frage, welcher ausländische Autor ihm am besten gefalle: "Unter den ausländischen Autoren hat mich am meisten Marcel Proust beeindruckt, der mir auch heute noch am meisten gefällt. Leider habe ich ihn erst spät entdeckt, um 1922, also nachdem ich über dreißig war..." (Yabancılar arasında bende en derin tesiri bırakan ve bugün dahi en çok beğendiğim yazar Marcel Proust'tur. Maalesef onu geç keşfettim, 1922lerde, yani otuzundan sonra...) Adile Ayda: Yakup Kadri ile görüşme. In: Dies., Böyle idiler yaşarken... (Edebi hatıralar), Ankara 1984, S. 271-276, Zitat S. 273.

16 Ich teile nicht die Meinung Nermin Menemencioğlus in ihrer Rezension zu *Sodom ve Gomore* in der Zeitschrift *Yeni Dergi* (Yıl 2, Sayı 24, Eylül 1966, S. 221-226), daß keinerlei Gemeinsamkeiten zwischen den beiden Romanen zu finden seien. Laut dem oben zitierten Interview von Adile Ayda beschäftigte sich Yakup Kadri in den zwanziger Jahren besonders stark mit dem Werk Marcel Prousts und übersetzte später sogar einen Teil des Romanzyklus - Du coté de chez Swann - ins Türkische (Swanların Semtinden, 1942). Neben sprachlichen Ähnlichkeiten wie der Vorliebe beider Autoren für eine komplexe Syntax mit vielen Vergleichen und Metaphern ist die wichtigste Gemeinsamkeit meines Erachtens die folgende: Beide Romane schildern unter Bezug auf die biblische Geschichte von Sodom und Gomorra eine Zeit gesellschaftlichen Niedergangs vor dem Anbruch einer neuen Zeit (die Etablierung der bürgerlichen Republik in Frankreich, die Etablierung der Türkischen Republik). Zu Marcel Proust und seinem Werk *A la recherche du temps perdu* vgl. Jürgen Grimm (Hg.), Französische Literaturgeschichte, 3. Auflage, Stuttgart-Weimar 1994, S. 290f.

17 Hüseyin Cahit in: Fikir Hareketleri, (1934) 50, S. 380-382; Yakup Kadri in: Varlık, 2 (1934) 34, S. 150.

18 Yakup Kadri Karaosmanoğlu, Miss Chalfrin in Albümünden. In: Alp Dağlarından ve Miss Chalfrin' in Albümünden, Istanbul 1942, S. 57.

19 Ebenda, S. 68.

20 Ebenda, S. 63.

21 Sodom ve Gomore, S. 300.

22 Der Zusammenhang Leylâ - Lots Frau wird schon durch den dem Kapitel vorangestellten Bibelvers (Altes Testament, Genesis, 19, 26) überdeutlich hergestellt: "Als Lots Frau zurückblickte, wurde sie zu einer Salzsäule" (Ve Lut'un zevcesi anın arkasında olarak geriye bakmakla bir tuz amudu oldu). Sodom ve Gomore, S. 298. Zur "Erstarrung" Leylâs vgl. ebenda, S. 306 f.; Die Bibel: Altes und Neues Testament Einheitsübersetzung, Freiburg u.a. 1980, S. 20.

23 Necdet ist Leylâs Cousin mütterlicherseits. Sodom ve Gomore, S. 32.

24 Vgl. Madjnun Layla. In EI^2, Bd. 5, S. 1102-1107.

25 Sodom ve Gomore, S. 46.

26 Sodom ve Gomore, S. 280.

27 Hauptthema des Bildungsromans, ursprünglich eines in der Weimarer Klassik entstandenen deutschen Romantypus, ist die geistige Entwicklung der Hauptgestalt von einer sich selbst noch nicht bewußten Jugend zu einer gereiften Persönlichkeit. Der Begriff Bildungsroman wird auch in der türkischen Literaturwissenschaft verwandt, so benutzt ihn z.B. Berna Moran in seiner Interpretation von Halit Ziya Uşaklıgils *Aşk-ı Memnu*. Vgl. Moran, Berna, Türk Romanına Eleştirel Bir Bakış: Ahmet Mithat'tan A.H. Tanpınar'a, 2. Auflage, Istanbul 1987, S. 98.

28 Murat Belge, "Politik Roman" Üzerine. In: Birikim, 2 (1975) 9, S. 43f.

29 Necdet hat zunächst Leylâ im Verdacht, an der Verhaftung Schuld zu sein, sieht seinen Verdacht jedoch nicht bestätigt, als er ihrer aufgeregten Reaktion auf seine Verhaftung gewahr wird. Sodom ve Gomore, S. 95.

30 Ebenda, S. 140-147.

31 "Necdet, sonu olmayan bir uçuruma doğru durmadan yuvarlanmak istiyordu. Onun için hayatın bütün kanunu, bütün mânası bu başaşağı düşüşteydi. Leylâ'nın âşıkı bu hususta kendisini kâinatın ezeli iradesiyle uygun sayiyordu. Bazen içinden bir ses ona bu manevi çürümenin tehlikelerinden haber verdikçe bu sesi susturmak için içinde bulunduğu çare yine hislerinin uğultusuna kendini bırakmaktan ibaret kalıyordu. Çoğunluk, fuhşa düşmüş kadınlarda görülen bu hastalıklı hal, bu düştükçe düşmek isteyiş, bu içte durmadan bir şeyin kayışı ve bu kayışın verdiği uyuşturucu zevk zaten pasif karakterli olan Necdet'te bir ikinci tabiat hükmüne girdi..." Sodom ve Gomore, S. 141f.

32 "İstanbul'da hayretten sevince vakit yoktur. Altı gün içinde Afyon'dan İzmir'e! Lakin, en rahat, en arızasız bir yürüyüşle bile bu mesafeyi altı günde almanın imkanı olamaz. Acaba bu bir rüya mı? Necdet, bunun bir rüya olduğunu sananlardandı. Fakat o kadar tatlı, o kadar yüce ve ilâhi bir rüya ki ondan uyanmak istemiyordu. 'Bir rüya içinde öleyim!' diyordu." Sodom ve Gomore, S. 282. Die Stelle bezieht sich auf den Marsch auf Izmir und die Rückeroberung Izmirs am 9.9.1922.

33 Rotraud Wielandt, Das Bild der Europäer in der modernen arabischen Erzähl- und Theaterliteratur, Beirut 1980, S. 57.

34 Zwei frühe Beispiele sind etwa in Emin Nihads 1872 geschriebener Novelle "Bir Osmanlı Kapudanın bir İngiliz kızıyla vuku' bulan sergüzeşti" (Das Abenteuer eines osmanischen Kapitäns mit einem englischen Mädchen) und Ahmed Midhats 1876 veröffentlichtem Roman "Parisde Bir Türk" zu finden: In beiden macht ein Osmane, der sich in Europa aufhält, alles viel perfekter als die Europäer und erntet deshalb bei diesen Bewunderung und Anerkennung.

35 Sodom ve Gomore, S. 257.

36 "Büyük Britanya Adasında Dünyayı İngiltere'den ibaret sananlar var. Harpten önceye gelinceye kadar benim annem Almanya'yı da Hindistan gibi bir İngiliz "Viceroi"siyle idare edilir memleketlerden biri sanırdı. Ne zaman ki, harp patladı ve heybetli Zeplinler İngiliz göklerinden yere dehşet salmağa başladı, o vakit dünya yüzünde İngilizlerle boy ölçüşebilecek bir ikinci milletin daha var olduğuna inandılar. Şimdi bizim nüfuz ve hâkimiyetimiz dışında bir Türk Milletinin var olduğunu anlamak için Türk palasının gırtlağımız üstüne dayanmasını bekliyoruz..." Sodom ve Gomore, S. 286.

37 Sodom ve Gomore, S. 290.

38 "Aziz James, görüyorsunuz ki, burada her şey gibi Türkcülük ve şarklılık da Avrupa mamulâtından ve Avrupa ithalâtından bir matahdır. Garip değil midir ki on dokuzuncu asır iptidasındanberi kâh müstemleke politikası, kâh "Ekzotizm" modası şeklinde hemen her Avrupalının kalbinde yer tutan şark hasreti ve şarklılık zevki nihayet döne dolaşa bir Türk milliyetciliğini ihdas etsin." Miss Chalfrin' in Albümünden, S. 117.

39 Leerssen benutzt bewußt auf Englisch das Wort "ethocentricity" und nicht "ethnocentrism", um deutlich zu machen, daß der Terminus in einem neutralen Sinne verwandt wird und keinen rassistischen oder xenophoben Unterton hat, wie es bei dem Wort "Ethnozentrismus" inzwischen oft der Fall sei. Joseph Th. Leerssen, Identity and Self-image: German Auto-exoticism as Escape from History. In: Hugo Dyserinck/Karl-Ulrich Syndram (Hg.), Komparatistik und Europaforschung: Perspektiven verglei-

chender Literatur- und Kulturwissenschaft, Bonn-Berlin 1992, S. 117-135; zu dem Begriff s. S. 118, Fußnote 2.

40 Leerssen, a.a.O., S. 120.

41 Ebenda.

42 Noch bis in die fünfziger Jahre dieses Jahrhunderts stammten die türkischen Literaten überwiegend aus den städtischen oberen Gesellschaftsschichten. Der Anspruch, für das "Volk" zu schreiben, tauchte erstmals auf bei der ersten Generation von türkischen Roman- und Theaterautoren, den Autoren der sogenannten Tanzimat-Literatur (1859-1895), deren Ziel es war, mittels ihrer Werke "dem Volk Bildung zu vermitteln". Zu den Autoren dieser Generation gehörte der jungosmanische Ideologe Namık Kemal, der das Ziel der neuen Literaturbewegung einmal folgendermaßen formulierte: "Da unser Volk sehr weit davon entfernt ist, in jedem Stadtviertel eine Universität, in jeder Straße einen Intellektuellen zu haben, gibt es unter uns wohl so leicht keinen Mann, der sich nicht der Notwendigkeit bewußt ist, von Zeitungen und Erzählungen zu profitieren." (Milletimiz maarifçe öyle her mahallesinde bir üniversite bulunacak, her sokağında bir bilgin yetişecek derecelerden pek uzak olduğu için, aramızda gazeteden, hikâyeden yararlanma gereksemesi duymayan adam bulunduğunda kolaylıkla imkân verilemez". Cevdet S. Kudret, Tanzimat'tan Cumhuriyet'e Türk Edebiyatı. In: Tanzimat'tan Cumhuriyet'e Türkiye Ansiklopedisi, Bd. 2, Istanbul 1985, S. 388-408, Zitat S. 390.

43 "Ach, welche Sprache, welche Feder ist imstande, Necdets seit Wochen andauernde Freude und Aufregung in Worte zu fassen? Er selbst sogar kann uns das nicht erzählen. Denn er wurde zu einem Atom, welches in diesem salzigen und würzigen Meer schwimmt, was man Volk nennt. Seine persönlichen Angelegenheiten sind von diesen endlosen nationalen Belangen völlig aufgesogen worden. In diesem Dahinschmelzen, in dieser Auflösung lag wie im Tod von heiligen Männern ein ewiger Genuß, ein göttliches Glück." (Ah, hangi dil, hangi kalem Necdet'in haftalardan beri yaşadığı coşkunluk ve heyecanı anlatabilir? Kendisi bile bunu anlatamaz. Çünki o, halk denilen tuzlu ve baharlı denizin içinde kaynayan bir zerre haline girmiştir. Ferdî şuuru bu sonsuz millî şuurun içinde eriyip gitmiştir. Bu eriyişte, bu yok olup gidişte süeda´nın ölümlerindeki gibi bir ebedi zevk, bir ilâhî mutluluk vardı...) Sodom ve Gomore, S. 293.

44 Leerssen, a.a.O.

45 "İstanbul'un son haftalar içindeki manzarası Sami Bey'i de kızı kadar ürkütmüştü. Şehrin üstünde esen bu sert rüzgâr onun ihtiyar salon adamı ciğerlerine fazla geliyordu ve aklı Garp devletlerinin bizim kılıçlarımız önünde siyasi bir bozguna uğramış olabileceklerine ihtimal veremiyordu. Türk zaferi!... Bu, onun alışılmış düşünce tarzlarını bozan; bu, onun senelerden beri taşıdığı siyasi ve sosyal inanışlarını sarsan, hulasa bu, onu rahatsız eden, bu, onun keyfini kaçıran bir hâdiseydi..." Sodom ve Gomore, S. 299.

Exodus, Flucht, Vertreibung, Katastrophe. Die Entstehung des palästinensischen Flüchtlingsproblems in der palästinensischen und israelischen Historiographie der Ereignisse von 1948

Juliane El-Maneie

Die Existenz Israels und der damit verbundene Konflikt um Palästina spielen eine wichtige Rolle in der politischen Auseinandersetzung von Muslimen mit ihrer Geschichte im 20. Jahrhundert. Der Nahostkonflikt stellt sich hier als Auseinandersetzung um ein Land im Herzen der islamischen Welt dar, als Konflikt zwischen historisch, kulturell und politisch islamisch geprägter Bevölkerung einer Region[1] und einem als Eindringling und primär westlich geprägten Konfliktpartner. Das Jahr 1948 bildet in der Geschichte dieses Konfliktes eine wesentliche Zäsur. Es ist das Jahr des ersten Nahostkrieges, der Staatsgründung Israels und der Entstehung des palästinensischen Flüchtlingsproblems. Diese Aufzählung macht schon deutlich, daß in den historischen Ereignissen dieses Jahres der Ausgangspunkt für einen Konflikt liegt, der bis heute nicht gelöst ist. Dieser Konflikt wurde und wird auf verschiedenen Ebenen ausgetragen, politisch, militärisch, ökonomisch und nicht zuletzt ideologisch.

Das Jahr 1998, der fünfzigste Jahrestag der *nakba*, der Katastrophe für die Palästinenser, und der fünfzigste Jahrestag der Staatsgründung Israels, hat die ideologische Auseinandersetzung um die Ereignisse von 1948 intensiviert und beide Seiten zu verstärkten Anstrengungen inspiriert.

Dabei geht es zum einen darum, die Erinnerungen der Zeitzeugen festzuhalten, da diese Generation ausstirbt. Zum anderen wird die Auseinandersetzung um die Historiographie mit Hilfe der Medien und in der Wissenschaft geführt, woraus eine große Zahl neuer Materialien, Erlebnisberichte und Analysen resultiert, die in ihrem Inhalt und ihrer Argumentation jedoch nicht immer neu sind. Dabei geht es nicht zuletzt um die Bewertung historischer Entscheidungen, ihrer Träger und die Auswirkungen der damaligen Ereignisse auf die Bewohner der Region.

Es ist auch eine Auseinandersetzung um Recht oder Unrecht, nicht zuletzt weil der durch die Ereignisse von 1947/48 so entscheidend beeinflußte Konflikt um das Land Palästina bis heute keine friedliche Lösung gefunden hat. Fünfzig Jahre nach dem ersten Nahostkrieg 1948 streiten Israelis und Palästinenser noch immer über das Recht und die Möglichkeit, in einem oder zwei Staaten, aber letztlich auf dem gleichen Territorium friedlich existieren zu können.

Die seit dem Beginn der neunziger Jahre laufenden Verhandlungen über Frieden zwischen Israelis und Palästinensern haben immer wieder deutlich gemacht, daß es sich neben einem Konflikt um das Land, vor allem in den Augen der Weltöffentlichkeit, auch um eine Auseinandersetzung um moralische Superiorität handelt.

Eine besondere Rolle für den nicht sehr erfolgreich verlaufenden Friedens- und Verhandlungsprozeß spielt die Frage der Flüchtlinge. Sie wird als das Schlüsselproblem der möglichen friedlichen Koexistenz beider Völker gesehen. Die Aushandlung von Vereinbarungen über das Schicksal der Flüchtlinge, das Recht auf Rückkehr oder Entschädigung ist Teil der *final status talks*, die immer wieder verschoben werden und sich neben dieser Frage mit dem Status von Jerusalem, der Zukunft der jüdischen Siedlungen in der Westbank und Gaza sowie der Wasserfrage beschäftigen müssen. Die Akzeptanz solcher noch zu treffenden Vereinbarungen wird vor allem auf palästinensischer Seite von der Flüchtlingsproblematik abhängen.

Der folgende Aufsatz ist das Ergebnis meiner Auseinandersetzung mit einigen Beispielen von palästinensischer und israelischer Historiographie zu 1948[2], in dem ich der Fragestellung nachgehen will, warum dieses Flüchtlingsproblem zur Schlüsselfrage geworden ist und was sich darüber in den von mir analysierten Quellen finden läßt. Es geht mir dabei nicht um eine erschöpfende Darstellung der breiten Palette der - englisch schreibenden - Autoren, die sich seit dem Ende der vierziger Jahre mit der Thematik auseinandergesetzt haben. Vielmehr ist der Aufsatz ein Versuch, ausgewählte Beispiele mit einem theoretischen Konzept in Zusammenhang zu bringen, das eine Verbindung zwischen "Erinnerung" und "Identität" konstruiert. Ich gehe dabei von der israelischen Historiographie aus, die nach meiner Ansicht bis heute den internationalen Diskurs dominiert, und betrachte die palästinensische Historiographie zumindest zum Teil als eine Reaktion auf und eine Auseinandersetzung mit diesem dominanten Diskurs.

Meine Hypothese lautet deshalb, daß die Historiographie über die Ereignisse von 1948 sowohl für die israelische als auch für die palästinensische Identität von konstituierender Bedeutung ist und daß genau aus diesem Grund die Diskussion über die "wahre" Geschichte heute, nach fünfzig Jahren, immer noch mit so großer Intensität geführt wird.

Welche wichtige Rolle die Flüchtlingsfrage für den Friedensprozeß spielt und wie verhärtet die Fronten sind, hat Yves Besson, ein hochrangiger Mitarbeiter der UNRWA im März 1998 auf einer Konferenz zur Rolle der internationalen Gemeinschaft für die Lösung der Flüchtlingsprobleme zusammengefaßt:

> "Palestinians consider the refugee issue as the heart of their conflict with Isreal, the centre of their collective memory, the focal point of their

modern political life and the core of their present identity as a people. The nakba of 1948-49 has been integrated in the perception they have themselves as a people of the region and as a collective member of the human community. In fact, every Palestinian living today outside the boundaries of what was former Palestine, since he is prevented from settling down in this land to which he deeply feels that he belongs, considers himself a refugee... The refugee problem is seen by all the Palestinians as the very essence of the conflict and any solution which does not directly address it is therefore inconceivable...
On the other side, it has been equally inconceivable for the Israelis, since the beginning, to agree to the return of Palestinians to their land, even in the context of a peaceful settlement. To accept this concept of return in favour of the Palestinians, as they understand it, would be in total contradiction with the Zionist ideology, would undermine the Jewish character of the State and would completely oppose the essential raison d'etre of the Zionist project and its implementation in the course of a long and traumatic history. The Israeli view is only to contribute possibly to permanently settling the refugees by integrating them in the host Arab countries."[3]

Das "Memory and Identity"-Konzept

Um die oben beschriebene Auseinandersetzung über die Historiographie besser zu verstehen und ihre Dynamik zu erklären, scheint es mir interessant und fruchtbar, ein theoretisches Konzept zu nutzen, das eine Verbindung zwischen den Schlüsselwörtern "Erinnerung" und "Identität" postuliert. Eingeführt von John R. Gillis[4], geht dieses Konzept davon aus, daß sowohl Erinnerung als auch Identität sich in verschiedenen historischen Kontexten verändern und an sich eine Konstruktion sind, die immer bestimmten Zwecken dient.

> "The core meaning of any individual or group identity, namely, a sense of sameness over time and space, is sustained by remembering; and what is remembered is defined by the assumed identity. That identities and memories change over time tends to be obscured by the fact that we too often refer to both as if they had the status of material objects - memory as something to be retrieved; identity as something that can be lost as well as found. We need to be reminded that memories and identities are not fixed things, but representations or constructions of reality, subjective rather than objective phenomena."[5]

Gillis führt weiterhin aus, daß sich diese besondere Bedeutung von Erinnerung für eine bestimmte Identität nicht nur auf der individuellen, sondern auch auf einer gesellschaftlichen Ebene festhalten läßt. Dabei muß hier darauf hingewiesen werden, daß Gillis nicht von einer einzigen Identität ausgeht, sondern die breite Debatte über *politics of identity* berücksichtigt, die nach seiner Ansicht neben der Verbreiterung der Basis des Begriffs auch zu einer Aufweichung und Umwandlung in ein so breites Konzept geführt hat, daß man zumindest von einem Verwaschen der Bedeutung sprechen kann.[6] Ich halte ihn trotzdem für sinnvoll, weise aber darauf hin, daß nach meiner Ansicht Individuen mehrere Identitäten haben, die sich historisch und situational verändern, trotzdem aber eine stabilisierende Bedeutung für das Leben jedes Menschen haben und so auch unter Berücksichtigung ihrer Veränderlichkeit beschrieben werden können. Eine besondere Rolle spielen im Kontext von Politik nationale, religiöse und ethnische Identitäten, die nicht nur den Lebenszusammenhang des Einzelnen beeinflussen, sondern Auswirkungen auf das Leben in gesellschaftlichen Gruppen, deren Selbstbild sowie politische und soziale Aktivitäten haben.

Gillis unterteilt die Geschichte des Nationalismus, um dessen Representation in materiellen Erinnerungen es ihm hauptsächlich geht, in drei wesentliche Phasen, eine vor-nationale, eine nationalistische und eine nach-nationale. Nach seiner Ansicht hat erst die nach-nationale Entwicklung im westlichen Kontext zu einem Überdenken feststehender Vorstellungen von Geschichte und ihrer Darstellung geführt.

> "At this particular historical moment, it is all the more apparent that both identity and memory are political and social constructs, and should be treated as such. We can no longer afford to assign either the status of a natural object, treating it as 'fact' with an existance outside language. Identities and memories are not things we think *about*, but things we think *with*."[7]

Im Zusammenhang mit dem Nahostkonflikt spielt die Vorstellung von einer stabilen nationalen Identität allerdings immer noch eine wesentliche Rolle, da diese Konstruktion einer einheitlichen politischen Identität die Basis der Forderung nach Staatlichkeit bildet oder das Recht auf die Gründung eines Staates begründet. Nur auf einer individuellen Ebene kann von Zeichen einer post-nationalen Entwicklung gesprochen werden. Beispiele dafür sind die unterschiedlichen Formen des Dialogs zwischen Israelis und Palästinensern, bei denen versucht wird, eine Annäherung an die andere Seite über die Erkenntnis der Person des "Anderen", seine Ähnlichkeit mit der eigenen Person und die Konflikte zwischen beiden zu erreichen. Dazu würde ich auch gemeinsame Informations- und Menschenrechtsprojekte zählen, in denen neben politischen und sozialen Aktivitäten eine ständige Auseinandersetzung um Hierarchien, Gleichstellung und Koexistenz geführt wird.

Die Idee von der Wechselwirkung zwischen "Erinnerung" und "Identität", die sich auch dahingehend interpretieren läßt, daß es keine objektive Geschichte gibt, sondern daß die Beschreibung und Bewertung von Ereignissen den subjektiven Standpunkt des Historiographen wiedergibt, soll hier im Unterschied zu den Beiträgen in dem genannten Band nicht auf materielle Beispiele von "Erinnerung" wie Denkmäler, Friedhöfe und Museen, sondern auf die verschiedenen Formen von Geschichtsbeschreibung im israelischen und palästinensischen Kontext angewandt werden. Es geht mir dabei um den Versuch, eine Beziehung zwischen der "offiziellen" Geschichtsschreibung und der Zuweisung von nationaler Identität zu finden und in beiden Fällen an Beispielen zu dokumentieren.

Israelische Historiographie I

Die Existenz einer unübersehbar großen Zahl an Darstellungen über die Ereignisse des Krieges 1947/48 und die Gründung des Staates Israel läßt deutlich werden, daß diese Ereignisse eine wesentliche Bedeutung für den öffentlichen Diskurs und das Selbstbild von Israelis hatten und vermutlich auch heute noch haben.

Die Frage nach dem Schicksal der arabischen Einwohner Palästinas hat sich nicht, wie von Israelis 1947/48 erwartet, von selbst gelöst, sondern entwickelte sich im Gegenteil zu einem wesentlichen Unsicherheitsfaktor für Israel in der Region.

Schon sehr früh wird deshalb in "kanonischen" Darstellungen israelischer Geschichte auf die Frage der palästinensischen Flüchtlinge eingegangen.[8] In der israelischen Historiographie lassen sich dabei zwei wesentliche Richtungen unterscheiden, die in der zwischen ihnen verlaufenden Diskussion als "Old Historians" und "New Historians" bezeichnet werden. Dabei scheint es mir interessant zu sehen, ob Benny Morris, einer der "neuen Historiker", Recht behält mit seiner Prognose:

> "But the debate itself will undoubtedly go on. It is possible, as some commentators have suggested, that Isreali historiography will follow the usual Western dialectical pattern of an 'Old' historiography followed (and assailed by) a revisionist, 'New' historiography that, in turn, is then followed by a 'synthesizing' wave of more balanced, objective history. If true, the publication of these future histories will owe much to that revisionist wave which made objective, politically untrammelled historiography possible."[9]

Fraglich dagegen ist, ob es diese von ihm erwartete und erhoffte politisch unbeeinflußte, objektive Geschichtsschreibung geben kann. Andererseits macht das Zitat deutlich, daß die politische Konnotation israelischer Historiographie von ihm durchaus erkannt wird. Im folgenden soll auf diese beiden Hauptrichtungen und die Diskussion zwischen ihnen näher eingegangen werden.

Ein Beispiel für die offizielle Darstellung der Problematik in der israelischen Literatur ist das 1972 erschienene Buch *My Country - the Story of Modern Israel* von Abba Eban[10]. Eban war zu jener Zeit israelischer Außenminister; vorher war er ständiger Vertreter seines Landes bei der UNO und später Botschafter Israels in den USA gewesen.

Man kann aus seiner Stellung in der israelischen Politik schlußfolgern, daß er in seinem Buch die offizielle Linie der israelischen Historiographie wiedergibt. Unter der Überschrift "The War of Independence" beschreibt er im dritten Kapitel die Kampfhandlungen zwischen dem gerade gegründeten Staat Israel und den arabischen Armeen. Von den arabischen Flüchtlingen ist in diesem Zusammenhang nur an einer Stelle die Rede. Eban erwähnt das Massaker von Deir Yassin, bei dem am 9. April 1948 zwischen 120 und 250 palästinensische Zivilisten ermordet wurden, im gleichen Abschnitt mit einem Überfall arabischer Kräfte auf einen Krankentransport in Jerusalem, bei dem 77 Menschen starben. Der Absatz endet mit den Worten:

> "The feeling that the war to prevent the rise of Israel would be a war of populations, not of armies had its part in stimulating the flight from Arab centres, in some cases without the refugees having heard a single shot."[11]

Am Ende dieses Kapitels wird die Bedeutung des Unabhängigkeitskrieges zusammengefaßt:

> "Whatever happened, the image of this war would live on, unfading in the nation's memory. It had told the infant nation some unexpected things about itself... There was a capacity for organized action, a talent for making the most of small resources and a unifying energy which could be evoked in times of stress. Above all, there was a conviction that the central national aims were worthy of sacrifice and that individual advantage must, if necessary, be qualified by the general need. All these attributes had been enlarged by a sense of history."[12]

In diesem Zitat sind alle Schlüsselwörter des oben eingeführten theoretischen Konzeptes deutlich vertreten. Eban geht erst im Kapitel über "The Peace That Failed" auf das Schicksal der palästinensischen Flüchtlinge ein. Er wiederholt die "kanonisch" gewordene Darstellung, daß sowohl die Entstehung der palästinensischen Flüchtlingsmassen als auch die künstliche Erhaltung dieser durch die Politik der arabischen Staaten verursacht wurde. Die Flucht der Araber war am Anfang nicht spontan, sondern eine Folge von Aufrufen arabischer Führer, die für die Durchführung ihrer geplanten Kriegshandlungen die Zivilbevölkerung aus den umkämpften Gebieten entfernen wollten. Erst später wurde die Massenflucht auch durch Panik und Unsicherheit begünstigt. Nach seiner Argumentation hatten die arabischen Länder mit ihrer Propaganda, in der Israel als inhumaner Feind dargestellt wurde, die in Palästina lebenden Araber so verunsichert, daß diese nicht unter israelischer Herrschaft leben wollten und das Leben in einem anderen arabischen Land vorzogen. Außerdem hatten die wichtigen palästinensischen Führer das Land längst verlassen, und da Araber einen starken Sinn für Hierarchie haben, war es nur logisch, diesen Führern zu folgen. Die arabischen Länder taten alles, um die Flüchtlinge als Trumpfkarte für Verhandlungen zu behalten, deshalb wurden die Lebensbedingungen künstlich schlecht gehalten. Trotzdem sieht Eban das Schicksal dieser Flüchtlinge als verhältnismäßig akzeptabel an, hatte sich doch nichts am kulturellen Klima geändert, da sie sich immer noch in arabischer Umgebung befanden.

Er behauptet außerdem, daß Israel sich seit 1948 ständig bemüht habe, eine Lösung für die Probleme der Flüchtlinge zu finden. Nur seien diese Bemühungen durch die arabischen Staaten nie beantwortet worden.[13]

In Ebans Ausführungen zum Thema Flüchtlinge findet man alle Argumente, die seit 1948 in öffentlichen Debatten, bei der UNO und in den Medien ständig wiederholt werden.

Erst durch eine neue Generation von Historikern wird seit Mitte der achtziger Jahre an der Revision dieser Darstellungen gearbeitet. Simha Flapan, einer der "neuen Historiker", hat in seinem 1987 erschienenen Buch diese Argumente als die Gründungsmythen des israelischen Staates bezeichnet.[14] Zusammengefaßt, klingen die Mythen so:

> "The essence of the old history is that Zionism's birth was an inevitable result of gentile pressures and persecution, and that it offered at least a partial solution to the 'Jewish Problem' in Europe; that the Zionists intended no ill to the Arabs of Palestine; and that Zionist settlement alongside the Arabs did not, from the Jews' point of view, necessitate a clash or displacement, but that Israel was born into an uncharitable, predatory environment; that Zionist efforts at compromise and conciliation were rejected by the Arabs... The Arabs, so goes the old history, were far stronger politically and militarily than the Yishuv and were assisted in their efforts by the British, but none the less lost the war... In the course of that war, says the old history, in order to faciliate the invasion of the Arab armies, the Arab leaders called upon/ordered Palestine's Arabs to quit their homes: this would lay the Jewish state open to charges of expulsion and physically clear the path for the Arab armies. Thus was born the Palestinian refugee problem."[15]

Benny Morris bewertet die "alten Historiker" als Chronisten ihrer Zeit, die nicht nur die Zeiten, über die sie schrieben, selbst miterlebt hatten, sondern auch als apologetisch und interessiert an der politischen Dimension ihrer Berichte gesehen werden müssen. Er geht sogar so weit zu sagen, sie seien eigentlich keine Historiker gewesen und die von ihnen produzierte Historiographie basiere nicht auf soliden, glaubhaften und systematisch bearbeiteten Quellen.[16] An anderer Stelle wird deutlich, daß seine Skepsis als Historiker sogar noch weiter reicht:

"The recent declassification and opening of most Israeli state and private political papers from 1947 to 1949 and the concurrent opening of state papers in Britain (which governed Palestine until May 1948) and the United States (which from the summer of 1948 became increasingly involved in the refugee problem) has made possible the writing of a history of what happened on the basis of a large body of primary contemporary source material... I was brought up believing in the value of documents. While contemporary documents may misinform, distort, omit or lie, they do so, in my experience far more rarely than interviewees recalling highly controversial events some 40 years ago."[17]

Israelische Historiographie II

Die in Israel intensiv geführte Diskussion über die Ansichten der "alten" und "neuen Historiker" wird durch nähere Betrachtung einiger Beispiele der "neuen Historiker" verständlich, die in sich keine homogene Gruppe bilden und auf der Basis der gleichen historischen Dokumente zu unterschiedlichen Schlußfolgerungen und Bewertungen gelangen.

Der prominenteste dieser "neuen Historiker" ist Benny Morris, der neben zwei Büchern in Englisch mehrere Artikel veröffentlicht hat und auch häufig in akademischen Debatten zitiert wird.[18] Er nennt in seinem Band eine Reihe anderer wichtiger Werke seit 1985[19], mit denen er sich in eine Reihe stellt, wenn auch mit kritischen Bemerkungen zu einigen von ihnen.

Ohne hier auf die Einzelheiten seiner Darstellungen einzugehen, die auf einer Fülle von Daten und Dokumenten basieren, sollen hier seine Schlußfolgerungen zu zwei wesentlichen Punkten wiedergegeben werden. Der erste wichtige Punkt sind die Ursachen für die Entstehung des Flüchtlingsproblems, und der zweite ist die Rolle, die David Ben-Gurion, der "Vater Israels", in der Flüchtlingsfrage spielte. Der zweite Punkt scheint mir interessant, weil Morris' Darstellung von Ben-Gurion dessen Rolle als Vaterfigur für Israel durch die Präsentation von Fakten angreift und dafür nicht zuletzt von seinen Biographen heftig angegriffen wurde.[20]

Basierend auf den seit Beginn der achtziger Jahre zugänglichen Archiven Israels, Großbritanniens und der USA entwirft Morris folgendes Bild von der Entstehung des palästinensischen Flüchtlingsproblems; ich zitiere ihn hier ausführlich, um seiner Argumentationslinie folgen zu können:

"As I have set out in great detail in *The Birth,* what occured in 1948 lies somewhere in between the Jewish 'robber state' and the 'Arab orders' explanations. While from the mid-1930s most of the Yishuv's leaders, including Ben-Gurion, wanted to establish a Jewish state without an Arab minority, or with as small an Arab minority as possible, and supported a

> 'transfer solution' to this minority problem, the Yishuv did not enter the 1948 war with a master plan for expelling the Arabs, nor did its political and military leaders ever adopt such a master plan... At the same time, at no point during the war did the Arab leaders issue a blanket call to Palestine's Arabs to leave their homes and villages and wander into exile. Nor was there an Arab radio and press campaign urging or ordering the Palestinians to flee... Rather, in order to understand the exodus of the 600,000 - 760,000 Arabs from the areas that became post-1948 Israel, one must look to a variety of related processes and causes."[21]

Diese Ursachen sind zusammen mit den 369 palästinensischen Dörfern, Ansiedlungen und Städten in *The Birth* aufgelistet:

> "Expulsion by Jewish forces; Abandonment on Arab orders; Fear of Jewish attack or of being caught up in the fighting; Military assault on the settlement by Jewish troops; Haganah/IDF 'whispering' campaigns (i.e. psychological warfare geared to obtaining an Arab evacuation); Influence of fall, or exodus from, neighbouring town."[22]

Später geht Morris auf die Rolle von Ben-Gurion ein und dekonstruiert den Vater-Mythos des israelischen Staatsmannes. Dieser hatte nach seiner Ansicht früh erkannt, daß eine große arabische Minderheit den Charakter und die Sicherheit des entstehenden jüdischen Staates gefährden würde, weswegen er schon 1937 zusammen mit anderen zionistischen Führern eine "Transfer-Lösung" für das "arabische Problem" unterstützt habe. Als 1948 deutlich wurde, daß Araber ihre Wohnorte verließen und allgemeine Verwirrung herrschte, erkannte er die Chance für die "Judaisierung" des zukünftigen Staates.

> "Certainly, he understood the requirements of statesmanship - continued lip service to the enlightened ideas of Western Democracy and Socialist Humanism and the necessity to hide traces of behaviour that others might construe as immoral or hard-hearted... Ben-Gurion was certainly a real-politician - devious, sly, and wise, resolute, single-minded, and ruthless: or what, in fact, history requires of successful nation-builders."[23]

Mit Bezug auf die oben getroffene Feststellung, daß der bis heute andauernde Konflikt auch ein Konflikt um Recht und Unrecht ist, scheint mir diese Aussage interessant. Gibt Morris doch hier zu, daß die Besetzung von Territorien und die Beanspruchung von Land keine Frage von Recht ist, sondern eine, die durch die richtige Balance zwischen der Präsentation nach außen und den wirklichen Interessen geprägt ist.

Aber Morris distanziert sich auch von den im Zusammenhang mit seinen Schriften auftretenden politischen Debatten. Er sagt über sein Selbstverständnis als Historiker:

"The task and function of the historian, in my view, is to illuminate the past - to describe what happened and explain why things happened as they did, taking account of motives and considerations of the various protagonists... The possibility that his findings and conclusions might subsequently be used by propagandists and politicians of this or that ilk is surely no concern of the historian."[24]

An gleicher Stelle weigert er sich, eine pro-zionistische oder pro-palästinensische Haltung einzunehmen. Diese positivistische Vorstellung von Wissenschaft wird nach meiner Ansicht, besonders im Kontext eines solchen Konfliktes, der Realität nicht gerecht. Das zeigen die Auseinandersetzungen zwischen ihm und anderen, vor allem "alten" israelischen Historikern denn auch deutlich.

Eine andere Ansicht vertrat der 1987 verstorbene Simha Flapan. In seinem Buch versucht er, gestützt auf die gleichen zugänglich gewordenen Dokumente, die für ihn zentralen Gründungsmythen Israels zu überprüfen und zu relativieren oder zu widerlegen.

Diese sieben Mythen listet er als Kapitelüberschriften auf:

"1. Zionists accepted the UN Partition and planned for peace,
2. Arabs rejected the partition and launched war,
3. Palestinians fled voluntarily, intending reconquest,
4. All the Arab states united to expel the Jews from Palestine,
5. The Arab invasion made war inevitable,
6. Defenseless Israel faced destruction by the Arab Goliath,
7. Israel has always sought peace, but nor Arab leader has responded."[25]

Sein Ziel ist es, diese Mythen zu dekonstruieren, nicht als eine akademische Übung, sondern als Beitrag zu einem besseren Verständnis des palästinensischen Problems und zu einer konstruktiveren Herangehensweise an seine Lösung. Hier soll nur auf seine Dekonstruktion des dritten Mythos eingegangen werden.

"*Myth Three: The flight of the Palestinians from the country, both before and after the establishment of the state of Israel, came in response to a call by the Arab leadership to leave temporarily, in order to return with the victorious Arab armies. They fled despite the effort of the Jewish leadership to persuade them to stay.* In fact, the flight was prompted by Israel's political and military leaders, who believed that Zionist colonization and statehood necessitated the 'transfer' of Palestinian Arabs to Arab countries."[26]

Neben der Darstellung der Ereignissen von 1947/48, die zur Flucht der Palästinenser führten, geht Flapan ausführlich auf die verschiedenen israelischen Positionen ein. Sein Fazit lautet, daß es zwar keinen ausdrücklichen Vertreibungsplan gab, jedenfalls am Anfang des Krieges nicht, daß aber die Fluchtbewegungen als eine Art Inspiration dienten, ein vorher schon erkanntes Problem zu lösen. Den israelischen Führern war danach klar, daß eine große arabische Bevölkerungsgruppe ein permanentes Risiko für den Staat Israel darstellen würde und daß ihre Vertreibung mit verschiedenen Mitteln eine moralisch nicht akzeptable Lösung war. Flapan zeigt, daß es innerhalb der israelischen politischen Führung Meinungsunterschiede gab und sich letztlich die Politiker um Ben-Gurion durchsetzten. Zusammenfassend legt er dar, daß sich dieser Mythos mit erstaunlicher Hartnäckigkeit gehalten habe und immer noch die Schulbücher und die öffentliche Meinung in Israel dominiere.

Er benennt folgende Funktionen dieses Mythos für das israelische Selbstverständnis: Er ermöglichte es, von Anfang an dem palästinensischen Volk ein Recht auf Selbstbestimmung zu verwehren; er war ein wesentlicher Bestandteil des israelischen Selbstbildes, nicht zuletzt, weil die Israelis der ersten Stunde oft selbst an Vertreibungen und anderen Handlungen teilgenommen hatten und sich persönlich schuldig fühlten. Er war ein Mittel der psychologischen Kriegsführung, um zu rechtfertigen, daß Palästinenser nicht als Volk anerkannt wurden und als Araber in anderen arabischen Ländern integriert werden konnten. Damit konnte auch jede Verantwortung für die Lösung des Flüchtlingsproblems in späteren Jahren zurückgewiesen werden. Völlig im Gegensatz zu den Erwartungen der israelischen politischen Führung war die Vertreibung der Palästinenser und die Entstehung des Flüchtlingsproblems der Faktor, der über Jahrzehnte Spannungen und Kriege zwischen Israel und seinen arabischen Nachbarn verursachte und sich eben nicht von selbst löste. Flapan betont auch, daß dieses Problem den Schlüssel zu jeder möglichen Schaffung von Frieden in der Region bedeutet.[27]

Die innerisraelische Diskussion

Die unterschiedlichen Darstellungen von Geschichte durch "alte" und "neue" Historiker in Israel sind aus den oben genannten Beispielen schon deutlich geworden. Trotzdem soll hier auf die heftig geführte innerisrealische Diskussion, die in die oben eingeführte Problematik von "Erinnerung" und "Identität" mündet, detaillierter eingegangen werden. Der fünfzigste Jahrestag der Gründung des Staates Israel war und ist 1998 Anlaß für die verschiedensten Feierlichkeiten in Israel und im Ausland. Dabei sind, wie schon in den Jahren seit Erscheinen der ersten Schriften von "neuen Historikern", immer häufiger kritische Stimmen zu hören. Ich möchte hier auf fünf eingehen.

Am 1. April 1998 berichtet Marjorie Miller unter der Überschrift "For Some Israelis, a TV History of the Nation Airs Wrong Voices" in der *International Herald Tribune* über die 22-teilige Dokumentarserie *Tekuma* des israelischen Fernsehens.[28] Sie schreibt über die kritische Darstellung der israelischen Geschichte, die zum ersten Mal im israelischen Fernsehen auch die andere Seite, nicht nur die "Sieger" der Geschichte zu Wort kommen läßt. "To some viewers, the series is a watershed event that exposes Israelis to a different, more critical view of their history. To others, it is simply blasphemy." Kommunikationsministerin Limor Livnat verlangte, die Serie solle aus dem Programm genommen werde, Ariel Sharon, Minister für Infrastruktur, protestierte in einem Brief an Bildungsminister Yitzhak Levy gegen die Serie, und der Schirmherr der Serie, Yehoram Gaon, quittierte wegen des Inhaltes und der folgenden Diskussion seinen Posten. Viele andere Kommentatoren sehen sie als eine Chance, junge Leute in Israel neugierig auf die eigene Geschichte zu machen und sich kritisch mit dem eigenen Image aueinanderzusetzen.

Die Serie berichtet über die Flucht der 700 000 Palästinenser aus Furcht oder durch direkte militärische Beeinflussung und kritisiert die Dominierung der israelischen Gesellschaft durch Israelis europäischer Herkunft, die in der Vergangenheit orientalische Juden immer wieder diskriminiert hätten. Der Produzent der Serie, Gideon Drori, erklärte:

> "Criticism can be judged by the results it yields, in my opinion, this is constructive criticism. What is destructive about a society which is examining itself and asking questions? That weakens us? In my opinion, it strengthens. We are not less patriotic Israelis than those people who have trouble looking at themselves."

Auch an dieser Serie wird deutlich, daß eine Diskussion über die richtige Darstellung von Geschichte in diesem Kontext immer auch eine Diskussion über Identität ist.

Einen aus anderer Sicht kritischen Kommentar zur Serie liefert Rachel Leah Jones in ihrem Artikel "TKUMA: Neither Resurrection nor Renewal"[29] Sie bezeichnet die Serie als machtvoll; sie habe auch ihre Vorstellungen und ihre Analyse der Ereignisse beeinflußt. Als visuelle Artikulation von Israelisch-Sein sei sie ein kultureller Orientierungpunkt und werde mit großer Wahrscheinlichkeit die israelische Selbstsicht der kommenden Generation wesentlich beeinflussen. Ihre Kritik setzt ein, wenn sie die Darstellung der "Anderen" in der israelischen Gesellschaft, der Palästinenser, Mizrahim, manchmal der religiösen Juden, oder der sowjetischen Neueinwanderer als gedämpft bezeichnet und ihre Funktion eben als die der "Anderen" definiert, die nur deshalb notwendig sind um das "Selbst" zu erkennen. Sie beschreibt die Serie als zionistisches Projekt, das ausgewählte Stimmen auferstehen läßt und eigentlich wenig Neues erzählt.

Die Frage nach der israelischen Identität wurde an gleicher Stelle von Uri Avnery, einem früheren Mitglied der Knesset und Führer des Israeli Peace Bloc (Gush Shalom) aufgegriffen. Sein Artikel "Israel at 50: A Pronounced Case of Split Personality" beschäftigt sich mit der jüdischen/israelischen Identität fünfzig Jahre nach der Gründung des Staates und stellt zur Frage des Friedensprozesses fest:

"If Israel is a Jewish state, it seems logical that a Jew in Paris has the right to immigrate to Israel at any time and to automatically receive Israeli citizenship, while a Palestinian refugee in Paris, whose family had lived in Haifa for centuries, has no right to return, more or less to citizenship... If one grows up with the conviction that the whole non-Jewish world wants to annihilate the Jews ... and that Israelis are Jews like any other, then the logical conclusion is that we Israelis cannot make peace, that peace is a dangerous illusion, that we must be constantly on guard. It is difficult to understand the Israeli reaction after the Oslo peace accords without grasping the important role of this conviction in our political life."[30]

In einem Artikel der *Jerusalem Post* kommentiert Mark Heller vom Jaffee Center for Strategic Studies der Tel Aviv University das Recht auf Rückkehr und die damit verbundenen Probleme für Israel. Auch er sieht die Flüchtlingsproblematik als das Kernproblem des Friedensprozesses und bezieht sich auf die Interpretation der Ereignisse von 1948 und deren Bedeutung für die israelische Position.

"Israel's approach reflects, not just a negotiating stance, but a national narrative. According to this narrative, if the Arabs had not opposed partition by force in 1948, there would have been no war, and if there had been no war, there would have been no refugees. Thus, responsibility for the creation of the refugee problem lies with the Arabs, and so does responsibility for findung a solution. But even if this narrative is true in the sense that Arab rejectionism was the enabling cause, it is also true that in many cases, Palestinians became refugees, not because of general panic related to the war, but because of specific actions by Israeli forces... In any case, this is not just a historical investigation, and even if the refugee issue is not Israel's responsibility, it is Israel's problem."

Er verweist hier auf die Bedeutung der Geschichte für den *Israeli national narrative*, zeigt aber auch Veränderungen in der Einstellung zu dieser Frage in der jüngeren Generation.

Da das Problem kompliziert und emotionsbeladen auf beiden Seiten ist, hält er neben der praktischen, materiellen Lösung für das Flüchtlingsproblem die moralische Dimension für entscheidend.

"And since the sense of forced dispersion of refugees is central to the Palestinian national narrative, some recognition of the human tragedy and of Israel's role in it will eventually play a part... And on the moral dimension, any acknowledgement by Israel of its role in the refugee tragedy will need to elicit some Palestinian recognition of the suffering inflicted on Israel during all the years of the conflict."[31]

Der Konflikt zwischen "alten" und "neuen" Historikern läßt sich an einem persönlich ausgetragenen Streit zwischen Benny Morris und Ephraim Karsh[32] dokumentieren. Karsh wirft Morris vor, historische Dokumente falsch zu interpretieren oder selektiv zu analysieren, gleichzeitig behauptet er, an den "neuen" Historikern sei eigentlich nichts neu. Und: "If he applied his academic standards to his tax returns he would be in jail."[33] Morris hat in der oben erwähnten Rezension von Karsh's Buch denn auch hart zurückkritisiert. Er schreibt: "In short, nasty and brutish in tone, lightweighted in character, dishonest and manipulative in content, *Fabricating* is not the riposte that the New (or Old) Historians or their readers deserve."[34]

Inzwischen ist die Diskussion in Israel schon einen Schritt weiter. Neben den als Post-Zionisten beschriebenen "neuen Historikern", zu denen Autoren wie Morris nach meiner Ansicht nicht einmal gerechnet werden können, gibt es auch einen Konflikt zwischen selbsternannten Post-Zionisten und Anti-Zionisten. Beispiele für diese Diskussion finden sich in mehreren Aufsätzen der Zeitschrift *News from Within* des Alternative Information Center in Jerusalem.[35] Ein Artikel unter der Überschrift "Dialogue of the Deaf" von Ilan Pappe konstatiert: "The interests of the great powers along with the diplomatic weakness of the Arabs led to the 1948 Partition Plan, which became the model for all subsequent attempts at UN intervention."[36]

In einer Erwiderung wirft Michael Warshawski[37] Pappe vor, zwar alle Fakten genannt zu haben, aber keine Verantwortlichkeit für die palästinensische Tragödie zuzuweisen.

> "Ilan Pappe's article, along with the research of Benny Morris and other 'new historians', are without doubt a breath of fresh air, in that the facts are no longer denied, but are presented without fear or favour... Indeed, Israel's new historians admit the facts, but not the guilt. This, perhaps, is the difference between post-Zionism and anti-Zionism."[38]

Darauf antwortete Pappe mit der ironischen Bemerkung: "... I understand that it was fun being alone as a Jew supportive of the Palestinian narrative. It must be awful to find out that other Jews in Israel are doing the same."[39]

Alle diese Beispiele machen deutlich, daß die israelische Historiographie bis heute von einer tiefgehenden Auseinandersetzung mit der eigenen Vergangenheit und deren Bewertung für die heutige Zeit geprägt ist. Die Frage nach der Rechtmäßigkeit oder Notwendigkeit der Vertreibung von 600 000 bis 750 000 Palästinensern ist ein wesentlicher Bestandteil der israelischen Selbstdarstellung und Identität. Gleichzeitig hängt auf längere Sicht von der Beantwortung dieser Frage die Haltung Israels zum Friedensprozeß ab. Es bleibt abzuwarten, inwieweit die oben beschriebenen Diskussionen die öffentliche Meinung in Israel, die israelische Bevölkerung in allen politischen Lagern und nicht zuletzt die Regierung beeinflussen können.

Das letzte Wort an dieser Stelle soll Marc H. Ellis, ein jüdischer Theologe an der Harvard University, haben. In seinem Aufsatz "On the Fiftieth anniversary of Deir Yassin - A Jewish Perspective on Memory, Justice and Reconciliation" betont er die Bedeutung von Erinnerung auch an dieses Massaker und die Bezugnahme auf jüdische Erfahrungen in der Geschichte.

> "For most Jews this event is forgotten or repressed, folded into the larger Jewish drama of suffering in the Holocaust and survival in the state of Israel... The fear is that Jewish history of dispossession, known and mourned by all Jews, the dispossession of Palestinians, if analysed and affirmed, is all too familiar... Could the recognition that the Palestinians have experienced a tragedy not unlike tragedies in Jewish history - this time at our hands - call our own commitment to Israel into question? For Jews to remember Deir Yassin is a tribute to our martyrs and the martyrs of all peoples: that their lives will not be lost to history and that the reconciliation of histories, broken by atrocity and war, will one day be healed. It is time now for Buber's vision to be sought and implemented, on this, the fiftieth anniversary of the division of two peoples who one day will live as one."[40]

Palästinensische Historiographie I

Das palästinensische Erleben der Ereignisse, die zur Entstehung des Flüchtlingsproblems geführt haben, ist von der oben beschriebenen israelischen Historiographie sehr verschieden, und es fällt zudem schwer, die so oft wiederholten und dadurch immer wieder neu erlebten Geschichten neutral zu betrachten.

Auch palästinensische Identität definiert sich in starkem Maße über die Ereignisse von 1948, die mit Begriffen wie Katastrophe, Vertreibung, Verlust und Tod assoziiert werden. Die palästinensische Historiographie ist deshalb wesentlich von der Darstellung dieser Erfahrungen von Verlust, Leiden und Vertreibung geprägt, aber auch von Widerstand und dem Willen als Volk zu überleben.

In der palästinensischen Historiographie lassen sich zwei wichtige Linien unterscheiden. Da ist zum einen die akademische Beschäftigung mit der eigenen Geschichte, die schon seit den fünfziger Jahren von Palästinensern im Land und in der Diaspora getragen wird. Als Vertreter dieser Richtung gelten Walid Khalidi, Sami Hadawi und mit Einschränkungen Edward Said. Die Auseinandersetzung um Palästina ist seit 1948 immer auch mit Hilfe der Medien geführt worden. So ist die Palette der Schriften über die Geschichte des Palästina-Problems sehr breit, und in jeder dieser Beschreibungen kommt auch eine Darstellung der Ereignisse von 1948 vor.

Eine andere, neuere Richtung sehe ich in der *oral history*-Arbeit, die verstärkt in den letzten Jahren, aber nachweislich schon seit Beginn der achtziger Jahre geleistet wird. Einige der Ergebnisse beider Richtungen sollen hier dargestellt, das darin gezeichnete Bild des Flüchtlingsproblems und seiner Entstehung analysiert und in Beziehung zu palästinensischer Identität gesetzt werden.

Die palästinensische Historiographie konnte aus dem einfachen Grund keine den "neuen" israelischen Historikern vergleichbare Schule entwickeln, weil es keine palästinensischen Staats- und Militärarchive gibt, die in den letzten Jahren hätten geöffnet werden können; die Archive anderer arabischer Staaten sind bis heute nicht zugänglich. Sie arbeitet deshalb mit den allgemein zugänglichen Materialien, darunter denen in israelischen, britischen und amerikanischen Archiven, aber eben auch mit der *oral history*.

Zuerst soll auf die akademische Diskussion zu israelischen Darstellungen eingegangen werden.

Das früheste mir bekannte Beispiel ist ein Aufsatz von Walid Khalidi aus dem Jahre 1959.[41] Darin widerlegt er die israelische Darstellung von einem Aufruf arabischer Staaten oder Führer an die Palästinenser, das Land zu verlassen. Er hatte arabische, britische und auch israelische Rundfunkaufzeichnungen der Zeit überprüft und kam zu dem Ergebnis:

> "In spite of all the 'evidence' that the Zionists have produced, they still have never indicated the ... exact text or even paraphrase of the alleged evacuation order, the identity of the Arab radio station which allegedly broadcast these orders, the time and day the broadcasts are supposed to have been made. The reason for this is quite simple. There were no evacuation orders. The Zionists themselves admitted this before they had thought of inventing the order version. Such broadcasts as were made urging the Arabs to leave were part of the Zionist psychological offensive against the Palestine Arabs."[42]

Die Bezeichnung der Israelis als Zionisten ist ein Zeichen für die Entstehungszeit dieses Artikels. Seine inhaltliche Richtigkeit wird ironischerweise in einem Buch der "alten Historiker" bestätigt. Jon und David Kimche bezeichnen in einer Fußnote zu ihrem Buch *A Clash of Destinies - The Arab-Jewish War and the Founding of the State of Israel* Khalidis Artikel als einen Versuch, alle Fakten zusammenzubringen, und als gute Sammlung neuer Informationen.[43]

Edward Said beschäftigt sich in seinem Buch *The Question of Palestine* nicht direkt mit den Ereignissen von 1948, obwohl auch er anmerkt:

> "Before 1948, the majority of the territory called Palestine was inhabited beyond any doubt by a majority of Arabs, who after Israel came into being were either dispersed (they left, or were made to leave) or were enfolded within the state as a non-Jewish minority... If the Palestinians

> left in 1948, we are told, they did so because the Arab states urged them to do so in order that after a boasted victory, they could return in triumph. My own experience and all the evidence suggests that the conclusive reason for the Arab Palestinian exodus in 1948 was a different one. But so far as the true argument about Palestinian right of return is concerned, the reason for the flight of the Palestinians is finally irrelevant."[44]

Said beschreibt die Vertreibung der Palästinenser durch psychologische und praktische Kriegsführung, die Bedeutung des Massakers von Deir Yassin, aber auch den Mangel an Organisiertheit der Palästinenser, durch den sie nicht zu einer Antwort auf die zionistische Politik fähig waren.

Sein Augenmerk gilt jedoch nicht den Ereignissen, sondern der Ideologie hinter diesen. In dem Kapitel "Zionism from the Standpoint of its Victims" analysiert er die theoretische Vorbereitung für die dann folgenden Ereignisse und charakterisiert die zionistische Vorstellung von Palästina und seinen Bewohnern als koloniales Projekt, ganz im Sinne der imperialen europäischen Ideologie von der bestmöglichen Nutzung zur Verfügung stehender Territorien.[45]

Wichtig ist hier die Charakterisierung der Palästinenser als Opfer der Ereignisse von 1948, der zionistischen Ideologie und der israelischen Politik. Ich denke, daß sich dieser Teil der palästinensischen Selbstsicht durch die meisten der Darstellungen von 1948 zieht und zu einem integralen Bestandteil der palästinensischen Identität wurde.

Sami Hadawi stützt sich in seiner Darstellung der Vertreibung auf nicht-palästinensische Quellen, vermutlich um dem Vorwurf aus dem Weg zu gehen, seine Beschreibung sei einseitig. Palästinenser wurden vertrieben, weil die Gründung des Staates Israel ohne ihren Landbesitz und in ihrer Anwesenheit nicht möglich gewesen wäre. Hadawi zitiert einen jüdischen Augenzeugen für die gewaltsame Vertreibung der Palästinenser und Glubb Pasha, dem Kommander der Arabischen Legion. Dieser hatte erklärt:

> "The story which Jewish publicity at first persuaded the world to accept, that the Arab refugees left voluntarily, is not true. Voluntary emigrants ... do not leave their homes with only the clothes they stand in. People who have decided to move house do not do so in such a hurry that they lose other members of their family - husband losing sight of his wife, or parents of their children. The fact is that the majority left in panic flight, to escape massacre. They were in fact helped on their way by occasional massacres - not of very many at a time, but just enough to keep them running."[46]

Ein extremes Beispiel für die Beschreibung der Flucht findet sich in Abdallah Frangis *PLO und Palästina*. Im Kapitel "Der palästinensische Exodus" heißt es:

> "Die israelische Armee überfiel ... unzählige arabische Dörfer, ohne daß es hier zu Kampfhandlungen gekommen wäre, sprengte Häuser und ganze Dörfer in die Luft, tötete wahllos Männer, Frauen und Kinder und trieb die Überlebenden in die Flucht. Die Kunde dieser grausigen Schrecken verbreitete sich rasch, und wer es nicht glauben wollte, war vielleicht am anderen Tag schon das nächste Opfer... Die Flucht beruhte nicht nur auf Gerüchten und Radiomeldungen. Planmäßig wurde die israelische Armee eingesetzt, um Dörfer zu zerstören und deren Einwohner zu vertreiben."[47]

In den letzten Jahren ist der Stil palästinensischer Historiographie deutlich sachlicher geworden. Als Beispiel dafür soll hier noch einmal Walid Khalidi genannt werden. In seiner großen Arbeit *All That Remains - The Palestinian Villages Occupied and Depopulated by Israel in 1948*, die ohne Zweifel das bis heute umfassendste Werk über die Entvölkerung und Zerstörung palästinensischer Dörfer und Ansiedlungen ist, listet er insgesamt 418 Dörfer auf, gibt Namen, Lage, Zahl der Einwohner vor 1948 und den heutigen Zustand an. Im Vorwort schreibt er:

> "These figures (die Anzahl der Flüchtlinge insgesamt - J.E.) indicate the scale of the catastrophe that befell the Palestinian rural population within the borders established by Israel in 1948. Other peoples have suffered worse fates in history; to be dispossessed of ones patrimony, dispersed and pauperized, even on such a scale, is still more merciful than wholesale physical annihilation, though no less than 13,000 Palestinians were killed in the process. But what is probably uniquely distinctive of the Palestinian fate is that they were dispossessed of their country *as a people*, and to this day they continue to be maligned for having suffered such dispossession."[48]

Palästinensische Historiographie II

Neben diesen eher akademischen Arbeiten zu Flucht und Krieg 1948 gibt es eine weitere Richtung, die sich vor allem auf palästinensische Zeitzeugen stützt.

Diese auf *oral history* basierende Historiographie spielt auf verschiedenen Ebenen eine wesentliche Rolle für das palästinensische Selbstbild. Die Ereignisse von 1948 spiegeln sich in vielfacher Weise in der palästinensischen Literatur wieder. Das bekannteste Beispiel dafür ist sicher Ghassan Kanafanis Kurzgeschichte "Das Land der traurigen Orangen", in der über die Flucht einer palästinensischen Familie aus Akka berichtet wird.[49]

Ein anderes relativ frühes Beispiel für eine Historiographie der Palästinenser auf der Grundlage von *oral history* ist Rosemary Sayighs *Palestinians: From*

Peasants to Revolutionaries.[50] Das Buch basiert auf biographischen Interviews mit Palästinensern in den Flüchtlingslagern im Libanon. Die Erzählungen dieser Palästinenser sind Berichte über die Kämpfe, die Angst und die Erlebnisse in den Jahren 1947/48:

> "My father, brother, wife and children stayed with me on the outskirts of the village of Farradiya, southwest of our village. My mother, sister, cousin and nephew remained in Safsaf. We stayed there until the Jews bombed the village of Ailaboon, forcing its people to flee north ... there we learned that the Jews had also bombed Safsaf. My mother, sister, and other relatives were amongst those killed there."[51]

Abgesehen von diesem Beispiel, setzt die Beschäftigung von Palästinensern mit diesen Zeitzeugen und ihren Erfahrungen erst spät ein. Ghada Karmi berichtet 1994 in einem Aufsatz unter dem Titel "The 1948 Exodus: A Family Story" über die Geschichte ihrer Familie. Sie beschreibt detailliert ihre persönlichen Erinnerungen an die Flucht aus Palästina, stellt aber an späterer Stelle fest: "In fact, neither of my parents spoke of Palestine to us. I imagine that the wounds were too deep."[52] Diese Aussage klingt verständlich, scheint aber im palästinensischen Kontext nur einen Teil der Tatsachen widerzuspiegeln. Meine Gespräche und Interviews mit Palästinensern der zweiten und dritten Generation im Ausland zeugen im Gegenteil davon, daß Erzählungen über Palästina und über die Erlebnisse der Vertreibung einen wichtigen Bestandteil palästinensischer Erziehung besonders in der Diaspora bilden, durch die die Entwicklung palästinensischer nationaler und politischer Identität gefördert werden soll und wird.

Es ist hier wichtig, zwei verschiedene Ebenen der Beschäftigung mit den Ereignissen von 1948 zu unterscheiden. Auf der einen Seite wird in Veröffentlichungen in den letzten Jahren immer wieder auf die Bedeutung der Sammlung von Berichten der Zeitzeugen hingewiesen, was darauf schließen läßt, daß eine systematische Sammlung solcher Berichte bisher nicht stattgefunden hat oder gerade erst beginnt.

Andererseits spielen die Ereignisse von 1948 eine wesentliche Rolle in Erzählungen der älteren Generation für Kinder und Enkelkinder dieser Generation.

Rosemary Sayigh verweist in einem Aufsatz über palästinensische Frauen als Erzählerinnen auf die Bedeutung des Exodus von 1948 für diese Frauen und auch für das Publikum dieser Geschichten:

> "A striking feature of the life stories is the primordiality of the exodus from Palestine as 'beginning', displacing the more usual starting points such as birth, place of origin, or first memories. Most speakers already adult in 1948 began with it, as did many of the 'generation of the Disaster', too young in 1948 to have personal recollections... The degree of

> detail of that terrible journey preserved in memory over four and a half decades signals not only the significance assigned to it retrospectively - as historic mistake, rupture from Palestine and beginning of exile, precursor of other tragedies - but also suggests processes of collective memory formation as individual stories were told and retold in refugee gatherings."[53]

Man muß hier zwischen der Bedeutung dieser Geschichten für den palästinensischen Alltag und die Identitätsbildung in diesem Rahmen und dem Erscheinen der gleichen Geschichten in verschiedenen Medien unterscheiden. Das öffentliche Interesse läßt sich erst etwa in den letzten zehn Jahren nachweisen. Einige Beispiele finden sich als Ergebnisse eines Forschungsprojektes an der Universität Birzeit in der Westbank, in dessen Rahmen sogenannte Erinnernungsbücher über einzelne 1948 zerstörte palästinensische Dörfer erstellt wurden.[54]

Die meisten mir vorliegenden Beispiele stammen allerdings aus den letzten zwei Jahren. Eine sehr große Zahl solcher Berichte ist im Zusammenhang mit den Vorbereitungen zum 50. Jahrestag der *nakba* in den palästinensischen Gebieten und in der Diaspora gesammelt worden.

So werden in einem palästinensischen Kulturzentrum in Ramallah mündliche Berichte von Zeitzeugen der *nakba* in öffentlichen Veranstaltungen vorgestellt, festgehalten und sollen später in einem Archiv gesammelt und in Büchern veröffentlicht werden. Das gleiche Zentrum hat mehrere Ausstellungen zur Darstellung der *nakba* in der palästinensischen Kunst und Literatur sowie Votragsreihen mit prominenten palästinensischen Intellektuellen zum Einfluß der Ereignisse von 1947/48 auf das Leben, die Identität und Kultur von Palästinensern organisiert.

Eine spezielle Seite im Internet zeigt eine Auswahl solcher *Testimonies of Survivors* und gibt ausführliche Informationen über stattfindende Aktivitäten in Palästina und im Ausland. Die Erinnerungen der Zeitzeugen zeichnen ein erschreckendes Bild der Ereignisse:

> "I cannot forget three horror-filled days in July of 1948. The pain sears my memory, and I cannot rid myself of it no matter how hard I try... Outside the gate the soldiers stopped us and ordered everyone to throw all valuables onto a blanket. One young man and his wife of six weeks, friends of our family, stood near me. He refused to give up his money. Almost casually, the soldier pulled up his rifle and shot the man. He fell, bleeding and dying while his bride screamed and cried. I felt nauseated and sick, my whole body numbed by shock waves. That night I cried, too, as I tried to sleep alongside thousands on the ground. Would I ever see my home again? Would the soldiers kill my loved ones, too?"[55]

Im Gästebuch der gleichen Internet-Seite wird deutlich, wie Besucher die dort veröffentlichten Informationen aufnehmen.

> "There is indeed nothing more evil in this world than ignorance. The Palestinian story must be told, the memories must not be forgotten, the testimonies must never die. Pass your history down to your children for that is the only way they shall know the truth. I applaude this site. One day ... we shall be free men (Tarek Jallad) ... Brilliant site ... Another reminder for Palestinians everywhere that we are truely alone in our loss... This section should be academic and not full of propaganda or hysteria. We have an honest and noble cause. We should advertise it. (Ramzi Nahas)... To all of you out there, I do hope one day to go back to Palestine and settle down in the land left to me by my grandfather. This piece of land is the most important aspect of my life. Without it, I would die. The hope lives on (Ahmed Khawaja)."

An den Darstellungen selbst wie auch an den Reaktionen der jüngeren Generation auf diese Darstellungen wird deutlich, welch wichtige Bedeutung die Selbstdarstellung als Opfer der geschichtlichen Ereignisse für die Palästinenser hat. Diese Opferrolle definiert einen wesentlichen Teil der palästinensischen Identität und konstruiert die palästinensische Geschichte seit 1948 als eine Kette von Ungerechtigkeiten gegen das palästinensische Volk.

Ein immer wieder auftauchendes wichtiges Symbol für den Verlust der Heimat sind die Schlüssel zu den Häusern, die die Flüchtlinge während der Ereignisse 1948 verlassen mußten. Einige dieser Schlüssel wurden beispielsweise im März 1998 in einem palästinensischen Flüchtlingslager in der Westbank von der älteren Generation an die Enkelkinder übergeben, verbunden mit dem Schwur dieser Kinder, die Ansprüche auf das verlorene Land niemals aufzugeben.

In einem biographischen Essay erzählt Ziad Abbas über die Bedeutung dieser Hausschlüssel und ihren Symbolgehalt:

> "As far back as I remember, I noticed my mother taking special care of a large iron key. It was clearly an old key. Sometimes I used to see her caressing that key and walking alone, talking to it in a sad tone. I kept wondering about the secret that key contained; after all, it was only an iron key... But now I fully understand what the key meant to her. It *was* more precious than gold; it *was* the key to her lost heaven, and to my heaven, which I dream about going back to. It is the key to my demolished house in my destroyed village. Keeping the key symbolizes the desire and determination to return."[56]

In einem kürzlich uraufgeführten Dokumentarfilm über die palästinensischen Bewohner Jerusalems, die ihre Häuser im heutigen West-Jerusalem und den umliegenden Dörfern 1948 verlassen mußten, zeigen einige der interviewten

Flüchtlinge diese Schlüssel in bewegenden Szenen und berichten, oft vor den verlassenen Häusern stehend, welche Erinnerungen und Emotionen damit für sie verbunden sind.[57]

Eine Studie über das Dorf Lubya von Mahmoud Issa bringt die hier aufgestellte These von der Beziehung zwischen Erinnerung und Identität mit empirischen Daten über die Schicksale der 1948 aus diesem Dorf vertriebenen Bewohner und ihrer Nachkommen in Verbindung und unterstützt sie damit. Issa schreibt:

> "Lubya ... was totally demolished, and its inhabitants uprooted and dispersed to as many as 23 countries: Within, nearby, and far from Palestine. Before its demolition, however, this village once had its own historical, cultural and social narrative. Fifty years' displacement did not succeed in abolishing its history in the minds of its inhabitants, nor in the minds of those who uprooted them. The stream of past memories is still fresh in the minds of the older generation. Men and women in their sixties, seventies and eighties are still discussing and recollecting their past, for their own sake and for the children's; and the latter were transmitting, more or less accurately, the same histories and traditions to their sons and daughters."[58]

Die Studie macht auf der Basis von Interviews mit ehemaligen Bewohnern des Dorfes und ihren Kindern in verschiedenen Migrationsländern deutlich, welche wichtige Rolle die Erinnerung an das Dorfleben vor der Vertreibung, die sozialen Beziehungen der Familien untereinander auch heute noch für die Prägung von Identität spielen und in welchem hohen Maße die Identifikation mit der sozialen Gemeinschaft des Dorfes im größeren Kontext des palästinensischen Volkes die "Integration" in den Gastländern erschwert. Dieses teilweise Zurückweisen von Integration ist neben der Einschränkung von Integration durch die Gastländer selbst eine wichtige Voraussetzung für das Überleben der Palästinenser als Volk oder Gruppe mit einer gemeinsamen politischen und teilweise auch sozialen Identität gewesen.

Alle Beispiele machen deutlich, daß die Erinnerungen an 1948 ein konstituierendes Moment für palästinensische Identität darstellen. Erst in jüngster Zeit kommt eine Diskussion in Gang, die sich kritisch mit dem Rückzug auf die Opferidentität auseinandersetzt.

Edward Said hat im Zusammenhang mit den Auswirkungen von kolonialer Bevormundung den Begriff *politics of blame* geprägt und gefordert, sich von dieser Rolle zu lösen, um auf der Grundlage einer differenzierten Analyse eigener Fehler und auch Möglichkeiten Einfluß auf das eigene Schicksal nehmen zu können.[59] Ähnlich kritisch, wenngleich mit anderen Intentionen äußerte sich Meron Benvenisti in einer israelischen Tageszeitung:

> "The Palestinians are great experts in cultivating memories of disaster as a means of mobilizing the masses, to the extent that their historiography may be described as a story of defeats described as victories... Other Israelis are angry that the Palestinians 'relate to the 50th anniversary of the establishment of the State of Israel as if it were a catastrophe', and see the aspiration to destroy Israel. They are mistaken: The Palestinians are entitled to relate to 1948 as a catastrophe, and no one can blame them for that, since from their point of view, there is no other way the events of that period could be described... If they are wise enough to turn the year of the catastrophe into a time of soul-searching, pride in their achievements and a willingness to shake off their image as wretched unfortunates who demand justice without taking resposibility for themselves - they will find many Israelis who will not see the commemorations of the catastrophe as a threat to their existence."[60]

Die innerpalästinensische Diskussion über eine Neubewertung der Historiographie und deren Notwendigkeit wird bis jetzt nur mündlich geführt.

Auf einer Konferenz im Juni 1998 hat der palästinensische Soziologe Salim Tamari von einer Erinnerungskette aus Leiden, Scham und Schuld gesprochen. Er geht davon aus, daß die Rekonstruktion der Ereignisse in der Erinnerung der Palästinenser durch den Versuch geprägt ist, auch heutigen Generationen glaubhaft zu machen, daß es damals keine andere Möglichkeit gab, als die Häuser und Dörfer zu verlassen, und daß deshalb manche der Erzählungen sehr einseitig sind. Besonders die Flüchtlinge in der Westbank und in Gaza sind immer mit der Tatsache konfrontiert worden, daß es andere Palästinenser gab, die nicht geflohen sind - ein Fakt, der impliziert, daß diese Möglichkeit auch bestanden hat. Als ein Mittel, die eigene Identität und nicht zuletzt Selbstachtung zu stabilisieren, sieht er die Heroisierung der Opfer und Kämpfer von 1948. Er meint auch, daß eine Relativierung vieler einseitiger Darstellungen den Palästinensern mehr internationales Gehör für ihre Forderungen verschaffen könnte.[61]

Hier soll nicht der Eindruck erweckt werden, palästinensische Identität werde ausschließlich über die Rolle als Opfer des Konfliktes definiert. Die Geschichte der palästinensischen Nationalbewegung widerspiegelt die andere Seite dieser Identität, die geprägt wird durch die Organisierung als Befreiungsbewegung, den militärischen und politischen Kampf in Palästina und der Diaspora. Einen Höhepunkt dieser Selbstbesinnung auf die eigenen Kräfte, Fähigkeiten und auch Traditionen stellt die intifāḍa dar. Sie löste für einen längeren Zeitraum die Opferidentität ab und postulierte ein neues palästinensisches Selbstbewußtsein, das auch als ein wesentlicher Faktor für den Beginn des Friedensprozesses gesehen wird. Durch das Scheitern oder zumindest die Stagnation dieses Friedensprozesses in den letzten Jahren findet nach meiner Ansicht ein erneuter Rückzug auf die Opferrolle statt, der zeitlich mit dem

Gedenken an 1948 zusammenfällt und sich darin besonders manifestiert. Das hat die differenzierte und kritische Diskussion erschwert. Deshalb drücken viele der gezeigten Beispiele palästinensischer Historiographie die allgemeine Hoffnungslosigkeit aus.

Für die palästinensische Historiographie insgesamt ist deutlich geworden, daß die Diskussion noch lange nicht abgeschlossen ist; ihre Bedeutung für die palästinensische Selbstdarstellung und Identität wird aber zunehmend erkannt und thematisiert.

Zusammenfassung

Die ausgewählten Beispiele aus der israelischen und palästinensischen Historiographie zeigen, obwohl sie nur einen kleinen Ausschnitt aus der Breite des vorhandenen Materials wiedergeben können[62], daß sowohl in Israel als auch unter den Palästinensern eine lebendige Diskussion um die Darstellung und Interpretation der historischen Ereignisse von 1948, die zur Entstehung des palästinensischen Flüchtlingsproblems geführt haben, stattfindet.

Israelis verbinden mit der Frage nach der Rechtmäßigkeit von Handlungen dieser Generation ihr Recht auf die Existenz des Staates Israel und zeigen bis heute eine weitgehende Ignoranz gegenüber den Folgen des Krieges von 1948 für die palästinensische Bevölkerung. Das berechtigt zu der Annahme, daß die oben skizzierte Diskussion um die "neuen Historiker" nur einen Bruchteil der israelischen Bevölkerung erreicht hat und es auch sehr schwer sein wird, die Barrieren aufzubrechen, die die eigene Identität schützen.

Palästinenser definieren sich seit 1947/48 über ihre Opferrolle und die erlebten Leiden immer wieder als Flüchtlinge. Die daraus resultierende moralische Stärke und die Energien, die aus dieser Selbstsicht gewonnen werden können, lassen sich in der palästinensischen Geschichte in vielfältigen politischen und militärischen Aktivitäten wiederfinden.

Deutlich ist auch geworden, daß die Flüchtlingsproblematik der Schlüssel zu jeder Art von dauerhafter Übereinkunft zwischen Israelis und Palästinensern sein wird. Der Publizist Rami Khoury hat diese Tatsache und ihre Konsequenzen zusammengefaßt:

> "The politically and historically important fact that recursin any discussion of this issue is the following: Israeli intransigence breeds a Palestinian mirror image, an echo from the harrowing memory of historical marginalisation and the demeaning quarters of national invisibility: Israels vehement refusal even to discuss the Palestinians' right of return - repatriation or compensation - always generates vehement Palestinian counter-claims to the right to return to their homes and lands in Palestine - not 'Israel', notice, but 'Palestine' i.e. you don't see me, I don't see you... This is

> another form of war - a war of words, ideas, hopes, concepts, memories, and threats. It is also the first and last battle of the Arab-Israeli conflict... The challenge before us is how to reconcile two equally valid rights - the Israeli right to statehood, security and recognition, and the Palestinian right to self-determination, repatriation and/or compensation. These mutual rights are not incompatible, much as they may be emotionally difficult or politically traumatic."[63]

Meinem Eindruck nach geht es in der Diskussion um 1948 in palästinensischen Kreisen nicht um eine Umschreibung der Erinnerungen, sondern um das Gedenken an die Opfer, die Verluste und den Schmerz. Darüber hinaus drükken die palästinensischen Gedenkveranstaltungen im Jahr 1998 die Frustration über die Stagnation des Friedensprozesses aus.

Im israelischen Kontext darf man den Einfluß der "neuen Historiker" nicht überschätzen. Ein großer Teil der Bevölkerung hält bis heute an den "kanonischen" Darstellungen israelischer Geschichte fest. So haben sich weder Geschichtsbücher noch der offizielle Diskurs der Regierung wesentlich verändert, obwohl die Diskussion unter Historikern schon seit zehn Jahren im Gange ist.

Die Diskussion auf beiden Seiten macht deutlich, wie weit die Standpunkte voneinander entfernt sind und welche Bedeutung die Flüchtlingsproblematik für eine Weiterführung des Friedensprozesses haben wird. Die Notwendigkeit der gegenseitigen Anerkennung von Unrecht scheint vor allem wegen der ungleichen Machtverteilung in diesem Friedensprozess mehr als fraglich.

Anmerkungen

1 Dabei wird die Existenz einer christlichen Minderheit in Palästina nicht vergessen; sie spielt allerdings in diesem Kontext keine wesentliche Rolle.

2 Dieser Aufsatz ist ein Ergebnis meiner Vorarbeiten zu einer Dissertation, die sich mit palästinensischer Identität in der Diaspora und Rückkehrerfahrungen beschäftigt. Ein erster Schritt war die Untersuchung der Konstruktion von palästinensischer Identität nach der Flucht aus Palästina; sie erscheint mir als wesentliche Grundlage für die Bewahrung von nationaler Identität in den verschiedenen Migrationsländern.

3 Yves Besson, The Right of Return and Compensation. Paper Presented at the University of Warwick Conference on "Resolving the Palestinian Refugee Problem: What Role for the International Community?", 22-24. March 1998, S. 2.

4 Vgl. John R. Gillis (Hg.), Commemorations - The Politics of National Identity, Princeton 1994, darin besonders die Einleitung, S. 3-24. Ich danke Prof. Şerif Mardin, der mich auf dieses Buch und die mögliche Bedeutung der Grundidee für den Kontext meines Projektes aufmerksam gemacht hat.

5 Gillis, a.a.O., S. 3

6 In einem anderen Ausatz setzt sich Richard Handler mit der Nützlichkeit des Konzepts "Identität" auseinander. Er meint, daß man dem Begriff gegenüber genauso skeptisch and kritisch sein sollte, wie es die Sozialwissenschaft seit einigen Jahrzehnten mit anderen Begriffen wie *tradition*, *nation*, und *ethnic group* tut. Vgl. Richard Handler, Is "Identity" a Useful Cross-Cultural Concept? In: Gillis, a.a.O., S. 27-40, besonders S. 27f.

7 Gillis, a.a.O., S. 5.

8 Gemeint sind mit diesen "kanonischen" Darstellungen die mehrbändigen, auf hebräisch erschienenen Werke zur Militärgeschichte Israels und zur Geschichte des Staates, die mir nicht zugänglich waren. Die darin enthaltenen Darstellungen bilden aber die Grundlage für den öffentlichen Diskurs und die Erstellung von Schulbüchern zum Thema.

9 Benny Morris, Refabricating 1948 - Review Essay. In: Journal of Palestine Studies, 27 (1998) 2, S. 93f.

10 Abba Eban, My Country - the Story of Modern Israel, London 1972.

11 Ebenda, S. 52.

12 Ebenda, S. 63.

13 Ebenda, S. 96.

14 Simha Flapan, The Birth of Israel - Myths and Realities, London 1987.

15 Benny Morris, 1948 and After - Israel and the Palestinians, Oxford 1990, besonders Kap. 1: The New Historiography: Israel and its Past, S. 4f.

16 Ebenda, S. 6.

17 Benny Morris, The Birth of the Palestinian Refugee Problem, 1947-1949, Oxford 1990, S. 1f.

18 Vgl. Eban, a.a.O., S. 96; Morris, 1948 and After..., a.a.O., S. 6.

19 Vgl. Morris, 1948 and After..., a.a.O., S. 8; Avi Shlaim, Collusion Across the Jordan, Oxford 1988; Uri Bar-Joseph, The Best of Enemies, Israel and Transjordan in the War of 1948, London 1987; Ilan Pappe, Britain and the Arab-Israeli Conflict, New York 1988; Flapan, a.a.O.; Uri Milstein, History of the War of Independence (1988ff.).

20 Morris stellt diese Debatte in einem Nachtrag zu *1948 and after* dar und setzt sich dort besonders mit Shabtai Teveth und seinen Argumenten auseinander. Es fällt auf, daß Morris' Antworten auf Kritik sich einerseits immer auf die objektive, unpolitische Rolle des Historikers berufen und andererseits Fakten und Behauptungen durch detaillierte Präsentation seines Materials beantwortet werden. Vgl. Morris, 1948 and After...", S. 27-34.

21 Morris, 1948 and After..., a.a.O., S.17f.

22 Morris, The Birth..., a.a.O., S. xiv. Die genannte Liste in Verbindung mit einer Landkarte enthält zu jedem Ort das Datum des Verlassens durch die Einwohner und die wichtigste Ursache für die Flucht.

23 Morris, 1948 and After..., a.a.O., S. 33.

24 Ebenda, S. 29.

25 Flapan, The Birth..., a.a.O., S.v.

26 Ebenda, S. 9.

27 Ebenda, S. 118.

28 Marjorie Miller, For Some Israelis. A TV History of the Nation Airs Wrong Voices. In: International Herald Tribune, 1.4.1998, so wiedergegeben in FOFOGNET, Palestinian Refugee Research Network, 1.4.1998; alle weiteren Angaben und Zitate zu der Serie stammen aus diesem Artikel.

29 Rachel Leah Jones, TKUMA: Neither Resurrection nor Renewal. In: News From Within, 14 (1998) 4, S. 26-27.

30 Uri Avnery, Israel at 50: A Pronounced Case of Split Personality. In: International Herald Tribune, 7.4.1998 (FOFOGNET, PRRN, 8.4.1998).

31 Alle Zitate aus Mark Heller, Friday's Jerusalem Post Refugee Article, 19.12.1998, FOFOGNET, PRRN, 21.12.1998.

32 Dozent am Londoner Kings College und Autor des Buches *Fabricating Israeli History: The "New Historians"*.

33 So zitiert in AP (Associated Press, MERIP Project), After Half-Century, Historians Debate Israel's Birth (FOFOGNET, PRRN, 24.12.1997).

34 Morris, Refabricating 1948..., a.a.O., S. 94.

35 Das Zentrum war eines der ersten gemeinsamen israelisch-palästinensischen Projekte und bemüht sich um eine ausbalancierte und gerechte Darstellung der Entwicklungen in Israel und Palästina.

36 Ilan Pappe, Dialogue of the Deaf. In: News From Within, 14 (1998) 1, S. 5-9. Pappe ist Spezialist für die Geschichte des israelisch-palästinensischen Konfliktes und unterrichtet an der Universität Haifa, er ist einer der "neuen Historiker".

37 Mitarbeiter des AIC und Mitherausgeber der Zeitschrift *News From Within*.

38 Michael Warshawski, The Facts Without the Conclusion. In: News From Within, 14 (1998) 2, S. 35.

39 Ilan Pappe, Replies to Michael Warshawski. In: News From Within, 14 (1998) 3, S. 35.

40 Marc H. Ellis, On the Fiftieth Anniversary of Deir Yassin - A Jewish Perspective on Memory, Justice and Reconciliation, FOFOGNET, PRRN, 3.4.1998.

41 Walid Khalidi, Why Did the Palestinians Leave? An Examination of the Zionist Version of the Exodus of '48. In: Middle East Forum, 35 (1959) 7, S. 21-24, 35.

42 Ebenda, S. 35.

43 Jon Kimche/David Kimche, A Clash of Destinies - The Arab-Jewish War and the Founding of the State of Israel, New York 1960, S. 122, Fußnote 2.

44 Edward W. Said, The Question of Palestine, New York 1979 und 1992, S. 46ff.

45 An dieser Stelle kann nicht näher auf die zionistische Ideologie, die Entwicklung der "Transfer"-Ideen und das Bild vom jüdischen Staat in Palästina eingegangen werden. Saids Buch beschäftigt sich damit sehr ausführlich, vgl. auch sein *Culture and Imperialism*, New York 1993.

46 Zit. in: Sami Hadawi, Bitter Harvest - A Modern History of Palestine, New York 1989. Zu einem anderen Aspekt der Opferrolle vgl. Sami Hadawi, Palestinian Rights and Losses in 1948. A Comprehensive Study, London 1988, wo alle materiellen Verluste der palästinensischen Bevölkerung untersucht und aufgelistet werden.

47 Abdallah Frangi, PLO und Palästina - Vergangenheit und Gegenwart, Frankfurt/M. 1982, S. 123f. Selbst in diesem sehr propagandistischen und teilweise auch polemischen Buch werden immer wieder ausländische und israelische Zeitzeugen und Historiker zitiert, um Argumente zu bekräftigen.

48 Walid Khalidi (Hg.), All That Remains - The Palestinian Villages Occupied and Depopulated by Israel in 1948, Washington 1992. Der Band ist ein Gemeinschaftswerk von über 30 Mitarbeitern und hat neben eigenen Recherchen der Projektmitarbeiter alle vorher erschienenen Arbeiten und Statistiken über die Dörfer verarbeitet.

49 Die Analyse palästinensischer Literatur und die Suche nach Bildern von Palästina vor 1948, Beschreibungen der Ereignisse, die zur Flucht führten, sowie der Flucht selbst bilden einen Teil meines Promotionsprojektes und sollen hier nicht weiter ausgeführt werden.

50 Rosemary Sayigh, Palestinians: From Peasants to Revolutionaries. A People's History Recorded by R.S. from Interviews with Camp Palestinians in Lebanon, London 1979.
51 Sayigh, a.a.O., S. 85.
52 Ghada Karmi, The 1948 Exodus: A Family Story. In: Journal of Palestine Studies, 23 (1994) 2, S. 39.
53 Rosemary Sayigh, Palestinian Camp Women as Tellers of History. In: Journal of Palestine Studies, 27 (1998) 2, S. 45.
54 Zwei Aufsätze, die sich mit der Bedeutung dieser Bücher beschäftigen, sind: Susan Slyomovics, Discourses on the Pre-1948 Palestinian Village: The Case of Ein Hod/Ein Houd. In: Annelies Moors u.a. (Hg.), Discourse and Palestine - Power, Text and Context, Amsterdam 1995, S. 41-54, und dies., The Destroyed Palestinian Villages Series (A Review). In: Journal of American Folklore, No 104, S. 385-387.
55 Survivors Testimony No. 3 by Father Audeh Rantisi from Lydda, Alnakba-Website, 26.3.1998 (http://www.alnakba.org).
56 Ziad Abbas, The Key and the Lost Present. In: News from Within, 23 (1998) 3, S. 23-26.
57 Der Film zeigt, wie die oben erwähnte Fernsehserie im israelischen Fernsehen, daß die Diskussion über die Bedeutung der Ereignisse nicht auf Print-Medien beschränkt ist. Der Film *Yom ilak, yom aleik* wurde 1997/98 vom BADIL-Alternative Information Center in Bethlehem produziert und auf der Konferenz "50 Years of Human Rights Violations - Palestinians Dispossessed" im Juni 1998 in Jerusalem uraufgeführt.
58 Mahmoud Issa, Lubya Village: Resisting Oblivion. Decoding the Silencing Process in Modern Palestinian Historiography. A Paper Presented at the Conference: 50 Years of Human Rights Violations - Palestinians Dispossessed, 7-10 June 1998, Jerusalem, S. 2.
59 Edward Said, Culture and Imperialism, a.a.O.
60 Meron Benvenisti, The Tale of Woe. In: News From Within, 23 (1998) 6, S. 6.
61 Leider konnte ich keine schriftliche Version seines Konferenzbeitrages bekommen, die hier wiedergegebenen Aussagen stützten sich auf meine Mitschriften.
62 Die verwendeten Beispiele sind ausschließlich englischsprachige Medien, eine Tatsache, die in diesem Fall, statt einschränkend zu wirken, eher deutlich macht, daß die Diskussion international und auf verschiedenen Ebenen geführt wird. Gleichzeitig spricht diese Tatsache für die Bedeutung der Thematik im Kontext des Nahostkonfliktes.
63 Rami Khoury, The Right of Return is Still a Core Issue. In: Daily Star, Amman, 16.12.1997 (FOFOGNET, PRRN, 17.12.1997).

Die Islamische Republik Iran und das Ende des Ost-West-Konflikts

Henner Fürtig

Die auf die iranische Revolution von 1978/79 folgende Etablierung der Islamischen Republik Iran und die letzte Dekade des Ost-West-Konflikts zeichnen eine bemerkenswerte zeitliche Koinzidenz aus. Diese historische Konstellation übte beträchtlichen Einfluß auf die Entwicklung der iranischen Revolution aus. So sehr die neue Führung in Teheran auch bestrebt war, vorgefundene Strukturen und Gegebenheiten zu ändern, so unumstößlich war sie doch an den geographischen Raum ihres Handelns gebunden. Iran blieb ein exponierter Staat des Mittleren Ostens und der Golfregion.

Diese Gebiete hatten schon seit dem Beginn der Ost-West-Auseinandersetzung auf Grund ihrer Lage als Nahtstelle dreier Kontinente und in unmittelbarer Nachbarschaft zur Sowjetunion gelegen sowie als größtes zusammenhängendes Reservoir des bedeutendsten Einzelrohstoffs der Nachkriegszeit - Erdöl - besonderes strategisches Gewicht besessen. Gerade in der von besonderer Schärfe gekennzeichneten finalen Phase des Kalten Krieges war es deshalb nahezu folgerichtig, daß dessen Hauptprotagonisten durch eine Revolution in diesem Raum und ihre zu erwartenden Folgen alarmiert wurden.

Bereits mit der nicht zu verhindernden Ausreise ihres wichtigsten Verbündeten in der Golfregion, Schah Moḥammad Reżā Pahlavī, am 16. Januar 1979 war offensichtlich geworden, daß sich durch die Entwicklung in Iran das regionale Ost-West-Kräfteverhältnis zu Ungunsten der USA verändern würde. Schon die ersten Resultate der Revolution sprachen in dieser Hinsicht eine deutliche Sprache. Die amerikanisch dominierte Central Treaty Organization (CENTO) wurde aufgelöst, Tausende amerikanischer Berater mußten hastig abgezogen werden, ebenso auch die nachrichtendienstlichen Geräte von der 2500 Kilometer langen iranisch-sowjetischen Grenze. Weitere regionale Verbündete der USA wie Israel und Saudi-Arabien empfanden sich nicht nur durch den avisierten iranischen Revolutionsexport bedroht, sondern auch durch die Frage verunsichert, ob sich das Versagen der amerikanischen Schutzfunktion im Falle Irans bei ihnen wiederholen könnte. Die Niederlage wurde in Washington noch offenkundiger, als Moskau fast zeitgleich den Einmarsch sowjetischer Truppen in Afghanistan anordnete.

Es kann deshalb nicht verwundern, daß die iranische Revolution in den USA von Beginn an und mit bemerkenswerter Konstanz negativ bewertet wurde. Washington war stetig bemüht, den Status quo ante wiederherzustellen oder zumindest die Folgen der Revolution zu begrenzen. Diese Konstellation liegt der tiefen iranisch-amerikanische Gegnerschaft seit 1978/79 zugrunde. Sie wurde aber auch durch die iranischen Bestrebungen, der islamischen Revolution Weltgeltung zu verschaffen, verlängert und verschärft.

Nüchternes politisches Kalkül hätte es der iranischen Führung in dieser Situation angeraten erscheinen lassen müssen, aus dem Ost-West-Konflikt politisches Kapital zu schlagen, d.h. die Nähe zum Hauptwidersacher der USA, der Sowjetunion, zu suchen.

Nachrevolutionäre iranische Politik gegenüber der Sowjetunion

Unabhängig von den revolutionären Veränderungen in Iran nach 1978/79 wurde die Sowjetunion nach wie vor primär als Bedrohung wahrgenommen. Die Wahrnehmung beinhaltete zwei Aspekte, materielle, d.h. unmittelbar politische und ökonomische, aber auch geistige, d.h. vor allem ideologische und kulturelle.

Unter erstgenannten Gesichtspunkten galt schon der Vorfolgestaat der Sowjetunion, das zaristische Rußland, als Gegner Irans. Unvergessen waren die Gebietsabtretungen, zu denen Iran im 19. Jahrhundert gezwungen war.[1] Aus iranischer Sicht hatte sich die Sowjetunion ganz in diese Tradition gestellt, als sie sowohl nach dem Ersten Weltkrieg (Gilan, Mazandaran, Aserbaidshan) als auch nach dem Zweiten Weltkrieg (Kurdistan) Anstrengungen unternommen hatte, weitere Gebiete von Iran abzuspalten und sie ihrer Herrschaft zu unterwerfen.[2]

Auf ideologischem Gebiet hatte hingegen der materialistische Marxismus/Leninismus der Sowjetunion schon eine grundlegende Herausforderung für das prowestliche Schahregime bedeutet. Diese wurde auf Grund des religiösen Selbstverständnisses der Islamischen Republik Iran nach der Revolution ebenfalls als elementar wahrgenommen.

Der Tatbestand unterschiedlich gespeister und begründeter Gegnerschaft sowohl zu den USA als auch zur Sowjetunion trug entscheidend zur Ausformulierung des Credos der iranischen nachrevolutionären Außenpolitik bei: Weder Ost noch West - Islamische Republik. Khomeinis 1970 publizierte Staatsidee hatte die von Ost und West unabhängige Etablierung einer islamischen Regierung in einem islamischen Staat schon vorweggenommen. Sie hatte zu beiden Systemen eine Alternative verheißen, aber die relativ konsequente Einhaltung der Maxime wurde durch die beschriebenen äußeren Umstände zweifellos begünstigt.

Strikt verweigerten Khomeini und die neue iranische Regierung jegliche Positionierung zugunsten einer der beiden Parteien im Ost-West-Konflikt. Vielmehr sollte die Islamische Republik zu einem Impulsgeber für die Entwicklung der islamischen Welt werden, diese aus der ausgemachten Unterordnung und Zweitrangigkeit herausführen und sich auf diese Weise zu einer "moralischen Supermacht" entwickeln. Die Führung in Teheran sah ihre primäre außenpolitische Aufgabe in der Internationalisierung islamischer Werte.

Dabei legte sie einerseits die Agonie der alten, bipolaren Welt bloß, denn sie zeigte deren Unvermögen, die iranische Revolution zu absorbieren, andererseits trugen die Ereignisse in Iran selbst in hohem Maße zum Ende der Bipolarität und damit zum Ende des Kalten Krieges bei. Die Losung "Weder Ost noch West" brachte einerseits das Bestreben nach gleichem Abstand zu beiden Supermächten zum Ausdruck, andererseits konnte ihre Umsetzung aber auch als Chance für das Entstehen einer multipolaren Welt gewertet werden, die die von Ost und West gesetzten Parameter nicht länger als omnipräsent und gültig erachtet.[3]

Allerdings muß an dieser Stelle angemerkt werden, daß Khomeinis Bestreben, zu beiden Blöcken den gleichen Abstand zu wahren, unterschiedliche Motive zugrunde lagen. Die USA lehnte er primär aus politischen Gründen ab, während er die Sowjetunion vor allem als ideologischen Gegner sah. In diesem Sinne trat er stärker als Antikommunist denn als Antikapitalist auf. Nur das nahezu symbiotische amerikanische Verhältnis zum Schah zwischen 1953 und 1978 erklärt, warum in der praktischen Außenpolitik der Islamischen Republik Iran die politischen Aspekte überwogen, d.h. die USA als "Großer Satan" firmierten, während die von der Sowjetunion, dem "Kleinen Satan" ausgehenden Gefahren relativiert wurden. Obgleich - aus der historischen Erfahrung gespeist - eine mögliche militärische Bedrohung seitens der Sowjetunion nicht unterschätzt wurde, stellten sich für die iranischen Revolutionäre die in den amerikanischen Ambitionen ausgemachten Gefahren als wesentlich elementarer dar.

Die amerikanische Dominanz iranischer Politik, Wirtschaft und Kultur war jüngeren Datums und durch eben jene Revolution beendet worden, die auch das Pahlavī-Regimes stürzte. Ideologisch machte die iranische Revolutionsführung zwar keinen Hehl aus ihrer strikten Ablehnung des sowjetischen Marxismus/Leninismus, aus machtpolitischen Erwägungen wußte sie jedoch genau, daß die wenigen iranischen Marxisten oder die Mitglieder der Tudehpartei - obwohl bis 1983 radikal bekämpft und de facto eliminiert - keine wirkliche Gefahr für sie bedeuteten. Nur eine kleine Minderheit hatte in Iran jemals das sowjetische Staats- und Gesellschaftsmodell als erstrebenswerte Alternative gesehen.[4]

Obwohl die von Revolutionsführer Khomeini gesteckten Ziele der iranischen Außenpolitik den gültigen und für die Regierung verbindlichen Rahmen absteckten, fußten sie doch auf vielen und teilweise divergenten politischen Strömungen in der Islamischen Republik, zwischen denen er moderierte, die er ausbalancierte und nur gegebenenfalls ein Machtwort sprach.

Die auf die Wiederherstellung der Monarchie ausgerichteten Kräfte waren bis 1981 ebenso politisch und teilweise auch physisch eliminiert worden wie die eine säkulare republikanische Staatsform anstrebenden Flügel. So blieben bis zum Tod Khomeinis und dem fast zeitgleichen Auseinanderbrechen der Sowjetunion zwei Strömungen in der iranischen Politik aktiv, die zwar eine ähnliche Strategie, nämlich die Stärkung der Islamischen Republik und ihr beispielgebendes Wirken auf die Welt, auszeichnete, die aber dabei eine sehr unterschiedliche Taktik befolgten und auch für Iran selbst unterschiedliche Modelle entwickelten.

Eine Richtung favorisierte den Schutz privaten Eigentums und ein ökonomisches System, das privates Unternehmertum gegenüber staatlichem Dirigismus fördert. Bei strikter Befolgung islamischer Gesetze und Normen im Inhalt war sie doch in der Form zu einigen Zugeständnissen bereit und lehnte Überspitzungen ab. Außenpolitisch trug sie die Maxime "Weder Ost noch West" in vollem Umfang mit, sie hegte aber gegenüber der Sowjetunion einen ähnlich großen Argwohn wie gegenüber den USA. Deren antiiranische Politik wollte sie somit nicht durch eine Annäherung an den Ostblock konterkarieren, sondern durch die Öffnung zu den Staaten Westeuropas, zu Japan und China. In der Außenpolitik auch gegenüber islamischen und anderen Staaten der Dritten Welt vertraute sie mehr auf traditionelle Diplomatie und interstaatliche Formen.

Die andere Richtung sprach sich für ein höheres Maß an Egalitarismus in der iranischen Gesellschaft aus, sie prangerte die Kapitalakkumulation in den Händen einiger weniger an. Sie regte eine umfassende Agrarreform an und bevorzugte eine weitgehende staatliche Kontrolle in der Wirtschaft. Der inneriranische Alltag sollte durch eine buchstabengetreue Befolgung islamischer Verhaltens- und Moralnormen gekennzeichnet sein. In der Außenpolitik bedeutete "Weder Ost noch West" vor allem Antiamerikanismus. Um den "Großen Satan" zu bekämpfen, dürfe man bei der Wahl seiner Bündnispartner nicht zu wählerisch sein. Zudem genieße der "Export der islamischen Revolution" Priorität gegenüber allen Völkerrechtsnormen; Beziehungen sollten eher zu Völkern als zu Regierungen hergestellt werden.[5]

Getragen vom revolutionären Enthusiasmus, dem ihre Postulate eher entsprachen, aber auch beeinflußt durch die vielfältigen inneren (Wirtschaftsblockade, bürgerkriegsähnliche Wirren) und äußeren (Krieg mit Irak) Pressionen, verschaffte sich die zweite Richtung in den achtziger Jahren ein gewisses Übergewicht. Davon blieb auch das Verhältnis zur Sowjetunion nicht unberührt.

In den achtziger Jahren verringerte sich sowohl das wirtschaftliche als auch das politische und militärische Potential der Islamischen Republik. Noch ehe die durch die Revolution verursachten wirtschaftlichen Einbußen ausgeglichen werden konnten, wurden sie durch den ersten Golfkrieg sogar potenziert. Zudem waren die Erdölpreise im gleichen Zeitraum stark gesunken und stagnierten gegen Ende des Jahrzehnts auf niedrigem Niveau. Die politischen

Bemühungen zum Export der iranischen Revolution waren nicht nur wenig erfolgreich, sie hatten das Land vielmehr in eine nahezu vollständige außenpolitische Isolation getrieben. Durch beide Faktoren bedingt, lief die junge Republik zudem Gefahr, auch den Krieg gegen Irak zu verlieren.

Im September 1980, d.h. zu Beginn der Auseinandersetzungen, galt Irak jedoch als regionaler Verbündeter der Sowjetunion. Der iranischen Regierung kam allerdings entgegen, daß die sowjetische Führung den Angriff ihres Verbündeten auf dessen östliches Nachbarland vehement ablehnte. Aus der Perspektive des Ost-West-Konflikts versprach der Krieg nicht nur keinen Nutzen für die Sowjetunion, sondern er barg aus ihrer Sicht eher die Gefahr, die durch die iranische Revolution gerade beschnittenen Einflußmöglichkeiten der USA in der Region wieder zu erweitern. In den Monaten des irakischen Angriffskrieges unterband die Sowjetunion daher ihre Waffenlieferungen nach Bagdad. Außerdem forderte Moskau den irakischen Präsidenten auf, sich aus den okkupierten iranischen Territorien zurückzuziehen und die den Schatt al-Arab betreffenden Bestandteile des Algier-Abkommens von 1975 wieder in Kraft zu setzen.[6]

In der propagandistischen Verwertung des Krieges durch die iranische Regierung hieß es zwar später stets, Iran habe sich im ersten Golfkrieg gegen beide Supermächte durchgesetzt[7], tatsächlich war sie aber vor allem nach 1987, als der Krieg zu Ungunsten Irans internationalisiert wurde, nachdrücklich bestrebt, von der Sowjetunion und anderen Staaten des Warschauer Paktes sowohl Waffenlieferungen als auch diplomatische Unterstützung zu erlangen. Trotzdem mußte die iranische Führung am 20. August 1988 verbindlich einem Waffenstillstand mit Irak zustimmen, was sie selbst und viele Sympathisanten in der islamischen Welt als Niederlage empfanden.

Khomeini nahm diese Entwicklung zum Anlaß für einen radikalen Kurswechsel, den er seinen Anhängern auch als Vermächtnis für die Zeit nach seinem Tod empfahl. Nicht seinen bis dahin bevorzugten Schülern und "Jüngern", den Eiferern, bedingungslosen Visionären, den Revolutionsexporteuren und Egalitaristen, also der in den achtziger Jahren dominierenden "zweiten" Richtung, galt seine finale Unterstützung, sondern rationalen Pragmatikern. Die Fortexistenz der Islamischen Republik Iran stand auf dem Spiel, jetzt waren Vernunft, Augenmaß und Machtgespür gefragt und nicht Vision und idealistische Verve.

Khomeinis Initiative hob also eine dritte, zentristische Richtung aus der Taufe und stärkte sie zugleich dergestalt, daß sie nach seinem Tod relativ problemlos die Macht übernehmen konnte. Ihr gehörten zunächst sowohl der neue Faqīh, Ajatollah Ḫāmeneʾī, als auch Präsident Rafsanǧānī und Außenminister Velāyatī an. Aus pragmatischen Gründen und ausgestattet mit der Unterstützung Khomeinis, setzten die nun dominierenden Kräfte in der iranischen Führung ihre Initiativen fort, das Verhältnis mit der Sowjetunion zu normalisieren.[8]

Wie stark nun handfeste wirtschaftliche und militärische Faktoren das bilaterale Verhältnis bestimmen sollten und wie offensichtlich die Ideologie zeitweise in den Hintergrund trat, dokumentiert nicht nur der iranische Verzicht auf die Bezeichnung der Sowjetunion als "Kleiner Satan". Vielmehr trafen beide Seiten Vorkehrungen zur gemeinsamen Erdölförderung im Kaspischen Meer. Iran schloß sogar eine sowjetische Beteiligung an ähnlichen Aktivitäten in seinen nördlichen Provinzen nicht mehr kategorisch aus.

Im Februar 1989 empfing Ajatollah Khomeini den sowjetischen Außenminister Shevardnadse,[9] im Juni des gleichen Jahres, d.h. kurz nach dem Tod Khomeinis, erfolgte der Besuch von Rafsanǧānī - damals noch Parlamentssprecher - in der Sowjetunion. Am 20. Juni traf er mit dem sowjetischen Präsidenten Gorbatschow zusammen und unterzeichnete während des Besuches ein Wirtschaftsabkommen mit einer Laufzeit von zehn Jahren und ein "Abkommen über technische Kooperation auf militärischem Gebiet" über einen Gesamtwert von 6 Md. Dollar.[10]

Aus zwei wesentlichen Gründen öffnete sich die Sowjetunion der diplomatischen Offerte Irans. Zum ersten galt es zu verhindern, daß Irans Beziehungen zum Westen unter den Bedingungen der neuen, pragmatischeren Außenpolitik auf Kosten Moskaus ausgebaut würden, und zum zweiten sollte Iran zumindest in der wirtschaftlichen Einflußsphäre der Sowjetunion verbleiben. Beide Seiten deuteten deshalb den Besuch des designierten iranischen Präsidenten als Versicherung für eine Stabilisierung der 1987 begonnenen bilateralen Politik in der Zukunft.[11] Der Sowjetunion blieb allerdings nicht mehr die Zeit, ihren Teil der beschlossenen Politik umzusetzen. Ende 1991 verschwand sie nach knapp siebzigjährigem Bestehen aus der Weltpolitik und löste sich auf. Damit wurden auch alle mit ihr verbundenen Pläne der iranischen Führung Makulatur, jetzt waren politische Szenarien für die Zeit nach dem Ende des Ost-West-Konflikts gefragt.

Unmittelbare Reaktionen auf den Zusammenbruch der Sowjetunion

Als direkter Nachbar der Sowjetunion war die Islamische Republik Iran von deren Zusammenbruch unmittelbar betroffen. Der Regierung in Teheran blieben nur wenig Zeit und Spielraum, auf die grundlegend veränderten Bedingungen an ihren nördlichen Grenzen zu reagieren. Ajatollah Ḫāmeneʾī, Nachfolger Khomeinis im Amt des Faqīh und damit des Revolutionsführers, kleidete die Überraschung in die Worte: "Who would have believed that the Soviet Union's system, which ruled over almost one-third of the world - in various countries and in five continents - would so disintegrate?"[12] Insgesamt sind drei

Stadien in den Reaktionen der iranischen Führung auf die veränderte Lage auszumachen.

Besorgnis über die Eliminierung des Gegengewichts zur westlichen Supermacht

Trotz ihrer Gegnerschaft zu Ost und West war sich die iranische Führung stets bewußt, daß der Ost-West-Konflikt das Bedrohungspotential beider Supermächte gegenüber Iran begrenzte. Die Auflösung der Sowjetunion bedeutete zwar ein Ende der "kommunistischen Gefahr" und der latenten militärischen Bedrohung durch den Koloß im Norden, gleichwohl aber auch den Verlust eines wirksamen politischen Hebels, den Iran in der Ausnutzung der Rivalität zwischen den Supermächten besessen hatte. Aus strategischer Sicht dienten die "Arbeitsbeziehungen", die Iran mit der Sowjetunion unterhalten hatte, doch in erster Linie der Begrenzung der in den USA ausgemachten Bedrohung, die in Teheran immer als schwerwiegender betrachtet wurde.

Der vielfältigen Vertrags- und Paktbeziehungen zwischen den westlichen Staaten gewärtig, mußte die iranische Regierung überdies einsehen, daß auch Versuche, die Beziehungen zu Ländern wie Deutschland, Frankreich, Italien und Japan zu verbessern, die Folgen der Verschiebung des internationalen Kräfteverhältnisses zu Gunsten des Westens nicht mildern konnten.[13] Weitsichtige Kreise innerhalb der iranischen Führung befürchteten zudem, daß ihre Visionen von der Etablierung eines multipolaren internationalen Systems - eingeleitet und befördert durch die islamische Revolution in Iran - nun durch die Herausbildung eines eher unipolaren Systems obsolet würden.

Die Ergebnisse des zweiten Golfkrieges bestätigten diese Befürchtungen auf drastische Weise, obwohl sie den ehemaligen Kriegsgegner Irak entscheidend schwächten. Im Februar 1991 hatte sich nicht nur der amerikanische Einfluß in der Golfregion und im Mittleren Osten verstärkt, sondern der Kriegsausgang hatte darüber hinaus das Vermögen der USA bewiesen, ihre strategischen Ziele nahezu unbehindert und weltweit durchzusetzen.[14]

Irans Situation unterschied sich in dieser Hinsicht kaum von der anderer Dritt-Welt-Staaten, die nach dem Verschwinden der "Ost"-Komponente im Ost-West-Konflikt gezwungen waren, eine Beschränkung ihrer politischen Optionen in der internationalen Arena, nun dominiert durch eine einzige westliche Supermacht und ihre Verbündeten, festzustellen.[15]

Angesichts der Komplexität der Lage empfahl Revolutionsführer Ḫāmeneʾī deshalb zunächst Vorsicht und genaue Analyse der veränderten Bedingungen.

> "The current developments in today's world, although occuring in other regions around the world are nevertheless connected to us. Today the European scene is tainted with the impacts, consequences and results of

> these developments. The issue of the unification of the two Germanies, a united Europe and the ensuing impact, as well as issues related to the Soviet Union, are major issues in the creation of which Islam and the Islamic revolution of Iran have played a significant role, in the light of which new factions were and will be evolved around the world."[16]

Die Ungewißheit über die unmittelbaren Folgen des Endes der bipolaren Welt für Iran führte allerdings nicht zur Lähmung der politischen Führung, sondern sie gab den Anstoß für das nächste Stadium, in dem nach Antworten auf die komplizierter gewordenen außenpolitischen Fragestellungen gesucht wurde.

Erkenntnis der komplexer gewordenen Herausforderung

Die Gewißheit, daß die Sicherheitslage für die Islamische Republik nach dem Ende des Ost-West-Konflikts komplizierter und weniger durchschaubar geworden war, wurde schon durch eine politische Bestandsaufnahme der regionalen Situation zu Beginn der neunziger Jahre gefördert, ohne dabei ausschließlich die brisanten Folgen des zweiten Golfkrieges zu reflektieren.

Die stabile und damit berechenbare Macht der Sowjetunion im Norden war durch einen labilen staatlichen "Flickenteppich" ersetzt worden. Im Osten , d.h. in Afghanistan, kam es nach dem Abzug der sowjetischen Truppen faktisch zu einem Bürgerkrieg, auch in Pakistan herrschten dauerhafte Spannungen. Im Westen verhielt sich Irak trotz seiner Schwäche feindlich, im Nordwesten entstand neue Konkurrenz mit der Türkei um Einfluß in Mittelasien und um die Behandlung des beiderseits vitalen Kurdenproblems. Auf Grund des multiethnischen Charakters Irans und der Existenz von "trans-border populations" mit nahezu allen Nachbarstaaten bestanden in fast allen der genannten Fälle Gefahren für die territoriale Integrität Irans.

Wegen des überragenden Einflusses ungehinderten Erdölexports für den wirtschaftlichen Wiederaufbau Irans mußten zudem im Süden und Südwesten zumindest wieder "Arbeitsbeziehungen" mit den Staaten des Gulf Cooperation Councils (GCC) aufgenommen werden.[17]

In dieser Situation kam es darauf an, den Bestand Irans als Voraussetzung für die Weiterführung der islamischen Revolution zu sichern. Daraus ergab sich eine Abstufung von Prioritäten. Nüchterner Pragmatismus war nun geboten, iranische Interessen mußten in den Mittelpunkt der Außenpolitik gerückt werden, das religiöse Sendungsbewußtsein hatte demgegenüber temporär in den Hintergrund zu treten.[18]

In den Forschungsinstituten des iranischen Außenministeriums wuchsen die Bemühungen, einen Planungsvorlauf für die neue Situation zu erarbeiten. Die einflußreichsten Wissenschaftler entschieden, daß die stabilisierenden Auswirkungen der Bipolarität des internationalen Systems, die beispielsweise dafür gesorgt hätten, daß auch Regionalkonflikte nie ein gewisses Eskalationsmaß überschritten, bisher überschätzt worden seien. Dabei sei die Tatsache in den Hintergrund geraten, daß die überwiegende Mehrheit von regionalen Konflikten auf Grund innerer Ursachen und Faktoren ausgebrochen sei. Der Ost-West-Konflikt habe sie zudem häufig unnötig verlängert. Für den Makrobereich des internationalen Systems sei zwar eine Multipolarität erstrebenswert, mittelfristig habe man sich aber auf westlich dominierte Unipolarität und langfristig auf eine neue Bipolarität einzustellen - diesmal nicht mehr zwischen Ost und West, sondern zwischen Nord und Süd.[19]

Zudem entstand unter den iranischen Politikern bald Einigkeit darüber, daß sich der Schwerpunkt internationaler Rivalität um politische Macht auf ökonomisches Gebiet verlagern würde. Seyyed Tā^ceb, ein namhafter Wirtschaftsexperte des dem iranischen Außenministerium angeschlossenen Institute for Political and International Studies (IPIS), stellte fest:

> "Today the universally accepted thought is that the age of economic competition has replaced the era of military and political rivalry. Now strength of nations are measured by their industrial productivities and economic capacities rather than size of their armed forces and types of their weaponry systems... One could possibly claim that current exerted pressure from the United States over Iran and Japan is the reflection of the US international strategy in the post Cold-War era... (Therefore) Iran is elevating its national security to a new level ... the government made the economic development one of its highest priorities."[20]

Tā^cebs Erkenntnis fand auch Eingang in eine Expertise, die die iranische Regierung beim IPIS in Auftrag gegeben hatte. Die Fragestellung lautete: Ist das Regime der Islamischen Republik in Gefahr und wenn ja, woher rührt diese Gefahr? In seiner Antwort schätzte das IPIS die von außen oder durch innere Umsturzversuche ausgehende Bedrohung nicht als real und unmittelbar ein. Die Hauptgefahr erwüchse vielmehr aus der Schwäche der Wirtschaft, deren Fortdauer ein Ende wie das der Sowjetunion herbeiführen könne.[21] Damit wurde ein Feld für weitere Studien beschritten: welche Lehren sind aus dem Zusammenbruch der Sowjetunion zu ziehen?

Pragmatiker wie Präsident Rafsanǧānī und Außenminister Velāyatī favorisierten nach intensiver Beobachtung der Perestroika zunächst den Plan, einige Erfahrungen aus den letzten Jahren des Bestehens der Sowjetunion zu berücksichtigen. Sie waren der Meinung, daß der Kalte Krieg, und dabei vor allem die ökonomische Offensive des Westens und seiner amerikanischen Hauptmacht, die Wirtschaft der UdSSR ruiniert hatte.

Dabei konnten sie sich zunächst nicht der Faszination entziehen, die für sie von Gorbatschows Bestreben ausging, weitgesteckte wirtschaftliche Reformen und außenpolitische Erfolge durchzusetzen bzw. zu erreichen, ohne das Regime zu untergraben oder die Herrschaft der Kommunistischen Partei in Frage zu stellen bzw. einschneidende Abstriche am politischen System vorzunehmen. Die Aussicht, durch wirtschaftliche Reformen und ökonomische Liberalisierung die Massenbasis des Regimes zu stärken und gleichzeitig die Opposition zu schwächen, erschien ihnen außerordentlich attraktiv. Erst später erkannten sie, daß Gorbatschows Zugeständnis einiger politischer Freiheiten nur der verzweifelte Versuch war, den dringend notwendigen ökonomischen Reformen den Boden zu bereiten, ohne deren Erfolg das "Wettrennen" mit dem Westen verloren war.

Das Scheitern der Perestroika trug sich - einen interessanten historischen Zufall markierend - gerade zu dem Zeitpunkt zu, als sich in Iran ein politischer Richtungswechsel abzeichnete. Gegen Ende des Jahres 1989, als Iran seine revidierte Verfassung angenommen hatte und Rafsanǧānī als Präsident vereidigt war, konnte die Erfolglosigkeit von Gorbatschows Reformen nicht mehr übersehen werden. Entgegen allen Absichten hatten sie sowohl das sowjetische System selbst als auch den Initiator der Reformen geschwächt. Damit war die Perestroika nicht länger Beispiel für die iranische Führung. Diese ging vielmehr dazu über, Lehren aus ihrem Scheitern zu ziehen.[22]

Der iranische Präsident griff von nun an insbesondere dann auf das sowjetische Beispiel zurück, wenn ihm daran gelegen war zu beweisen, daß ökonomische Liberalisierung und Reformen in maßvollem Tempo ablaufen müßten, um die Gesellschaft nicht zu überfordern. Gorbatschow habe das Gespür für Maß und Tempo und deshalb auch die Macht verloren. Wenn es um ein Beispiel für die Islamische Republik ginge, dann lägen die Erfahrungen Chinas viel näher. Das graduelle und vorsichtige Vorgehen der chinesischen Regierung "was much more logical than the Soviets' ... now the Soviets are facing all these problems and the Chinese have maintained their domestic power and strength"[23].

Ajatollah Ḫāmeneʾī verwahrte sich aber bald gegen das regierungsseitige Zitieren von Beispielen und Lehren aus nichtislamischen Ländern für die iranische Revolution. Das Aufzeigen von Unterschieden zwischen sozialistischen Ländern mache wenig Sinn, es lenke vielmehr von der Konzentration auf das Potential des Islam ab.

> "Those revolutionary countries with leanings towards the Eastern bloc - and most of the revolutionary countries in the present century were leaning towards the East - they benefited from eastern governments and powers. For instance, when China staged her revolution, for 10 years or more the Soviet Union which was regarded as the older brother and which had led the way in the socialist revolution provided assistance for China, economic assistance, technical assistance, the despatch of experts and technicians. The same is true of other communist countries. However, the Islamic Republic, to sever her economic ties and economic dependence, only relied upon the powerful determination of its people and the brilliant talent of the Iranians, and still continues to do so."[24]

Obwohl Rafsanǧānī und seine Regierung in Erkenntnis der weltweiten ökonomischen Interdependenz unvermindert bestrebt waren, die Wirkungen des letztgenannten Postulats Ḫāmeneʾīs auf den ökonomischen Wiederaufbau Irans abzuschwächen, beeilte sich der Präsident doch zuzugestehen, daß das chinesische Modell für Iran fragwürdig sei, da zu viele und fundamentale Unterschiede zwischen beiden Ländern bestünden.[25]

Je länger der Zusammenbruch der Sowjetunion und die Auflösung des Warschauer Paktes zurücklagen, je klarer erschien es der Führung in Teheran, daß von diesen Ereignissen keine unmittelbaren Gefahren für die Islamische Republik ausgingen. Sie ging nun zunehmend dazu über, die Niederlage des Ostens propagandistisch als Sieg umzumünzen.

Chance für den Ausbau der globalen Rolle der Islamischen Republik Iran

Bei seinen öffentlichen Auftritten begann Präsident Rafsanǧānī, ein für Iran positives Fazit aus dem Ende des Ost-West-Konflikts und den Umbrüchen in Osteuropa zu ziehen. Wiederholt erklärte er, daß die geopolitische Position der Islamischen Republik mit der Eliminierung des Kommunismus wesentlich gestärkt worden sei, obwohl der Westen genau das Gegenteil erwartet habe.[26] Er scheute sich nicht zu behaupten, daß die Auflehnung der Völker Osteuropas und ihre machtvolle Forderung nach Recht und Freiheit nur eine Folge der Ereignisse sei, die 1978/79 in Iran stattgefunden hätten. "It is the legacy of the Islamic Republic of Iran that we today see the people of the world are victorious."[27]

Revolutionsführer Ḫāmeneʾī unterstützte diese Auffassung. In einer Rede anläßlich des ersten Todestages von Ajatollah Khomeini führte er im iranischen Rundfunk aus:

> "Today in a world which surrendered to the dominating powers and did not express its free will for decades after the second world war we suddenly see the masses in Eastern Europe moving in the same pattern and entering the arena that was used by our Muslim nation in confronting and struggling against the despotic monarchy. The humanistic characteristic of this new era is the victory of blood over the sword."[28]

Dieses dritte Stadium der iranischen Antwort auf das Ende des Ost-West-Konflikts sollte zu einer Konstante in späteren Reaktionen auf die darin implizierten weltweiten Veränderungen werden.

Die längerfristige Verarbeitung des Endes des Ost-West-Konflikts

Die Folgen des Auseinanderbrechens der Sowjetunion und des Ostblocks spielten in der iranischen Politik im gesamten Verlauf der neunziger Jahre weiterhin eine große Rolle. Ihre Verarbeitung erfolgte im wesentlichen auf drei Ebenen.

Der Präsident und die von ihm geführte Regierung konzentrierten sich vor allem auf politische Faktoren, während Revolutionsführer Ḫāmeneʾī und die Freitagsprediger insbesondere ideologische Aspekte in den Vordergrund rückten. Das schloß jedoch nicht aus, daß beide Hauptflügel der iranischen Führung nicht auch Meinungen zu den jeweils anderen Faktoren äußerten. Hinzu kam eine von beiden Seiten und der gesamten politischen Klasse Irans intensiv betriebene Nutzung der Beispiele aus dem Zusammenbruch der sozialistischen Welt für die innenpolitische Auseinandersetzung. Diese Konstellation soll im folgenden vor allem durch Wortmeldungen maßgeblicher iranische Politiker und Rechtsgelehrter aus erster Hand belegt werden.

Politische Aspekte

Die Nachwirkungen des Endes des Ost-West-Konflikts auf der politischen Ebene zeigten sich in sehr unterschiedlichen Nuancen. An dieser Stelle sollen daher nur einige besonders beredte Beispiele angeführt werden.

Rafsanǧānī wies häufig und mit Genugtuung auf das Verhalten Rußlands gegenüber dem Westen nach dem Ende der Sowjetunion hin, um das Selbstbewußtsein der Iraner zu stärken und sie die wirtschaftlichen Entbehrungen, die er ihnen weiterhin zumutete, gelassener ertragen zu lassen. Während einer Freitagspredigt am Grab Khomeinis führte er z. B. aus:

> "Look at our neighbouring countries: you have undoubtedly read in the newspapers in recent days that the leader of a great country such as Russia, with that population level, with that level of industry, with that past history, has gone to the West and said: If you do not help us, our country will return to dictatorship. That country is thinking of moving that way. Your country has not extended a hand to enemies even once. We never have the fears the Russians do. Why? Because our people do not think that their every need must be met to the highest level tomorrow; and they are not met in that way in any country anywhere in the world."[29]

Außenminister Velāyatī und andere Politiker beschäftigten sich demgegenüber eher mit den praktischen Folgen des vorläufigen Endes der Bipolarität des internationalen Systems. Außerdem suchten sie den Platz Irans in der "Neuen

Weltordnung" zu bestimmen, deren Errichtung von den USA zur Priorität erhoben worden war. Velāyatī hegte große Zweifel an der Wahrscheinlichkeit einer dauerhaften, unipolaren "Neuen Weltordnung". Während eines Interviews mit dem iranischen Fernsehen führte er dazu aus:

> "The previous order, i.e. the order after the Second World War and Yalta, was a bipolar order. Now, that bipolar order has collapsed. There are two views, one that says the future of the world will be based on a single-pole order, in other words a pyramid with one superpower at the top. The other view states that the future of the world depends on a multi-polar order. From my point of view based on existing realities, even though one superpower exists now that dictates its viewpoints to the different regions of the world and international circles - or at least tries to dictate - this state of affairs will not last long. There are various reasons for this. This is not just a wish or aspiration..."[30]

Velāyatī ging aber nicht auf die Gründe für seinen Optimismus ein. Er wußte sich immerhin in Übereinstimmung mit Revolutionsführer Ḫāmeneʾī, der ähnlich argumentiert hatte.

> "... history is a good teacher. History teaches us that no power, with such bullying that we witness among the great powers today - especially in America - will continue, will last. They will fall, just as in the very recent past the other superpower fell. Everyone falls in a certain way. Everyone falls for a reason. All that greed, that extension of clutches across the globe, confronting the pure sentiments of nations, will certainly not have a good future. It has no future and it fails."[31]

Velāyatīs Stellvertreter, ʿAlī Bešāratī, blieb bei seiner Einschätzung dagegen eher in der Gegenwart, d.h. er umriß in klaren Worten die neue Situation, auf die sich Iran unmittelbar einzustellen habe.

> "Following the disintegration of communist regimes and the death of the Eastern bloc and the destruction all the barricades and trenches that had been built by Marxism-Leninism to oppose capitalism, the USA took the opportunity to put forward the sinister plan for a new world order. What is meant by this plan is that - bearing in mind that the USA has no competitors - the world has turned into a unipolar one with the USA as its centre, and thus the world has to accept the USA's domination and fulfil the latters objectives."[32]

Der stellvertretende Informationsminister Moḥammadī gab dagegen zu, daß das sozialistische Lager doch eine entscheidende Rolle bei der Eindämmung der "amerikanischen Weltherrschaftspläne" gespielt habe, aus der letzten Endes auch Iran Vorteile gezogen habe. Die Islamische Republik müsse nun den Tatbestand ausnutzen, daß die Pläne für die "Neue Weltordnung" letztlich vage und ohne erkennbare Konturen seien.

"The American authorities and their theoreticians have no clear and coordinated analysis of the new world order theory. But what caused the spread of that word and view was the downfall of the East, which had been the arch-rival of world arrogance (USA)."[33]

Auch Revolutionsführer Ḫāmeneʾī beteiligte sich an dieser Debatte. Da er auf ähnliche Argumente zurückgriff und ähnliche Ansichten vermittelte, darf angenommen werden, daß diese Politik in der gesamten iranischen Führung vorher abgestimmt wurde.

"Because their rival, the former Union of Soviet Socialist Republics, has been torn to pieces and fallen on miserable times, they (US leaders) think that the whole world belongs to them - as if the world belonged to two rivals and now that one has fallen the other can claim the entire world."[34]

Ḫāmeneʾī ging allerdings einen Schritt weiter. Er warf den USA nicht nur vor, sich aus der "Erbmasse" des sozialistischen Lagers zu bedienen und gleichzeitig der gesamten Welt ihren Willen aufzuzwingen, sondern nun auch die "Konfrontation mit dem Islam" zu suchen.

"After recent developments in the world which resulted in the disintegration of heathen communist systems, and in the loss by the Soviet Union of its status as a rival power to America, this oppressor and hegemonist America now intends to transform all the resource-rich regions throughout the world, and specifically those in the Islamic lands, into its own unchallenged zones of influence. And, after finding itself free from the so-called cold war, it also intends to embark on an all-encompassing war against Islamic awakening which stands as a powerful obstacle in the way of the exercise of its influence."[35]

Ḫāmeneʾī wurde damit zum Propheten einer neuen Bipolarität des internationalen Systems, eines neuen Antagonismus, deren Hauptprotagonisten der Westen und die islamische Welt sein würden. Als höchste Instanz der Islamischen Republik sorgte er dafür, daß die anderen politischen Würdenträger des Staates dieser Sichtweise folgten. Fast kongruent formulierte Präsident Rafsanǧānī:

"In the past Western attention gave priority to the Soviet Union and Marxism but now their attention is focused on our region which is the most important region in the world because the Islamic revolution has formed its place in the world."[36]

Ḫāmeneʾīs Argumente bezogen sich aber in der Folgezeit insgesamt weniger auf das Gebiet der praktischen Politik, sondern eher auf das Feld der Ideologie.

Ideologische Aspekte

Neben der politischen Standortbestimmung versuchten Ḫāmene'ī und mit ihm die gesamte Führung der Islamischen Republik vor allem ideologisches Kapital aus dem Zusammenbruch des realsozialistischen Lagers zu schlagen. Dazu bedienten sie sich sehr ähnlicher Argumente. Sie erinnerten zunächst daran, daß fast alle revolutionären Bewegungen in der Zeit des Kalten Krieges und vor allem bis zum Sieg der iranischen Revolution von einer linken, sozialistischen Idee getragen waren. Ḫāmene'ī propagierte, daß der Islam zum Zeitpunkt der Revolution in Iran nicht mit einer Befreiungsideologie in Verbindung gebracht wurde.

> "Even in Islamic countries, when someone was thinking of staging a revolution, the foundations of the revolution were based on Marxism. The word revolutionary was synonymous with communism. This is how the world was."[37]

Der herrschende Faqīh dehnte diese Einschätzung später auf jede Form von Reformbewegung in der Welt aus, die seiner Meinung nach ebenfalls marxistisch oder von radikalem linken Nationalismus beeinflußt worden war. Immer seien die Ziele der revolutionären oder Reformbewegung jedoch materialistischer Natur gewesen, obwohl sie ideologisch begründet wurden.[38]

An der Wende zu den neunziger Jahren sei die Haltlosigkeit einer derartigen Position eindrucksvoll nachgewiesen worden.

> "Those revolutions born on the basis of materialism have now collapsed like children's toys. The system which was proud of materialism, that is marxism and socialism, and had established a vast empire and was proud of its enmity with spirituality and religion, that empire has disintegrated and disappeared."[39]

Der iranische Revolutionsführer stellte auf diese Weise einen direkten Zusammenhang zwischen dem Scheitern des Kommunismus und dessen Negierung religiöser Ziele her. "Our nation saw with its own eyes ... the decadence of a doctrine and an establishment which had blatantly turned its back on divine tenets."[40]

Am Beispiel der Beständigkeit der islamischen Revolution in Iran könne man hingegen die Überlegenheit spiritueller Werte gegenüber materiellen ermessen.[41]

Rafsanǧānīs Abstimmung mit Ḫāmene'ī liegt auf der Hand, wenn er folgende Argumente vorbrachte:

> "Now that the iron walls of apostatical and communist ideologies are crumbling one after the other and, as God has promised, east and west are suffering the consequences of immoralities and turning their back on

human ideals, the only way for them to be free of inner desires is to join the heavenly spirits and the strong links of the prophets."[42]

Rafsanǧānī und anderen Rechtsgelehrten, wie z.B. dem Teheraner Freitagsprediger Ajatollah Mūsavī-Ardebīlī, kamen allerdings Zweifel, ob sie, angesichts des klaren Sieges des Westens in der Auseinandersetzung mit dem Osten, den Sieg über den Kommunismus tatsächlich für sich, d.h. für den politischen Islam, staatlich verfaßt in der Islamischen Republik Iran, vereinnahmen dürften. Immerhin war der Marxismus vor allem auch eine Ideologie! Rafsanǧānī unterstellte dem triumphierenden Westen, daß er aus dem Zusammenbruch sozialistischer Staaten insbesondere den Schluß gezogen habe "that the era of all governments based on ideology was now over and that today materialist regimes, divorced from moral and humanistic thoughts, must rule over world societies"[43].

Noch detaillierter äußerte sich Mūsavī-Ardebīlī zu dieser Frage. Er verdächtigte die Regierungen des Westens ebenfalls, den Sieg über den Kommunismus primär als Triumph von Technik und Technologie über die Ideologie zu bewerten. Ihre Botschaft an die Welt würde daher lauten: Vergeßt Ideologien, Macht der Gedanken, Philosophie usw. Jetzt leben wir in einer unipolaren Welt, in der Amerika, ausgerüstet mit seiner überlegenen Technologie, das Sagen hat. Für Mūsavī-Ardebīlī war die Frage aber damit nicht beantwortet.

> "What is it that has fallen into pieces? Is it the materialist ideology or the spiritual ideology? The issue is very clear... It is evident that from the point of view of ideology we cannot roll the two ideologies (Islam and communist) into one and then put that combination against technology. The one which has broken into pieces was different (from Islamic ideology) - it was a materialistic ideology. The one which was victorious (Islam) is universal spirituality. We say technology can overcome a materialistic ideology, while a spiritual ideology can triumph over technology."[44]

Aus dieser Feststellung zogen Mūsavī-Ardebīlī und die anderen führenden Geistlichen der Islamischen Republik zwei Schlußfolgerungen, die sie im In- und Ausland propagierten.

Zum einen könne nur eine Besinnung auf Spiritualität, Religion und insbesondere den Islam vor einem Irrweg, wie ihn der Kommunismus einschlug, bewahren. Zu keinem Zeitpunkt sei es für Lernen und Umdenken zu spät. Schon Ajatollah Khomeini habe in seinem letzten Lebensjahr, d.h. im Januar 1989, einen Brief an den sowjetischen Präsidenten Gorbatschow gerichtet, in dem er ihn dringend zu innerer Einkehr und Berücksichtigung des Islam gedrängt habe.

> "Your Excellency, Mr. Gorbachev, One should turn to the truth. The main difficulty of your country is not the issue of ownership, economics or

> freedom. Your difficulty is lack of true faith in God, the same difficulty which has also dragged the West towards decadence and a dead end. Your principal problem is a long and futile combat with God, the origin of existence and creation... It is clear to all that henceforth Communism should be sought in the museums of world political history, because Marxism does not provide any answers to the real needs of man, since it is a materialistic ideology. It is not possible to save humanity by materialism from the crisis brought about by a lack of conviction in spirituality, which is the most fundamental ailment of human society in both the West and the East."[45]

Es lag durchaus in den Intentionen Khomeinis, daß viele Muslime diesen Brief mit den Delegationen und Schreiben verglichen, die der Prophet an die Staatsführer in den Tagen seines Wirkens gesandt hatte. Haften blieb bei ihnen der Eindruck, daß Khomeini sowohl Marxismus als auch westlichen Liberalismus verdammte, den Islam als Alternative verhieß und deshalb Gorbatschow einlud, "den Islam ernsthaft zu studieren"[46]. Da er diese Offerte ablehnte, sei sein Scheitern nur folgerichtig gewesen, versuchte die iranische Führung später zu vermitteln. Dabei sei schon in der Amtszeit Gorbatschows offensichtlich gewesen, erklärte Ajatollah Ḫāmeneʾī, daß immer, wenn sich in der Welt eine wahrhaftige Bewegung gegen Ungerechtigkeit und Unterdrückung herausbildete, diese einen religiösen Charakter getragen habe.[47]

Zum anderen sei dem Westen nun im Islam die einzige wirkliche Alternative entstanden. In politischer Hinsicht schare sich die Welt in der Gegenwart wieder um zwei Pole: die Welt der Arroganz, d.h. der materialistische Westen, und die Welt des Islam.[48] Auch in dieser Einschätzung demonstrierten die politische und die geistliche Führung Irans Einigkeit.

Stolz verwies Ḫāmeneʾī darauf, daß sich seiner Meinung nach Jugendliche, Intellektuelle, Akademiker, Arbeiter in der Dritten Welt dem Islam zuwendeten, wenn sie eine dauerhafte Lösung ihrer Probleme anstrebten. "This shows the great capacity of Islam. It shows the power of Islam. The enemy sees this and has become sensitive as a result."[49]

Moḥammad Raǧāʾī Ḫorāsānī, Vorsitzender des Parlamentsausschusses für Auswärtige Beziehungen, sprach für die politische Fraktion, als er feststellte:

> "Disappointed by materialist and wordly governments, the world has turned its attention today to the Islamic nation and sovereignty of God. People have concluded that a government not ruled by Islam is doomed to destruction and annihilation. Today, the victory of Islamic Iran in the international arena is the victory of the Islamic world."[50]

Insgesamt ergibt sich somit eine mehrschichtige Bilanz des iranischen Reagierens auf das Ende des Ost-West-Konfliktes. Im politischen Bereich glichen sich die Unsicherheiten und die Chancen, die die iranische Führung in diesem

Ereignis ausmachte, nahezu aus, während sie die ideologischen und propagandistischen Möglichkeiten des Zusammenbruchs des Ostblocks optimal für sich ausnutzte.

Munition für die innenpolitische Auseinandersetzung

Die bereits erwähnte zeitliche Kongruenz zwischen dem Ende der Sowjetunion und dem Machtantritt Ḫāmeneʾīs und Rafsanǧānīs in Iran führte vor allem zu Beginn der neunziger Jahre zu einer Situation, in der die unterlegene Fraktion innerhalb des iranischen Regimes um Ministerpräsident Mūsavī, Innenminister Moḥtašemī, Informationsminister Reyšahrī, Parlamentssprecher Karrūbī, Studentenführer Ḫōʾenīhā und andere Gleichgesinnte Beispiele aus den letzten Jahre der Sowjetunion anführte, um den moderaten und pragmatischen Kurs der neuen Führung anzugreifen. Wenn es ihnen innenpolitische Vorteile versprach, oder wenn sie annahmen, daß der auf die außenpolitische Normalisierung gerichtete Kurs Rafsanǧānīs und Velāyatīs zu viele Zugeständnisse an den Westen beinhaltete, benutzten allerdings auch in Amt und Würden befindliche Rechtsgelehrte und Politiker wie die Ajatollahs Mūsavī-Ardebīlī, Emāmī-Kāšānī, Ḥoǧǧat ol-Eslām Aḥmad Khomeini oder Pāsdārān-Chef Moḥsen Reżāʾī die mit dem Ende der Sowjetunion gesammelten Erfahrungen, um die Regierung wieder "auf den rechten Weg" zu bringen.

Dabei nahmen sie besonders häufig auf die direkte Rolle Bezug, die der Westen und insbesondere die USA ihrer Meinung nach bei der Auflösung der Sowjetunion gespielt hätten. Freitagsprediger Ajatollah Emāmī-Kašānī warnte beispielsweise:

> "At one time they (the United States) used to hold talks with the USSR. I remember they said that Marxism had to be harnessed and controlled, and democracy had to be defended. Under the pretext of harnessing Marxism and defending democracy they caused the dismantling of the Soviet Union."[51]

Auch das persönliche Schicksal Michail Gorbatschows wurde zitiert, um auf mögliche Gefahren und Parallelen aufmerksam zu machen. Pāsdārān-Kommandeur Reżāʾī unterstellte, daß die USA-Regierung die Reformer um Gorbatschow bewußt isoliert habe, da sie die Ausstrahlung eines reformierten Sozialismus auf Europa und darüber hinaus fürchtete.[52] Gorbatschows Bemühungen um Entspannung und Ausgleich mit dem Westen seien dabei ignoriert worden. Nun sei offensichtlich "how America supported a person who had turned to it,"[53] bemerkte Ajatollah Mūsavī-Ardebīlī.

Die iranische Führung betrachtete den Putsch gegen Gorbatschow im August 1991 fast einhellig als westliche Verschwörung, mit dem Ziel, den

Sozialismus endgültig zu besiegen, die Sowjetunion zu zerschlagen und Gorbatschow durch eine genehmere Person zu ersetzen. Gegenüber Rafsanǧānī häuften sich die Warnungen vor der mangelnden Vertrauenswürdigkeit und der Treulosigkeit des Westens.[54] Von welcher Natur Gorbatschows Nachfolger Jelzin sei, habe dieser laut Mūsavī-Ardebīlī u.a. mit seinem militärischen Schlag gegen das russische Parlament gezeigt. "... on a clear day Yeltsin shells the legislative assembly, he kills 500 people, he arrests the deputies, yet the world says well done."[55]

Die Tageszeitung *Salām*, Medienorgan der politischen Kreise um Moḥtašemī, Reyšahrī, Karrūbī und Ḫo'enīhā, wurde noch deutlicher. Obwohl sie in einem Kommentar scheinbar Verständnis für Rafsanǧānīs "Schmusekurs" mit Rußlands Präsident Jelzin äußerte, machte sie gleichzeitig deutlich, daß Jelzin eine "westliche Marionette" sei und der iranische Präsident daher von Rußland nicht erwarten dürfe, ein verläßliches Gegengewicht zu den amerikanischen Pressionen darzustellen.[56]

Im gleichen Maße wie der Einfluß dieser Fraktion in der iranischen Innenpolitik zurückging und sich gleichzeitig der zeitliche Abstand zum Ende des Ost-West-Konflikts vergrößerte, nahm auch die Bedeutung von Beispielen aus dem Zusammenbruch der Sowjetunion für den innenpolitischen Machtkampf ab. Als potentielles Reservoir für Argumente blieb es jedoch bis in die Gegenwart bestehen.

Schlußbemerkungen

Resümierend kann festgestellt werden, daß das Ende des Ost-West-Konflikts in der Außenpolitik der Islamischen Republik Iran paradoxerweise zwei sich scheinbar ausschließende Strömungen stärkte. Der Ausfall der Sowjetunion und des Ostblocks als Gegengewicht zu amerikanischem und westlichem Druck, gab, zusammen mit den ruinösen politischen und wirtschaftlichen Folgen des Krieges gegen Irak, Anstöße für eine moderatere, pragmatischere Außenpolitik, die die Interessen der Islamischen Republik als Nationalstaat in der Vordergrund rückte und deshalb darauf abzielte, die außenpolitische Isolation zu durchbrechen.

Auf der anderen Seite bestärkte das gleiche Ereignis Tendenzen in der iranischen Führung, bewußt und mit Bedacht einer neuen Bipolarität in der Weltpolitik das Wort zu reden, auf deren einem Pol sie sich selbst als Kern eines revitalisierten und politisierten Islam ausmachte, während der andere Pol dem Westen und insbesondere seiner amerikanischen Führungsmacht zugewiesen wurde.

In der praktischen iranischen Außenpolitik konnte sich bis in die Gegenwart keine der beiden Richtungen entscheidend durchsetzen. Einerseits vermochte es die iranische Führung durch kluges und abwägendes Verhalten im zweiten Golfkrieg ihre Akzeptanz in der Region und in der Weltarena deutlich verbessern und auf diese Weise seine Interessen klarer positionieren. Mit zahlreichen zentralasiatischen Nachfolgestaaten der Sowjetunion wurden fruchtbare bilaterale Beziehungen auf- und ausgebaut. Gemeinsam mit der Türkei und Pakistan strebt Iran im Economic Cooperation Council (ECC), der Nachfolgeorganisation des RCD (Regional Cooperation for Development) aus der Schahzeit, gemeinsam mit der überwiegenden Mehrheit der zentralasiatischen Staaten wirtschaftliche Erfolge zum Nutzen aller Beteiligten an.

Durch die bekannten Folgen des "Mykonos-Prozesses" in Berlin kurzfristig beeinträchtigt, bewiesen auch die wirtschaftlichen und politischen "Arbeitsbeziehungen" Irans zu den Staaten der Europäischen Union ihre Stabilität. Weitere Beispiele könnten folgen.

Andererseits erhöhte die im zweiten Golfkrieg erneut zum Ausdruck gekommene Krise der Panarabismus bzw. des arabischen Nationalismus die Attraktivität einer "islamischen Alternative" in der Region, von der die iranische Führung weiterhin zu profitieren hofft. Die Beziehungen zu Zentralasien sind nicht nur von gegenseitigem wirtschaftlichem Nutzen geprägt. Die Islamische Republik Iran zeigt in ihren Versuchen, die zentralasiatischen Republiken in ihrem Sinne zu islamisieren und sich als "moralische Supermacht" zu etablieren, ein mindestens ebenso großes Engagement wie in wirtschaftlichen Fragen. Mit Vorliebe verbuchte sie außerdem das Wirken islamistischer Bewegungen in Sudan, Ägypten oder Algerien als Beispiel für die Ausstrahlungskraft ihrer Revolution.[57]

Die sich verschärfenden innenpolitischen Auseinandersetzungen seit der Machtübernahme Präsident Ḫātamīs sprechen für die Fortdauer des dialektischen Charakters und der tiefen Ambivalenz der iranischen Außenpolitik in der mittelfristigen Perspektive.

Anmerkungen

1 Vgl. H.M. Naǧafqolī, Tārīḫ-e ravābeṭ-e sīyāsī-ye Īrān bā donyā, Teheran 1987, S. 134-160.

2 Vgl. S. Sharabi/F. Farhi, Security Considerations and Iranian Foreign Policy, Teheran o.J., S. 3.

3 Vgl. auch K.L. Afrasiabi, After Khomeini. New Directions in Iran's Foreign Policy, Boulder u.a. 1994, S. 158f.

4 Vgl. A. Hashim, The Crisis of the Iranian State, London 1995, S. 36.

5 Vgl. S.T. Hunter, Iran and the World. Continuity in a Revolutionary Decade, Bloomington 1990, S. 43.

6 Vgl. S.T. Hunter, Post-Khomeini Iran. In: Foreign Affairs, (1989/90) Winter, S. 143.

7 Derartige Behauptungen gehörten zum Standardvokabular von Ajatollah Ḫāmeneʾī. 1990 erklärte er z.B. in einer Freitagspredigt in Teheran: "(The world up to now knows) two types of government; one, Western democracies, which were current in Western countries and their satellites; the other, communist governments, which they themselves called workers' governments, although the leadership consisted of rich people and aristocrats, not workers; and at the top of the pyramid of those powers, those who ruled and governed were no different from those rulers and leaders who were not to their liking, however, they were called workers' governments and dictatorships of the proletariat; the so-called Marxist and socialist governments. The world knew those two types of government. They were opposed to one another; one was the Western camp, the other the Eastern camp. And they seriously confronted oneanother; they negated and fought one another. However, when the Islamic Republic came into being - this new type of government - both camps confronted the Islamic Republic, first with amazement and then with fear" (Radio Teheran, 30.3.1990, zit. in BBC-Summary of World Broadcasts - BBC-SWB - Reading, ME/0728A/1, 2.4.1990). Die Kontinuität dieser Sichtweise zeigt sich z.B. anläßlich einer Rede Ḫāmeneʾīs zum "Tag der Armee" 1994, als er ausführte: "Well, America and the Soviet Union disagreed on a hundred issues and agreed on some. One, and the most important, was to put pressure on the Islamic Republic" (Radio Teheran, 13.4.1994, zit. in BBC-SWB, a.a.O., ME/1972MED/10, 15.4.1994).

8 Vgl. H. Amirahmadi, Economic reconstruction of Iran: costing the war damage. In: Third World Quarterly, (1990) 1, S. 35.

9 Vgl. Hunter, Post-Khomeini Iran..., a.a.O.

10 Vgl. Hashim, The Crisis..., a.a.O.

11 Vgl. S.T. Hunter, Iran after Khomeini, New York u.a. 1992, S. 121f.

12 TV-Aufzeichnung einer Rede Ḫāmeneʾīs in Qom am 19.2.1992. In: BBC-SWB, a.a.O., ME/1310A/3, 21.2.1992.

13 Vgl. H. Katouzian, Problems of Political Development in Iran. In: British Journal of Middle Eastern Studies, 22 (1995) 1-2, S. 14.

14 Vgl. auch J. Calabrese, Revolutionary Horizons. Regional Foreign Policy in Post-Khomeini Iran, London 1994, S. 7f.

15 Vgl. G.E. Fuller/I.O. Lesser, A Sense of Siege. The Geopolitics of Islam and the West, Boulder u.a. 1995, S. 1.

16 Radio Teheran, 23.7.1990, zit. in: BBC-SWB, a.a.O., ME/0825A/7, 25.7.1990.

17 Vgl. E. Hooglund, Iran's Foreign Policy Interests. In: U.S. - Iran Review, 1 (1993) 8, S. 8ff.

18 Vgl. S. Shojai, Iran in Global Perspective. In: H. Zanganeh (Hg.), Islam, Iran and World Stability, New York 1994, S. 142.

19 Vgl. R. Sīmbar, Monāzaʿāt minṭaqāʾī dar ǧahān-e sevvom va pāyān-e ǧang-e sord. In: Maǧallat-e sīyāsat-e ḫāriǧī, 8 (1995) 4, S. 793-812.

20 S. Taeb, Political and Economic Developments: New National Security Strategy, Teheran o.J., S. 3f.

21 Vgl. Echo of Iran, 41 (1993) 70.

22 Vgl. auch A. Ehteshami, The Politics of Economic Restructuring in Post-Khomeini Iran. In: Centre for Middle Eastern and Islamic Studies (CMEIS) Occasional Papers 50, Durham 1995, S. 11.

23 Zit. in A. Hashim, The Crisis..., a.a.O., S. 16.

24 Radio Teheran, 30.3.1990, zit in: BBC-SWB, a.a.O., ME/0728A/2, 2.4.1990.

25 Vgl. Hashim, The Crisis..., a.a.O., S. 16.
26 Vgl. BBC-SWB, a.a.O., ME/1399A/3, 5.6.1992.
27 Rede anläßlich des 11. Jahrestages der iranischen Revolution. In: Ebenda, ME/0679-A/2, 3.2.1990.
28 Ebenda, ME/0783A/1, 6.6.1990.
29 Radio Teheran, 7.2.1992, zit. in: BBC-SWB, a.a.O., ME/1300A/6, 10.2.1992.
30 Ebenda, ME/1195A/3, 5.10.1991.
31 Ebenda, ME/1300A/9, 10.2.1992
32 Ebenda, ME/1169A/5, 5.9.1991.
33 Ebenda, ME/1249A/6, 7.12.1991.
34 Ebenda, ME/1248A/9, 6.12.1991
35 Botschaft Ajatollah Ḫāmene'īs an iranische Pilger. In: BBC-SWB, a.a.O., ME/1105-A/3, 22.6.1991.
36 Rede Präsident Rafsanǧānīs vor geistlichen Würdenträgern Teherans. In: Ebenda, ME/1284A/1, 22.1.1992.
37 Freitagspredigt am 8.2.1991. Zit. in: Ebenda, ME/0993A/26, 11.2.1991.
38 Vgl. ebenda, ME/2384MED/7, 17.8.1995.
39 Freitagspredigt am 8.2.1991. Zit. in: Ebenda, ME/0993A/26, 11.2.1991.
40 Rede an die Kundgebungsteilnehmer anläßlich des 11. Jahrestages der Besetzung der Teheraner USA-Botschaft. Zit. in: Ebenda, ME/0914A/8, 6.11.1990.
41 Vgl. ebenda, ME/0685A/2f. 10.2.1990.
42 Neujahrsbotschaft an die Christen der Welt. Zit. in: Ebenda, ME/0652A/6, 3.1.1990.
43 Eröffnungsrede zur 9. internationalen Konferenz islamischer Geistlicher in Teheran, 29.1.1992. Zit. in: Ebenda, ME/1292A/2, 31.1.1992.
44 Freitagspredigt auf dem Teheraner Universitätsgelände, 4.10.1991. Zit. in: Ebenda, ME/1196A/1, 7.10.1991.
45 Zit. in. D. Harney, The Iranian Revolution Ten Years On. In: Asian Affairs, 20 (1989) 6, S. 158.
46 Vgl. F. Rajaee, Iranian Ideology and Worldview: The Cultural Export of Revolution. In: J.L. Esposito (Hg.), The Iranian Revolution. Its Global Impact, Miami 1990, S. 76.
47 Vgl. BBC-SWB, a.a.O., ME/1608A/3, 9.2.1993.
48 Stellvertretender Außenminister Bešāratī in einem Rundfunkinterview. Vgl. ebenda, ME/1169A/5, 5.9.1991. Auch im Westen fand diese Sicht der Dinge ihre Befürworter. Graham Fuller behauptete z.B.: "With the collapse of communism, no other coherent set of beliefs dispersed among people over a wide geographic area has emerged to pose a systematic critique of the West as strongly and clearly as has radical Islam." In: Fuller/Lesser, A Sense..., a.a.O., S. 2.
49 Rede Ḫāmene'īs anläßlich Muḥammads Geburtstag, 15.8.1995. Zit. in: Ebenda, ME/2384MED/6, 17.8.1995.
50 Zit. in: M. Mohadessin, Islamic Fundamentalism. The New Global Threat, Washington 1993, S. 37.
51 Freitagspredigt auf dem Gelände der Teheraner Universität, 28.10.1994. Zit. in: BBC-SWB, a.a.O., ME/2140MED/6, 31.10.1994.
52 Vgl. Interview mit der Iranian News Agency (IRNA), 16.9.1991.
53 Freitagspredigt auf dem Gelände der Teheraner Universität, 8.10.1993. Zit. in: BBC-SWB, a.a.O., ME/1816MED/19, 11.10.1993.
54 Vgl. F. Rajaee, Globalization and Factionalism in Revolutionary Iran. Draft Paper, o.O., o.J., S. 13.

55 Freitagspredigt auf dem Gelände der Teheraner Universität, 8.10.1993. Zit. in: BBC-SWB, a.a.O., ME/1816MED/20, 11.10.1993.

56 Vgl. Salām, 9.10.1993.

57 Vgl. Afrasiabi, After Khomeini..., a.a.O., S. 34.

Die islamische Staatengruppe und das Ende des Ost-West-Konflikts - die Sicht der Organisation der Islamischen Konferenz

Ellinor Schöne

Das Ende des Ost-West-Konflikts ist eine Zäsur, die weltweit Wirkungen zeigte, Reaktionen auslöste und zu Erwartungen und letztendlich auch Befürchtungen Anlaß gab. Es erscheint deshalb lohnend, Haltungen muslimischer Politiker - es geht um Regierungen islamischer Staaten - zu diesem historischen Ereignis und seinen Folgen zu betrachten.

Im Mittelpunkt des nachfolgenden Beitrages stehen Meinungen und Standpunkte von Mitgliedern der Organisation der Islamischen Konferenz (OIC)[1], einer zwischenstaatlichen internationalen Organisation, die derzeit 54 Staaten vorrangig Asiens und Afrikas umfaßt. Sie alle definieren sich selbst als islamisch: Der Islam spielt in ihrer Politik eine Rolle.[2] Sie verfügen über beträchtliche muslimische Bevölkerungsanteile; in der Regel sind die Staatsoberhäupter Muslime. Die Gesamtbevölkerung dieser Staaten und muslimische Minderheiten in nichtislamischen Ländern, als deren Interessenvertreterin sich die OIC ebenfalls versteht, umfassen inzwischen etwa ein Viertel der Weltbevölkerung. Staatschefs und Regierungsvertreter islamischer Länder treffen sich seit nunmehr 28 Jahren zu regelmäßigen Gipfelkonferenzen, Außenministerkonferenzen, zu Fachminister- und Spezialistentagungen, um einen Konsens zu aktuellen politischen, wirtschaftlichen und kulturellen Belangen zu erarbeiten. Dieser Meinungskonsens kann als die kollektive Haltung islamischer Länder angesehen werden. In diesem Sinne werden nachfolgend auf OIC-Konferenzen formulierte gemeinsame Positionen islamischer Länder im Zusammenhang mit dem Ende des Ost-West-Konflikts betrachtet.

Aufmerksamkeit wird insbesondere Veränderungen und Modifizierungen in den Haltungen der islamischen Staatengruppe geschenkt. Folgende Aspekte stehen im Mittelpunkt: 1. Reaktionen islamischer Staaten angesichts des osteuropäischen politischen Wandels ab Mitte der achtziger Jahre, der das vorrangig von Ablehnung bestimmte Verhältnis zwischen islamischen und realsozialistischen Staaten beendete; 2. die zunächst positive und erwartungsvolle Aufnahme des Endes der Ost-West-Auseinandersetzung; 3. das Aufkommen von Skepsis und Enttäuschung ab etwa 1991, als sich die Konturen der neuen Weltordnung abzeichneten sowie 4. Aktivitäten islamischer Staaten, die internationalen Beziehungen nach ihren Vorstellungen mitzugestalten.

Islamische Staaten und der politische Wandel in Osteuropa ab Mitte der achtziger Jahre

Das Zuendegehen des Ost-West-Gegensatzes kündigte sich ab der zweiten Hälfte der achtziger Jahre vor allem durch Veränderungen in der Innen- und Außenpolitik der damaligen Sowjetunion an. *Perestrojka, glaznost* und "neues Denken" hatten weitreichende Wirkungen für die internationale Politik. Gerade mittels letzterem rückte die sowjetische Führung unter Gorbatschow vom Block- und Konfrontationsdenken ab und stellte statt dessen gemeinsame, allgemein menschliche Interessen in den Mittelpunkt. Sie betonte das Selbstbestimmungsrecht von Völkern und Staaten sowie das Recht der freien Wahl des Entwicklungsweges.[3] Diese ideologische Neuorientierung der Sowjetunion, die sich nahezu gleichzeitig mit ihrer konzeptionellen Herausbildung auch in praktischen politischen Schritten realisierte, hatte Folgen sowohl für das realsozialistisch-islamische Verhältnis als auch für Lage und Selbstbestimmung von Minderheiten und Religionsgemeinschaften im Vielvölkerstaat Sowjetunion.

Die islamischen Länder nahmen zu dieser Zeit *perestrojka, glaznost* und "neues Denken" mit Hoffnungen auf möglichen Wandel zur Kenntnis. Verhielt sich die OIC während der zweiten Hälfte der achtziger Jahre eher noch abwartend und in ihrem Urteil zurückhaltend, so trat ihre positive Aufnahme der Veränderungen ab 1989/90 angesichts des nun erfolgenden Zusammenbruchs der Sowjetunion und des osteuropäischen politischen Systems klar zutage, und Wandlungen in ihrem Verhältnis und in ihren Beziehungen zu Osteuropa deuteten sich vergleichsweise rasch an.

Die Genugtuung, die islamische Staaten angesichts der Ereignisse empfanden, läßt sich nur aus dem islamischen Verständnis osteuropäischer Politik vor dem politischen Wandel erklären. Das Verhältnis zum realsozialistischen Weltsystem wurde vor allem von der Unvereinbarkeit der Ideologien und von der Sorge um die Identitätsbewahrung muslimischer Minderheiten in der Sowjetunion und osteuropäischen Ländern geprägt. Es wurde darüber hinaus durch den Afghanistan-Konflikt sehr belastet.

Zwischen der kommunistischen Ideologie und der Politik realsozialistischer Länder einerseits sowie dem Islam und der angestrebten islamisch geprägten Gesellschaft andererseits sahen islamische Staaten einen unüberwindlichen Gegensatz. Bemerkungen des OIC-Generalsekretärs Tunku Abdulrahman machen dies deutlich:

> "Seine (des Kommunismus - E.S.) von Karl Marx und später von Lenin und anderen kommunistischen Denkern entwickelte Ideologie schreibt fest, daß unsere Welt von Korruption und sozialer Ungerechtigkeit allein durch revolutionäre Maßnahmen, durch die Zerstörung der bestehenden

> Gesellschaftsordnung bis in ihre Wurzeln, allein durch die Beseitigung von Traditionen, Institutionen, Klassen und der Religion befreit werden kann. Der Kommunismus sieht in der Religion seinen eigentlichen Feind. Für ihn existiert weder eine menschliche Seele noch eine menschliche Persönlichkeit. Der Glaube an ein übernatürliches Wesen ist für ihn eine Droge, die die Sinne der Menschen trübt. Der Kommunismus setzt auf die Revolution, sein Werkzeug ist ein militanter Atheismus. Religiöse Bekenntnisse werden in seinem System nicht geduldet, sie müssen gewaltsam vernichtet werden."[4]

Diese Äußerung charakterisiert die Haltung der OIC-Staaten sehr treffend. Insbesondere das Bild von einer alles - auch identitätsstiftende kulturelle Traditionen und sinngebende religiöse Werte - zerstörenden Ideologie, das hier gezeichnet wird, macht die prinzipielle Ablehnung des Kommunismus durch Muslime verständlich. Islamische Staaten fürchteten darüber hinaus die von ihnen als imperialistisch verstandene Politik der Sowjetunion und ihrer Verbündeten, wie sie in besonders krasser Form in dem sowjetischen militärischen Eingreifen in Afghanistan zum Ausdruck kam. Zu muslimischen Bevölkerungsgruppen in der Sowjetunion und osteuropäischen Länder hatte die OIC kaum Kontakt; sie befanden sich gewissermaßen hinter dem "eisernen Vorhang" und damit außerhalb der Reichweite islamischer Organisationen. Ihre Einflußmöglichkeiten waren demzufolge begrenzt. Das von ihr zur Unterstützung muslimischer Minderheiten praktizierte Vorgehen - Kontaktaufnahme zu und Dialog mit der Regierung des betreffenden Landes, Entsendung von fact-finding groups, die sich ein reales Bild von der Lage in Problemgebieten machen, materieller und moralischer Beistand für Minderheiten, die in ihrer kulturellen Identität bedroht sind - konnte hinsichtlich realsozialistischer Länder kaum greifen.[5]

Insgesamt war das Verhältnis islamischer Staaten zu den ehemals sozialistischen Ländern vorrangig durch Ablehnung bestimmt. Auch die in vielen Belangen für die Interessen von Entwicklungsländern, zu denen sich die islamischen Staaten zählten und zählen, international Partei ergreifende Politik der Sowjetunion und ihrer Verbündeten änderte das nicht grundsätzlich.

Das Verhältnis zu westlichen Staaten dagegen war eher vielgestaltig. Zum einen galten sie als Garant gegen die Ausbreitung des Kommunismus, außerdem konnten muslimische Minderheiten in der Regel in westlichen Ländern freier leben, und nach islamischem Verständnis konnten sich zum christlichen Westen intensivere und bessere Beziehungen entwickeln als zum atheistischen Osten. Kritisch gesehen wurden jedoch Imperialismus, Dominanz, Arroganz und Hegemoniebestrebungen des Westens; er wurde zum Widerpart im Nord-Süd-Konflikt. Auch die westliche, insbesondere US-amerikanische Unterstützung für Israel, die einseitige Parteinahme im Nahostkonflikt blieb ein ständiger Kritikpunkt am Westen.

Betrachtet man die politischen Positionen der islamischen Staatengruppe während des Ost-West-Konflikts und ihre Haltungen zu der einen oder anderen Seite in der Systemauseinandersetzung, so ist festzustellen, daß die OIC in erster Linie ein Bündnis islamischer Entwicklungsländer zu gemeinsamer Interessenwahrnehmung gegenüber beiden Machtblöcken, Ost und West, war. Ein wichtiger Aspekt ihrer Gründung und ihrer fast dreißigjährigen Politik waren und sind Kooperation, solidarisches Zusammenwirken zum gegenseitigen Vorteil mit dem Ziel, angesichts des politischen Gewichts der Großmächte international zumindest gemeinsam ein gewisses Durchsetzungsvermögen für eigene Interessen hervorzubringen. Es ist in diesem Zusammenhang durchaus bemerkenswert, daß es trotz der globalen Spaltung in rivalisierende Blöcke, von der islamische Staaten auch erfaßt waren, zu keiner deutlichen und hinderlichen Fraktionsbildung entsprechend der Block- und Einflußsphärenzugehörigkeit innerhalb der OIC gekommen ist.

Reaktionen islamischer Staaten auf das Ende des Ost-West-Konflikts

Mit dem Ende des Ost-West-Konflikts sahen sich islamische Staaten vor einer neuen globalen Situation. In OIC-Dokumenten und in Stellungnahmen von Politikern auf islamischen Konferenzen finden sich 1989 die ersten Äußerungen, die diesen Umstand zum Ausdruck bringen. Man stellte "signifikanten Wandel" auf der internationalen Ebene fest und lobte die eingetretenen Verbesserungen in den Ost-West-Beziehungen. Islamische Politiker sahen als erstes Ergebnis dieser Veränderungen die zwischen den USA und der Sowjetunion erzielten Abrüstungsvereinbarungen an. Islamische Regierungsvertreter machten ein einsetzendes Klima für noch weiterreichende Abrüstung aus und vertraten die Ansicht, daß der Gedanke der Abrüstung, der Sicherheit und Vertrauensbildung auch in anderen Regionen wirksam werden solle. Sicherheitsbelange islamischer Staaten und von Entwicklungsländern insgesamt sollten sowohl in internationale Abrüstungsverhandlungen einbezogen werden als auch in regionalen Foren für Abrüstung und Vertrauensbildung zur Sprache kommen. In beiderlei Hinsicht sahen islamische Staaten eigenen Handlungsbedarf. [6]

Die Überlegungen muslimischer Politiker im Rahmen der OIC beschränkten sich im Jahr 1989 auf diesen Aspekt. Forderungen nach kernwaffenfreien Zonen und die Hoffnung, das israelische Nuklearpotential zumindest genauerer internationaler Kontrolle unterwerfen zu können, knüpften sich daran und wurden über die Folgejahre aufrechterhalten.

Die zunächst positive Einschätzung der Wirkungen des globalen Wandels ging auch auf andere konkrete Ereignisse am Ende der achtziger Jahre zurück. Verbessertes politisches Klima machten islamische Staaten für eine Reduzierung der Spannungen - sowohl global als auch regional - verantwortlich. Hierzu zählten sie den Abzug sowjetischer Truppen aus Afghanistan, die Beendigung des Krieges zwischen Irak und Iran, positive Entwicklungen in Namibia und Kambodscha, besonders aber Fortschritte bei der Gewinnung von Unterstützung zugunsten von arabischen und islamischen Standpunkten im Nahostkonflikt, wie die wachsende internationale Akzeptanz der PLO und die Anerkennung des durch den Palästinensischen Nationalrat proklamierten Staates Palästina es belegten.[7] Dies werteten islamische Staaten als weitere Annäherung an eine gerechte und dauerhafte Lösung des Palästina- und Jerusalemproblems, die sie als das Hauptanliegen der gegenwärtigen muslimischen Generation weltweit betrachten.[8]

Die Situation am Ende der achtziger Jahre veranlaßte die OIC dazu, die eingetretenen globalen Entwicklungen mit ihren auch regionalen Wirkungen mit "immenser Genugtuung"[9] - wie es OIC-Generalsekretär Hamid al-Gabid ausdrückte - zu betrachten und mit großen Hoffnungen in die neunziger Jahre zu gehen.

Mitte des Jahres 1990 lobte die nächste der jährlich stattfindenden Außenministerkonferenzen - sie wurde in Kairo abgehalten - erneut das Ende des Kalten Krieges und die politische Annäherung von Ost und West. Der Abrüstungsgedanke rückte zwar nicht in den Hintergrund, doch maßen islamische Politiker jetzt den freien und demokratischen Optionen für die Staaten Ost- und Mitteleuropas besondere Bedeutung zu; sie äußerten die Hoffnung, daß diese Veränderungen zu besseren Beziehungen, zu gegenseitigem Respekt und Interessenakzeptanz zwischen dieser ehemals realsozialistischen Region und der islamischen Welt führen werden.[10]

Die optimistische Sicht angesichts des globalen Wandels klang 1991 auf der sechsten islamischen Gipfelkonferenz nochmals an: Islamische Staaten stellten die große Bedeutung der fundamentalen Transformation der internationalen Beziehungen fest. Sie betonten die Notwendigkeit und gleichzeitig ihre Bereitschaft, zusammen mit der internationalen Gemeinschaft an der Herausbildung einer neuen Weltordnung zu arbeiten, die auf Frieden und Fortschritt, auf der Anerkennung des Völkerrechts und von UNO-Resolutionen basiert und fähig ist, Gerechtigkeit und Gleichheit für alle zu garantieren. Man werde mittels Dialog und Kooperation zwischen allen Nationen nach Lösungen für Probleme suchen.[11]

Kritik an der "neuen Weltordnung"

Im gleichen Jahr - 1991 - wurden neue Aspekte in den Reaktionen islamischer Staaten auf den globalen Umbruch offensichtlich. War ihre Haltung zu den globalen Veränderungen zunächst ausschließlich bejahend und hoffnungsvoll, so setzte nun ein Stimmungsumschwung ein. Zu bis dahin vorrangig positiven Wertungen und Erwartungen traten nicht zu überhörende skeptische Töne. Hatten sich Muslime zunächst inmitten eines grundlegenden globalen Wandlungsprozesses gesehen, der auch sie selbst und die internationalen Beziehungen insgesamt erfassen könnte, so zeigten sich jetzt Enttäuschung und Unzufriedenheit angesichts der deutlich werdenden Konturen der internationalen Ordnung nach der Systemauseinandersetzung.

Stellungnahmen islamischer Staatsoberhäupter und Regierungsvertreter sowie Dokumente islamischer Konferenzen bringen die veränderten Einschätzungen zum Ausdruck. So wurden ab 1991 Befürchtungen laut, die radikalen Veränderungen im Verhältnis zwischen Ost und West, die von Konflikt zu Kooperation geführt hätten, könnten zu einer Marginalisierung von Dritte-Welt-Staaten, darunter auch islamischen, führen:

> "Immediate consequences of these changes could be the marginalization of most of our countries as well as the limitation of possibilities for us to undertake joint diplomatic action, which we need today more than ever before for establishing a New World Order, so as to ensure that our preoccupations may be taken into account and our common interest preserved."[12]

War zunächst nur zurückhaltend auf die Erwartungen islamischer Länder hingewiesen worden, die zunehmenden Wirtschaftsbeziehungen zwischen ost- und westeuropäischen Staaten mögen keinen negativen Einfluß auf deren ökonomische Beziehungen zu islamischen Ländern haben, so wurde nun klar die Befürchtung ausgesprochen, daß das entstehende neue Europa möglicherweise wenig Interesse am Rest der Welt haben könnte.[13] Aus der Sicht islamischer Länder ist Westeuropa mit Osteuropa beschäftigt und sieht auch dort sein Hauptinteresse. Wirtschaftsbeziehungen und Finanzflüsse bewegen sich in die gleiche Richtung. OIC-Staaten äußern deshalb die Sorge, daß Wirtschaftsbeziehungen und Finanzen für bedürftige islamische Länder[14] sowie Entwicklungsprojekte in der islamischen Welt davon negativ berührt werden könnten. Mit der drohenden Gefahr der Marginalisierung sahen OIC-Staaten aber nicht nur wirtschaftliche Nachteile auf sich zukommen, sie befürchteten auch, politisch weiter ins Abseits zu geraten und ihre Interessen nur erschwert durchsetzen zu können.[15]

Aus dieser Erkenntnis leiteten die OIC-Staaten vor allem zweierlei ab: Erstens werden sich aus den Veränderungen im Ost-West-Verhältnis für sie selbst wie für Entwicklungsländer insgesamt kaum Verbesserungen ergeben. Sowohl das Nord-Süd-Verhältnis wie auch die internationalen Beziehungen werden unverändert ungerecht und undemokratisch bleiben. Daraus zogen sie zweitens die Schlußfolgerung, daß nur durch ihr eigenes kollektives Engagement, durch ihre aktive Mitwirkung an der Gestaltung der "neuen Weltordnung" der Versuch unternommen werden kann, diese unbefriedigende Situation zu ändern.

Bereits auf der sechsten islamischen Gipfelkonferenz im Dezember 1991 mahnte König Ḥusain von Jordanien zielstrebiges Engagement der islamischen Staaten an. Es sei dringend notwendig, die Welt und die Veränderungen in ihr zu verstehen sowie Platz und Rolle islamischer Staaten klar zu definieren. Trotz der grundlegenden Wandlungsprozesse in der Welt blieben die bisherigen Ungleichgewichte bestehen:

> "The new world order is still operating with the old instruments, disparity between the haves and the have-nots is still apparent, selectivity regarding human rights, democracy, and non-proliferation of nuclear weapons is still glaring."[16]

Nach wie vor gebe es Länder, die nicht in der Lage seien, Grundbedürfnisse ihrer Bevölkerung zu befriedigen, die mit schwierigsten Problemen allein gelassen würden, wie Umweltzerstörung, Naturkatastrophen, Hungersnöten und der Verbreitung von Drogen.[17]

Ebenfalls 1991 machte der World Muslim Congress in einem Memorandum an die 20. OIC-Außenministerkonferenz auf den zu erwartenden Charakter der internationalen Ordnung nach dem Ost-West-Konflikt aufmerksam. Präsident Bushs "neue Weltordnung" wird darin als "illusorisch" abgetan. Das tiefe Mißtrauen gegenüber westlicher, vor allem amerikanischer Politik wird mit einem Zitat des USA-Wissenschaftlers Noam Chomsky bekräftigt: "Looking towards the millenium, stands out the central message from the White House: 'We are masters and you shine our shoes'."[18]

Bis zur jüngsten Außenministerkonferenz im Dezember 1996 in Djakarta setzten sich die skeptischen Töne fort. Hier war zu hören, daß das Ende des Ost-West-Konflikts zwar zu neuen und hohen Erwartungen Anlaß gegeben habe, daß man gehofft habe, es könne eine von mehr Sicherheit, Frieden, Verständigung und Prosperität gekennzeichnete Welt entstehen. Die Erfahrungen der letzten Jahre hätten jedoch gezeigt, daß die Welt heute weder sicherer noch friedlicher noch prosperierender geworden sei.[19]

Auch diese Äußerung macht die Frustration deutlich, die inzwischen eingesetzt hat. Genugtuung, Hoffnung und Erwartung - die Vokabeln der Jahre 1989 und 1990 - sind einer skeptischen Sicht gewichen, die vor allem daraus resultierte, daß Hoffnungen auf einen weiterreichenden globalen Wandel, der - über die Ost-West-Beziehungen hinaus - auch das Nord-Süd-Verhältnis und die Gestaltung der internationalen Beziehungen berührt, sich aus islamischer Sicht zunächst nicht bestätigt haben. Für islamische Staaten macht sich der Charakter der internationalen Ordnung nach dem Ost-West-Konflikt in erster Linie an dem zwar modifizierten, aber doch fortbestehenden problematischen Nord-Süd-

Verhältnis fest. Den Kern sowie den Dreh- und Angelpunkt dieser Nord-Süd-Beziehung bildet aus muslimischer Sicht das islamisch-westliche Verhältnis.

Die Weltsicht der islamischen Staatengruppe nach dem Ende des Ost-West-Konflikts ist vorrangig - auch dies belegen die Dokumente der OIC - durch einige Schlüsselereignisse geprägt worden. Dazu zählen an vorderer Stelle der Konflikt in Bosnien-Herzegowina, der zunächst positiv aufgenommene und geförderte, inzwischen aber muslimische Erwartungen enttäuschende und stagnierende Friedensprozeß im Nahen Osten und letztendlich auch der den genannten beiden Problemfeldern zeitlich vorangehende zweite Golfkrieg. Alle drei Ereignisse haben aus muslimischer Sicht gezeigt, daß die neue Weltordnung für islamische Staaten zunächst wenig anderes gebracht hat als die alte, nämlich daß die Konstellationen Nord-Süd, islamisch-westlich nicht wesentlich verändert sind. Im Gegenteil, angesichts der schrecklichen Ereignisse, wie sie gerade in Bosnien geschehen sind - und Bilder davon waren in jedem muslimischen Haushalt, der über ein Fernsehgerät verfügt, und in jedem Kaffeehaus quer durch die islamische Welt zu sehen -, scheint ihnen manches sogar ungünstiger geworden sein. Das heißt für sie nicht notwendigerweise, daß sich das Nord-Süd- bzw. islamisch-westliche Verhältnis verschlechtert hat; es heißt eher, daß die Tragweite von Ereignissen, die dieses Verhältnis tangieren, größer geworden ist.

Einfluß auf die veränderten Sichtweisen im Rahmen der OIC hatten auch Fehlschläge, die sich islamische Staaten selbst zuschreiben mußten. Auch sie standen im Zusammenhang mit den genannten Schlüsselereignissen. Selbst angesichts von schwerwiegenden Problemen mußten sie ihr Unvermögen realisieren, effektiv, rasch und einig handeln zu können. Es war vor allem der Überfall Iraks auf Kuwait im August 1990, den die OIC als einen heftigen Rückschlag für ihre jahrzehntelangen Bemühungen um islamische Solidarität und friedliche Konfliktbeilegung zwischen ihren Mitgliedern empfand. Ihre Unfähigkeit, den Konflikt zwischen zwei ihrer Mitgliedsländer zu schlichten, stürzte sie in eine tiefe Krise, die sie nur allmählich überwand. Ihre bis heute harte Haltung gegenüber dem Irak, die Ablehnung der Lockerung der Sanktionen zugunsten der Lebenslage der Bevölkerung, sind deshalb auch Ausdruck ihrer Unzufriedenheit mit sich selbst.

Die zwei Seiten der "neuen Weltordnung"

Nach anfänglicher Hoffnung, gefolgt von Enttäuschung und Verunsicherung, setzte sich in der OIC mittlerweile eine Sicht auf die globalen Ereignisse durch, die die Entwicklungen nach dem Ost-West-Konflikt als äußerst widersprüchlich betrachtet. Islamische Staaten beziehen nun beide Seiten der "neuen Weltordnung" - positive und negative, Chancen und Gefahren - in ihre Überlegungen ein.

Das Ende des Ost-West-Konflikts sehen islamische Staaten nach wie vor als positiv und als Herausforderung an, das auch Chancen für weiterreichende Veränderung beinhaltet. Als positiv werteten und werten sie die Beendigung des Kalten Krieges, die Befreiung von kommunistischer Herrschaft und den globalen Trend zu Freiheit und Demokratisierung. Damit verbunden sahen und sehen sie wachsende Chancen für Abrüstung und Vertrauensbildung sowohl auf internationaler als auch auf globaler Ebene. Das veränderte politisches Klima hat ihrer Ansicht nach die Chancen für die Lösung von Konflikten auf dem Verhandlungsweg verbessert. Sie machen wachsende Möglichkeiten für einen kulturellen Dialog zwischen Nationen aus wie auch zunehmende Aufgeschlossenheit gegenüber religiös geprägten Inhalten. Sie sehen eine globale Tendenz zu wachsendem Multilateralismus, der auch die Rolle von internationalen und regionalen Organisationen erhöhen wird. Die Chance für eine Demokratisierung der internationalen Beziehungen halten islamische Staaten für gegeben.

Andererseits stellen OIC-Länder schwerwiegende gegenteilige Entwicklungen fest. Als Folge der internationalen Veränderungen sehen sie sich und die Gruppe der Entwicklungsländer insgesamt in einer Situation von Ungewißheit, unklarer Zukunft und wachsender Instabilität. Besondere Sorge bereiten ihnen die neu entstandenen Krisen und Konflikte: der Ausbruch von regionalen Krisen, von Bürgerkriegen und zwischenstaatlichen militärischen Auseinandersetzungen. Mit dem eskalierenden Konflikt in Bosnien-Herzegowina und Angriffen auf Ausländer in europäischen Staaten, darunter auch in Deutschland, sprachen sie von einem Wiederauftreten von Rassismus in Europa und seinen Ausprägungen in Gestalt von ethnischen Säuberungen und Fremdenfeindlichkeit. Gleichzeitig glauben sie Menschen in Europa in einer Identitätskrise, von der sowohl diejenigen betroffen seien, die sich dem Sozialismus entfremdet als auch diejenigen, die sich vom westlichen Kapitalismus abgewendet hätten. Für negativ in den internationalen Beziehungen halten sie die Anwendung von zweierlei Maß, den selektiven Umgang mit Staaten insbesondere durch den UNO-Sicherheitsrat, ebenso den Mißbrauch edler Zielsetzungen, wie der Durchsetzung von Menschenrechten und der Meinungsfreiheit, für ablehnenswerte politische Absichten.[20] Negativ zu Buche schlägt die Verschärfung der ökonomischen Ungleichheit. Dem industrialisierten Norden wird Gleichgültigkeit angesichts von Entbehrungen, Hunger und Tod im Süden vorgeworfen. All diese negativen und nachteiligen Folgen der globalen Veränderungen stellen aus Sicht islamischer Länder deren positiven Wirkungen ernsthaft in Frage.[21]

Zu den negativen Folgen rechnet die OIC auch das vom Westen verbreitete "wrong image of Islam"[22]. Für islamische Staaten existiert eine internationale, vom Westen initiierte und gesteuerte Kampagne zur Diffamierung des Islam.

Bereits auf der sechsten Gipfelkonferenz 1991 stellten islamische Länder Anzeichen dafür fest, daß zunehmend gerade Muslime als "Gegner von Fortschritt und Menschenrechten" gesehen werden.[23] Inzwischen betrachten islamische Staaten das von westlicher Seite propagierte unrichtige Islambild als einen der Haupthinderungsgründe für eine Verbesserung des westlich-islamischen Verhältnisses. Westliche Medien werden dafür verantwortlich gemacht, den Islam mit "Terrorismus, Extremismus und Gewalt"[24] sowie mit "Dogmatismus"[25] in Verbindung zu bringen. Ebenso werde der Islam beschuldigt, "Rückständigkeit, Stagnation und Tyrannei" zu fördern, sich gegen den menschlichen Fortschritt zu stellen und "individuelle und kollektive Freiheit" zu mißachten.[26] An die Stelle des verschwundenen Gegners Kommunismus setzten westliche Staaten nun den Islam, obwohl er keinerlei Gefahr für irgend jemand darstelle. Den Begriff eines westlichen "Feindbilds Islam" vermeiden die Dokumente der OIC. Kritik wird zurückhaltend formuliert; Vorwürfe und Verurteilungen unterbleiben weitgehend.

Muslimische Aktivitäten zur Mitgestaltung der Neuen Weltordnung

Ab 1991 wurden Stimmen laut, daß es nun an der Zeit sei, selbst Einfluß auf die Gestaltung der Weltordnung nach dem Ost-West-Konflikt zu nehmen. Ausgangspunkt waren einerseits Unzufriedenheit und Kritik an den internationalen Beziehungen, deren wenig demokratischer Charakter das Ende der Systemauseinandersetzung überdauert hatte. Andererseits wollten islamische Staaten angesichts der positiven Veränderungen zwischen Ost und West Wandlungsprozesse zum Positiven auch für sich selbst erreichen. Analysen des Generalsekretariats der OIC stellten fest, daß die internationale Situation im Fluß bleibt und daß die raschen Entwicklungen und sich herausbildenden Trends der sorgfältigen Beobachtung und des schnellen Reagierens seitens der OIC bedürfen. Mit der globalen "Welle der Demokratie und dem Geist der Freiheit"[27] sahen islamische Länder eine förderliche Atmosphäre für die friedliche Beilegung von Konflikten, die es auszunutzen galt und gilt. Das sich zu "Kooperation und strategischer Partnerschaft"[28] transformierende Ost-West-Verhältnis hielten sie für beispielhaft auch für andere Regionen. Der radikale Wandel, der zwischen den Großmächten gelungen war, sollte in den Problemgebieten der islamischen Welt nun ebenso möglich werden. Durch vereinte Anstrengungen hofften und hoffen islamische Länder Lösungen für das Palästinaproblem, den zweite Golfkrieg und seine Folgen, für Bosnien, Tschetschenien und andere Konflikte und Krisen, in denen Muslime Beteiligte und Betroffene sind, zu erreichen. Islamische Staaten einigten sich darauf, daß sicherheits- und vertrauensbildende Maßnahmen regional wie global Priorität haben müssen. Islamische Staaten sollten sich sowohl innerhalb der islamischen

Staatengruppe als auch international in die entsprechenden Mechanismen aktiv einbringen.[29]

Die OIC-Mitgliedsländer entfalteten eine Reihe von Aktivitäten, um dieses Ziel zu erreichen. Augenfällig wurden vor allem ihre Initiativen, im Krieg in Bosnien-Herzegowina internationale Unterstützung für die muslimische Kriegspartei zu erlangen. Aus ihrem Selbstverständnis heraus, Interessenvertreterin von Muslimen weltweit zu sein, setzte sich die OIC für die Aufhebung des Waffenembargos und für militärische Hilfeleistungen zugunsten der bosnischen Muslime ein. Zwei außerordentliche Außenministerkonferenzen suchten im Jahr 1992 nach einer Lösung. Eine Bosnien-Kontaktgruppe der OIC wurde gegründet, verfolgte den Kriegsverlauf und regte Unterstützungsmaßnahmen an. Sie arbeitete eng mit der internationalen Bosnien-Kontaktgruppe zusammen. Islamische Staaten bemühten sich, mit ihren Vorstößen zugunsten der bosnischen Muslime im Rahmen des UNO-Regelwerks und der UNO-Resolutionen zu bleiben und dies auch deutlich zu machen. Neben ihrem Engagement für Bosnien versuchte die OIC, in Afghanistan zwischen den Konfliktparteien zu vermitteln. Erfolgreich war sie hinsichtlich des Konflikts zwischen der MORO-Befreiungsfront und der philippinischen Regierung auf Mindanao. Hier konnte unter der Ägide von OIC-Staaaten, vor allem Indonesiens, eine Verhandlungslösung erreicht werden.[30]

Angesichts der Abrüstungsvereinbarungen zwischen den Großmächten stand der Gedanke der Abrüstung und Vertrauensbildung seit der 18. Außenministerkonferenz 1989 - sie fand in Riad statt - auf der Tagesordnung islamischer Zusammenkünfte. Bereits die 19. Außenministerkonferenz sprach sich für die Vernichtung sämtlicher Massenvernichtungswaffen - von Nuklear-, chemischen und biologischen Waffen - aus, für das Verbot der Entwicklung neuer Arten von Massenvernichtungswaffen und für die Demilitarisierung des Weltraums. Die 20. Außenministerkonferenz im August 1991 in Istanbul verpflichtete die OIC-Mitgliedsstaaten, sich für entsprechende Verhandlungen in der UNO einzusetzen. Die 21. Konferenz islamischer Außenminister sprach sich für die Einrichtung einer massenvernichtungswaffenfreien Zone im Nahen Osten aus. Die in Karatschi stattfindende Konferenz hob - vor allem angesichts pakistanischer Nuklearambitionen - gleichzeitig das Recht aller Staaten auf die friedliche Nutzung der Kernenergie hervor. Weitere Konferenzen forderten die Etablierung kernwaffenfreier Zonen neben dem Nahen Osten auch für Afrika und Südasien. Es handelt sich hierbei um ein Thema, das bereits seit 1976 von allen islamischen Konferenzen angesprochen wurde. Gleiches gilt für die Forderung nach Sicherheit für nichtkernwaffenbesitzende Staaten. Islamische Länder erklärten, daß der Nichtweiterverbreitung von nuklearen und sonstigen Massenvernichtungswaffen Priorität zukommen muß. Mit Blick auf die Ungleichbehandlung nuklearer Ambitionen durch internationale Gremien - israelische und indische Kernwaffen werden toleriert, die pakistanische "islamische

Bombe" gilt dagegen als gefährlich - forderten islamische Staaten die Verhandlung dieses Themas durch die internationale Gemeinschaft "auf einer universalen und nichtdiskriminierenden Basis"[31]. Breite Aufmerksamkeit mißt die OIC der regionalen militärischen Balance zu. Ihre Forderungen nach "kollektiver Sicherheit" zielen - nach dem Vorbild der Großmächte - auf Abrüstung und Vertrauensbildung durch sinkende Zahlen an Waffensystemen und Streitkräften bei allen beteiligten Seiten.[32]

In der Praxis hat das Fortdauern bestehender und die Entstehung neuer Konflikte bisher weder zu Abrüstung noch zu Vertrauensbildung in den Regionen, zu denen islamische Länder gehören, geführt. Wie der Überfall Iraks auf Kuwait und der Krieg zwischen Iran und Irak - weniger krasse Beispiele ließen sich ergänzen - zeigen, sind darüber hinaus nicht alle islamischen Staaten frei von aggressiven Absichten, dem Streben nach regionaler Dominanz oder egoistischen nationalen Interessen. Ihre Ernsthaftigkeit, Abrüstungsforderungen auch selbst nachkommen zu wollen, wird sich in der Praxis erst erweisen müssen.

Islamische Länder messen internationalen und regionalen Organisationsformen große und wachsende Bedeutung bei. Die OIC, aber auch die UNO und andere internationale und regionale Organisationen sollen aufgewertet werden, um wachsender globaler Interdependenz Rechnung zu tragen und Chancen für internationale Koordinierung und Kooperation besser zu nutzen. Die bestehenden Organisationen werden als geeignete Institutionen für zunehmende Kooperationsbeziehungen angesehen. Sie sollen jedoch nach OIC-Meinung auf die in ihren Grundsatzdokumenten verankerten Prinzipien zurückgeführt werden. Insbesondere die UNO-Charta halten islamische Staaten für ein geeignetes Dokument, das den Rahmen und die Grundlage für gegenseitig vorteilhafte, partnerschaftliche internationale Beziehungen und damit für eine gerechte neue Weltordnung bilden kann. OIC-Aktivitäten sind demzufolge darauf gerichtet, Prinzipien der UNO-Charta Geltung zu verschaffen. Angesichts der negativen Seiten, die sie in den vorhandenen internationalen Beziehungen sehen, sind es vorrangig die Prinzipien der Gleichheit, der Selbstbestimmung, der friedlichen Streitbeilegung, der Nichtanwendung von Gewalt und der Nichteinmischung in die inneren Angelegenheiten von Staaten, auf deren Befolgung sie Wert legen. Mit Blick auf die Politik westlicher Staaten und den von den USA dominierten Sicherheitsrat heißt es in diesem Zusammenhang weiter: "These principles should be upheld and applied, universally, and not selectively, so that, no single nation, or a group of nations, is allowed to establish hegemony or domination, over others."[33]

Angesichts fortschreitender Globalisierung und damit verbundener wachsender Interdependenz stellen islamische Länder Überlegungen an, wie sich ihr Verhältnis zu den westlichen Staaten, deren Streben nach Aufrechterhaltung ihrer internationalen Dominanz sie kritisieren, gestalten soll. Mahnt der Westen die Demokratisierung islamischer Gesellschaften an, so fordern islamische Länder die Demokratisierung der internationalen Beziehungen ein. Für den undemokratischen Charakter der Weltordnung, der den meisten islamischen Staaten die partnerschaftliche Mitwirkung und Interessenwahrnehmung verwehrt, machen islamische Regierungen westliche Staaten und deren Politik zum eigenen Vorteil verantwortlich. Trotzdem kommen sie zu dem Schluß, daß es keine Alternative zum Dialog auch mit westlichen Ländern gibt: "The task of managing this increasingly interdependent world requires all countries to act in concert and genuine partnership. Therefore we can see no alternative to an engagement with the North in a constructive dialogue, but this dialogue should be launched on a fundamentally new basis", die von "mutual respect, common interest and benefits and shared responsibility" bestimmt sein soll.[34]

Als wesentliches Hindernis für eine Verbesserung des Verhältnisses zum Westen, aber auch als wichtigen Ansporn für einen Dialog sehen islamische Staaten das vom Westen verbreitete unrichtige Islambild an. Sie wollen der unrealistischen, diffamierenden Darstellung des Islam durch eine umfassende Gegenkampagne zur Richtigstellung des wahren Charakters des Islam begegnen.[35] Diese Informations- und Aufklärungskampagne islamischer Staaten stellt Grundaussagen von Koran und Sunna in den Mittelpunkt, die Aufschluß geben sollen über den Charakter des Islam; Gerechtigkeit, friedliche Koexistenz und Toleranz sind hier die am häufigsten erläuterten Termini. Die tatsächlichen Gegebenheiten in islamischen Ländern stehen nicht zur Debatte; propagiert wird das Ideal. Mittel sind Konferenzen, Publikationen und die Nutzung der Medien.

Diese Kampagne ist eng verwoben mit daʿwa-Aktivitäten, mit der Propagierung des Islam. Gerade osteuropäische Staaten, in denen islamische Länder nach dem Ende des Ost-West-Konflikts ideologische Verwirrung und Leerräume erwarteten, wurden zum Schauplatz zahlreicher Aktivitäten. Die muslimische Bevölkerung dieser Länder sollte in ihrem Gedankengut gefestigt werden, anderen wurde der Islam zur weltanschaulichen Orientierung angeboten.

Daneben hat die OIC Konferenzen zu islamischen Themen auf allen Kontinenten abgehalten, inzwischen wird zu regionalen Konferenzen übergegangen, wobei spezifische regionale und lokale Gegebenheiten einbezogen werden, um eine bessere Verständigung und damit ein besseres Erreichen und Überzeugen der Menschen zu erzielen.

Die Korrektur des unrichtigen Islambildes und die Propagierung des Islam greifen hier eng ineinander. Auch muslimischen Minderheiten in nichtislamischen Staaten, darunter gerade den westlichen, ist eine Rolle dabei zugedacht: Sie sollen jegliche Ghettoisierung vermeiden, sondern statt dessen in guter Nachbarschaft mit Nichtmuslimen und unter aktiver Teilnahme an aktuellen Diskursen den Islam vorleben. Ihnen wird vorgeschlagen, für welche Ziele sie sich einsetzen sollen: für saubere Umwelt, nachhaltige Entwicklung, Zivilgesellschaft, sichere Nachbarschaft, solidarische Gemeinschaft, für die Verwirklichung ethischer Prinzipien, für Bildung, wirtschaftliche Stärke und interreligiöse Harmonie.[36]

Islamische Länder schenken Europa als bedeutendem und geographisch am nächsten liegendem Teil des Westens besondere Aufmerksamkeit. Entsprechend groß war und ist ihr Interesse an den Veränderungsprozessen, die sich mit dem Ende des Ost-West-Konflikts in Ost- und Mitteleuropa ergaben. Die sich herausstellende Tragweite dieser Ereignisse veranlaßte die OIC 1994 dazu, ein Reflection Committee zu gründen, das die Entwicklungen verfolgen, deutlich werdende Trends auswerten und zum raschen Reagieren auf Veränderungen befähigen sollte.[37] Islamische Länder machten sich so ein Bild von den politischen, ökonomischen und sozialen Folgen in Europa. Als zentrale Frage stellte sich für sie dar, welchen Einfluß die Veränderungen auf das gegenseitige Verhältnis haben würden. Sie beobachteten, wie osteuropäische Staaten versuchten, ihre politische und wirtschaftliche Situation zu stabilisieren, enge Beziehungen zu westlichen Ländern herzustellen und bemüht waren, sich in westliche Wirtschafts- und Sicherheitsarrangements zu integrieren. Westeuropa sahen sie sicherheitspolitisch vor anderen Herausforderungen als zu Zeiten des Warschauer Pakts; sie hielten demzufolge dort eine Reorientierung für im Gange, die auch die NATO erfaßte. Sie verfolgten die Ereignisse der "Revolutionen in den ost- und zentraleuropäischen Ländern von 1989 für Pluralismus, Demokratie und Marktwirtschaft", als deren prominentestes Ergebnis sie die Veränderung der politischen Landschaft in Europa betrachten.[38]

Für islamische Staaten ergab sich nun die Notwendigkeit, ihr Verhältnis zu den osteuropäischen Ländern neu zu definieren. Während das Verhältnis zu den westlichen Staaten im wesentlichen durch die Konstellationen des Nord-Süd-Konflikts bestimmt wurde, hofften islamische Länder, die Veränderungsprozesse in Osteuropa könnten zu besseren Beziehungen zwischen osteuropäischen und islamischen Staaten führen. Sie betonten deshalb wiederholt ihre Absicht, Freundschaft und Zusammenarbeit zu diesen herzustellen.

Unmittelbar nach dem Ende des Ost-West-Konflikts brachten die OIC-Dokumente den Wunsch zum Ausdruck, die osteuropäischen Länder mögen an ihrer Unterstützung für "just Arab and Islamic causes" - an erster Stelle steht dabei das Palästina- und Jerusalemproblem - festhalten.[39] Diese Formulierung ist durchaus bemerkenswert, denn während der jahrzehntelangen politischen Unterstützung realsozialistischer Länder für arabische und islamische Staaten ist diese - im Rahmen von OIC-Konferenzen - mit keinem Wort gewürdigt oder auch nur erwähnt worden. Erst zum Zeitpunkt des Zusammenbruchs des sozialistischen Weltsystems brachten islamische Staaten die Sorge zum Ausdruck, daß die bisher vorhandene politisch-diplomatische Unterstützung und andere Hilfeleistungen sozialistischer Staaten für Entwicklungsländer nun wegfallen könnten.

Diese Formulierung taucht nur auf den Außenministerkonferenzen der Jahre 1990 und 1991 auf. In der Folgezeit wird von osteuropäischen und westlichen Ländern "in einem Atemzug" gesprochen; sie werden in den gleichen Kontext gestellt. Sie bilden aus islamischer Sicht nun eine Einheit mit nahezu gleichen Interessen und gleichgearteter Politik der restlichen Welt gegenüber. Zwar wiederholen OIC-Dokumente den Wunsch nach partnerschaftlichen Beziehungen, doch eine selbständige Politik politisch und wirtschaftlich geschwächter osteuropäischer Staaten erwarten islamische Länder kaum mehr. Auch in diesem Zusammenhang kamen sie zu der Erkenntnis, daß Weltpolitik aus Richtung Westen bestimmt werde.

Osteuropäische Länder werden in OIC-Dokumenten seither vor allem in Verbindung mit muslimischen Minderheiten gebracht. War die Lage der Muslime in Bulgarien bereits Gegenstand von Erörterungen und Maßnahmen im Rahmen der OIC vor 1989 gewesen, so traten nun neue Aktivitäten hinzu. Bereits die Außenministerkonferenz 1991 entschied sich dafür, zukünftig die Situation muslimischer Bevölkerung in osteuropäischen Ländern zu studieren, um daraus Unterstützungsmaßnahmen ableiten zu können.[40] Die OIC nahm die freieren Bedingungen für Muslime in osteuropäischen Staaten zwar zur Kenntnis; wie an alle Länder, die muslimische Gemeinschaften beherbergen, ergeht an sie jedoch regelmäßig die Aufforderung, die Identität von Muslimen zu achten und zu fördern und ihnen das Recht zu garantieren, ihre Religion, Sprache und Kultur frei zu praktizieren.[41]

Mit Aufmerksamkeit verfolgten islamische Länder die Entwicklungen im Süden der sich auflösenden Sowjetunion. Dort setzte der Zerfall der Sowjetunion selbständige Staaten mit islamisch geprägter Bevölkerung frei. Bereits ab 1990 nahm die OIC zu diesen Kontakt auf und lud sie zu ihren Konferenzen ein. Neben den Ambitionen islamischer Nachbarländer, wie der Türkei und Irans, mit den neuen Staaten enge Beziehungen aufzubauen und sie in ihren Einflußbereich zu ziehen, gab es ein gemeinsames Interesse der islamischen Staatengruppe, die sechs neu entstandenen islamischen Republiken Turkmenistan, Tadschikistan, Usbekistan, Kasachstan, Aserbaidschan und Kyrgysstan in die islamische Gemeinschaft aufzunehmen. Diese dehnte sich dadurch geographisch weiter aus; die neuen Mitgliedsländer sollten in ihrer islamischen Prägung gefestigt werden. Für diese Ziele und aus ihrem Selbstverständnis heraus, islamische Solidarität gegen jegliches Hindernis durchsetzen zu wollen, nahm die OIC in Kauf, neben Vorteilen zusätzliche Probleme und Konfliktherde in ihre Reihen zu integrieren.

Betrachtet man die Reaktionen der islamischen Staatengruppe auf das Ende des Ost-West-Konflikts und seine Folgen, so wird vor allem deutlich: Islamische Länder verstehen sich als Mitglieder der internationalen Staatengemeinschaft. Sie integrieren sich in internationale Organisationen und wollen gleichberechtigte Partner in dem von westlichen Staaten dominierten internationalen System sein. Die OIC dient ihnen als Forum zur Verständigung und Koordinierung. Mit gemeinsam formulierten Positionen wollen sie ihr internationales Gewicht erhöhen. Im Zusammenhang mit den globalen Veränderungsprozessen seit 1989 ist es ihre Absicht zu demonstrieren, daß sie den Zeitgeist erfaßt haben, sich selbst als Teil der neuen Weltordnung betrachten und gewillt sind, eine aktive Rolle bei deren Gestaltung zu spielen.

Ob und in welchen Zeitläufen ihnen das gelingen wird, bleibt allerdings abzuwarten.

Anmerkungen

1 Vgl. Abdullah al-Ajsan, OIC. The Organization of the Islamic Conference (An Introduction to an Islamic Political Institution), Herndon (Virginia) 1988; Noor Ahmad Baba, Organisation of Islamic Conference. Theory and Practice of Pan-Islamic Cooperation, New Delhi 1994; Ellinor Schöne, Islamische Solidarität. Geschichte, Politik, Ideologie der Organisation der Islamischen Konferenz (OIC) 1969 - 1981, Berlin 1997, m.w.N.

2 Die Charta der OIC gibt keine Kriterien für die Mitgliedschaft vor. Aufschlußreich in diesem Zusammenhang sind die Ausführungen von Mohamed al-Sayyed Selim, Die diplomatischen Beziehungen zwischen den islamischen Staaten. In: Ad-Diblúmásí (1987) 9, S. 25-31, hier: S. 27.

3 Vgl. Michail Gorbatschow, Perestroika. Die zweite russische Revolution. Eine neue Politik für Europa und für die Welt, München 1987, insbesondere S. 169-332: Das neue Denken und die Welt; Michail Gorbatschow, Meine Vision. Die Perestroika in den neunziger Jahren, München 1990, insbesondere S. 91 - 152: Schritte zur solidarischen Weltgemeinschaft; Vadim Sagladin, Und jetzt Welt-Innenpolitik. Die Außenpolitik der Perestroika, Rosenheim 1990; Hannes Adomeit u.a. (Hg.), Die Sowjetunion unter Gorbatschow. Stand, Probleme und Perspektiven der Perestrojka, Stuttgart u.a. 1990; Michail Gorbatschow u.a., Das Neue Denken. Politik im Zeitalter der Globalisierung, München 1997.

4 Zit. in: Muhammad S. Abdullah (Hg.), Islamische Stimmen zum Dialog, Köln 1981, S. 10f.

5 Eine Ausnahme stellte Bulgarien dar. Hier gelang es der OIC, sich für die Belange muslimischer Bevölkerungsteile eines realsozialistischen Landes zu engagieren. Es muß jedoch festgestellt werden, daß sie in diesem Falle bereits von dem in Osteuropa einsetzenden politischen Wandel profitierte. Während der achtziger Jahre stand die Erörterung der Lebenslage der muslimischen Bevölkerungsteile Bulgariens wegen offensichtlicher Menschenrechtsverletzungen regelmäßig auf den Tagesordnungen islamischer Außenministerkonferenzen. Kurz vor dem Ende des Ost-West-Konflikts erreichte die Kampagne der zwangsweisen Bulgarisierung der ihrer ethnischen Herkunft nach türkischen Bevölkerung Bulgariens ihren Höhepunkt. Die OIC

entfaltete eine Reihe von Aktivitäten, um die bulgarische Regierung zu einem Ende dieser Politik zu bewegen und um die Lage von Hunderttausenden geflohenen Bulgaren in türkischen Flüchtlingslagern zu erleichtern.

6 So eingeschätzt in einem Bericht des OIC-Generalsekretärs Hamid al-Gabid an die 18. Außenministerkonferenz im März 1989 in Riad. Der Bericht nimmt Stellung zu globalen und regionalen Ereignissen und Prozessen, die als relevant für islamische Staaten betrachtet werden. Vgl. ICFM/18-89/SG/Rep., hier: S. 2 - 6.

7 Vgl. ebenda, S. 3-4, 7-15.

8 So formuliert in der Dakar-Deklaration, die am Schluß der 6. Gipfelkonferenz der OIC 1991 verabschiedet wurde, vgl. Dakar Declaration, Sixth Islamic Summit Conference (Session of al-Quds al-Sharif, Concord and Unity), 9-11 December 1991 (IS/6-91/DKR.DEC/FINAL), S. 3. Die OIC setzt sich seit ihrer ersten Gipfelkonferenz 1969 für eine gerechte und dauerhafte Lösung des Palästinaproblems ein. Als Hauptforderungen arabischer und mit ihr solidarischer islamischer Staaten gelten die Anerkennung der Rechte der Palästinenser und der PLO als der einzigen legitimen Vertreterin des palästinensischen Volkes, die Rückgabe aller 1967 besetzten Gebiete, einschließlich Ost-Jerusalems, die Gründung eines selbständigen Staates Palästina mit al-Quds aš-Šarīf als seiner Hauptstadt. Der Begriff des *ǧihād*, seit 1981 für das Engagement islamischer Staaten hinsichtlich des Palästinaproblems gebräuchlich und als angemessen angesehen, wurde 1991 nach Beginn des Friedensprozesses nicht erneuert. Zwar hielt man an sämtlichen Forderungen fest und bezeichnete dies als wichtigstes Anliegen der gegenwärtigen muslimischen Generation. Man vermied jedoch den Begriff *ǧihād*, was ein Zerwürfnis mit ᶜArafāt auf der 6. islamischen Gipfelkonferenz hervorrief, um - so die Begründung - mit dem für Israel und den Westen mißverständlichen Terminus "Heiliger Krieg" den Friedensprozeß nicht zu gefährden.

9 ICFM/18-89/SG/Rep., S. 4.

10 Vgl. United Nations-Doc. A/45/421, S/21797, 20. September 1990, S. 171. OIC-Dokumente werden teilweise auch als UNO-Dokumente veröffentlicht. Entspricht der Resolution No. 36 der 19. Außenministerkonferenz der OIC, die vom 31. Juli bis zum 5. August 1990 in Kairo stattfand; ebenso Resolution No. 19/20-P (der 20. Außenministerkonferenz 1990) on Current Developments Taking Place in the World, Especially in Eastern and Central Europe and their Effects on the Islamic World (ICFM/20-91/ PIL/REP:/FINAL), S. 54.

11 Vgl. neben den Dokumenten des 6. Gipfels insbesondere den Rückblick auf die Einschätzungen dieser islamischen Gipfelkonferenz durch den OIC-Generalsekretär: Report of the Secretary General on Developments Taking Place in the World, Especially in Eastern and Central Europe and Other Regions, Their Impact on the Role of the OIC, to the 22nd Islamic Conference of Foreign Ministers, Morocco, 13-14 December 1994 (ICFM/22-94/PIL/D.11), S. 3.

12 Opening Speech of H.E. Mr. Abdou Diouf, President of the Republic of Senegal, Sixth Islamic Summit, S. 5; vgl. ebenso Bericht des Vorsitzenden der 6. islamischen Gipfelkonferenz (und damit Vorsitzender der OIC bis zum darauffolgenden Gipfel), Abdou Diouf, an die 7. Gipfelkonferenz 1994, (IS/7-94/CH-IS/Rep.1), S. 21.

13 Vgl. Opening Speech of H.E. Mr. Abdou Diouf, President the Republic of Senegal, Sixth Islamic Summit, S. 5.

14 Zwei Drittel aller *least developed countries* weltweit sind Mitglieder der OIC.

15 Vgl. Opening Speech of H.E. Mr. Abdou Diouf, President the Republic of Senegal, Sixth Islamic Summit, S. 5.

16 Address by His Majesty King Hussein I. at the Islamic Summit of the OIC, Dakar, 9 - 12 December 1991, S. 4.

17 Vgl. ebenda, S. 4 - 5.

18 Memorandum to the 20th Annual Session of the Islamic Conference of Foreign Ministers at Istanbul, 4 - 8 August 1991, Presented by the World Muslim Congress, S. 8.

19 Vgl. Address by President Soharto of the Republic of Indonesia at the Opening of the 24th Islamic Conference of Foreign Ministers, Jakarta, 9 Dec. 1996, S. 4.

20 Die Dokumente spielen in diesem wie in ähnlichen Zusammenhängen u.a. auf die Rushdie-Affäre an. Aus muslimischer Sicht hat der Westen aus falsch verstandener Meinungsfreiheit die tiefe Verletzung von Gefühlen von Muslimen in Kauf genommen und gerechtfertigt.

21 Zu der Sicht auf beide Seiten der neuen Weltordnung vgl. u.a. die Resolution No. 17/7-P(IS) On Developments Taking Place in the World, Especially in Eastern and Central Europe and Other Regions and Their Impact on the Role of OIC, angenommen auf der siebten Gipfelkonferenz (IS/7-94/PIL/RES:FINAL), S. 50, ebenso Statement by H.E. Dr. Ali-Akbar Velayati, Minister for Foreign Affairs of the Islamic Republic of Iran Before the 21st Islamic Conference of Foreign Ministers, Karachi, 25 April 1993, S. 1 - 2. Zur wachsenden Rolle der UNO und anderer internationaler und regionaler Organisationen vgl. auch Statement by H.E. Mr. Ali Alatas, Minister for Foreign Affairs of the Republic of Indonesia at the 21st Islamic Conference of Foreign Ministers, Karachi, 25 - 29 April 1993, S. 2.

22 Final Report of the Second Meeting of the Group of Governmental Experts on the Ways to Correct the Image of Islam in the Outside World, Jeddah, 9 - 10 October 1995 (OIC/IMG-ISL/2-95/Rep.1/Final), S. 3.

23 Vgl. Address by His Majesty King Hussein I. at the Islamic Summit of the OIC, Dakar, 9 - 12 December 1991, S. 5.

24 Final Report of the Second Meeting of the Group of Governmental Experts on the Ways to Correct the Image of Islam in the Outside World, Jeddah, 9 - 10 October 1995 (OIC/IMG-ISL/2-95/Rep.1/Final), S. 3.

25 Report of the Chairman of the 23rd Islamic Conference of Foreign Ministers Submitted to the 24th Islamic Conference of Foreign Ministers, Jakarta, 9 - 13 December 1996 (ICFM/24-96/CH-REP.1), S. 4.

26 Final Report of the Second Meeting of the Group of Governmental Experts on the Ways to Correct the Image of Islam in the Outside World, Jeddah, 9 - 10 October 1995 (OIC/IMG-ISL/2-95/Rep.1/Final), S. 3.

27 Statement of H.E. Mr. Muhammad Nawaz Sharif, Prime Minister of the Islamic Republic of Pakistan at the Sixth Islamic Summit, Dakar, 10 December 1991, S. 10.

28 Report of the Secretary General on Disarmament Issues to the 22nd Islamic Conference of Foreign Ministers, 13 - 14 December 1994, (ICFM/22-94/PIL/D.16), S. 4 .

29 Vgl. Report of the Secretary General on Developments Taking Place in the World, Especially in Eastern and Central Europe and Other Regions, Their Impact on the Role of the OIC, to the 22nd Islamic Conference of Foreign Ministers, Morocco, 13 - 14 December 1994, (ICFM/22-94/PIL/D.11), S. 4.

30 Vgl. u.a. die Zusammenfassung der OIC-Aktivitäten in dem Report (des Generalsekretärs der OIC) on the Activities of the Political Department of the OIC, der dem ersten Treffen der Group of Eminent Personalities 1995 in Dschidda vorgelegt wurde (OIC/POL/ARA/EP-95), zu Bosnien vgl. S. 15-32, zu Afghanistan S. 33-44, zu Jammu und Kashmir S. 45-55, zu den Folgen der irakische Invasion in Kuwait

S. 56-60. Zu den OIC-Aktivitäten zur Unterstützung der bosnischen Muslime vgl. auch Report of the Secretary General on the Situation in Bosnia-Herzegovina to the 24th Islamic Conference of Foreign Ministers, Jakarta, 9 - 13 December 1996 (ICFM/24-96/PIL/D.1/Rev.1). Zu den Friedensvereinbarungen auf den Philippinen vgl. u.a. Report of the Chairman of the 23rd Islamic Conference of Foreign Ministers Submitted to the 24th ICFM, Jakarta, 9 - 13 December 1996 (ICFM/24-96/CH-REP.1), S. 4.

31 Report of the Secretary General on Disarmament Issues to the 22nd Islamic Conference of Foreign Ministers, Morocco, 13 - 14 December 1994 (ICFM/22-94/PIL/D.16), S. 5.

32 Vgl. Report of the Secretary General on Disarmament Issues to the 22nd Islamic Conference of Foreign Ministers, Morocco, 13 - 14 December 1994 (ICFM/22-94/PIL/D.16), S. 5, 10-11.

33 Statement of H.E. Mr. Muhammad Nawaz Sharif, Prime Minister of the Islamic Republic of Pakistan at the Sixth Islamic Summit, Dakar, 10 December 1991, S. 8.

34 Statement by H.E. Mr. Ali Alatas, Minister for Foreign Affairs of the Republic of Indonesia at the 21st Islamic Conference of Foreign Ministers, Karachi, 25 - 29 April 1993, S. 13.

35 Vgl. Final Report of the Second Meeting of the Group of Governmental Experts on the Ways to Correct the Image of Islam in the Outside World, Jeddah, 9-10 October 1995 (OIC/IMG-ISL/2-95/Rep.1/Final).

36 Vgl. den Bericht des OIC-Generalsekretärs über da'wa-Aktivitäten an die 23. islamische Außenministerkonferenz 1995 in Conakry/Guinea (ICFM/23-95/DW, D. 1), S. 11.

37 Es tagte u.a. am 1. Februar 1994 in Dschidda. Zu den Einschätzungen der internationalen Lage auf dieser Tagung vgl. Report of the Secretary General on the Meeting of the Reflection Committee in the Face of the New Developments in the International Situation Especially in Central and Eastern Europe and Other Regions to the 22nd Islamic Conference of Foreign Ministers, Kingdom of Morocco, 13-14 December 1994 (ICFM/22-94/PIL/D.11, ANNEX-I: RC/2-94/REP. 2). Die vierte Zusammenkunft fand am 18. September 1996 in Dschidda statt. Vgl. Document-No. ICFM/24-96/PIL/D.11.

38 Vgl Report of the Secretary General on Disarmament Issues to the 22nd Islamic Conference of Foreign Ministers, Morocco, 13 - 14 December 1994 (ICFM/2294/PIL/D.16), S. 3.

39 Vgl. United Nations Doc. A/45/421, S/21797, 20. September 1990, S. 171; ebenso Resolution No. 19/20-P (der 20. Außenministerkonferenz 1991) on Current Developments Taking Place in the World, Especially in Eastern and Central Europe and their Effects on the Islamic World (ICFM/20-91/ PIL/REP:/FINAL), S. 54.

40 Vgl. Resolution No. 32/20-P on Islamic Communities in Non-OIC Member States (ICFM/20-91/PIL/REP:/FINAL), S. 83.

41 Vgl. dazu u.a. Final Communique of the 24th Session of the Islamic Conference of Foreign Ministers, Jakarta, 9 - 13 December 1996 (ICFM/24-96/FC.1/FINAL), S. 23.

Europa als Gegner, Vorbild, Partner? Sichtweisen eines marokkanischen Wissenschaftlers und Politikers über mehrfache Zäsuren in drei Jahrzehnten

Steffen Wippel

Gegenstand der Untersuchung

Globalisierung der Wirtschaft und Regionalisierung von Wirtschaftsbeziehungen gehen Hand in Hand.[1] Die weltwirtschaftlichen Pole der sog. Triade suchen sich darüber hinaus Kooperationspartner in ihrem weniger entwickelten regionalen Umfeld. Aber nicht nur die wirtschaftspolitische Diskussion hat das Augenmerk auf das "Öffnen" und "Schließen" von Grenzen, auf Tendenzen globaler "Homogenisierung" und erneuter "Heterogenisierung" gelenkt, sondern auch und gerade die kulturwissenschaftliche Globalisierungsdebatte beschäftigt sich mit dem Phänomen von kultureller "Aneignung" und damit verschränkter "Abgrenzung" in Bezug auf Weltbilder, Wertvorstellungen und Verhaltensweisen.[2]

Seit mehr als drei Jahrzehnten ist Marokko der Europäischen Gemeinschaft über mehrere Abkommensgenerationen hinweg verbunden. In den achtziger Jahren stellte das Land sogar ein offizielles Beitrittsersuchen an die EG, das jedoch europäischerseits umgehend mit Hinweis auf die geographische Begrenzung der Gemeinschaft zurückgewiesen wurde.[3] Die Annäherung an die EG/EU als Teil des Globalisierungsprozesses umfaßt nicht nur wirtschaftliche, sondern auch politische und kulturelle Komponenten. So erweiterten sich zum einen die ursprünglich rein handelspolitisch angelegten Vertragsbeziehungen um weitere, auch außerökonomische Kooperationsfelder. Die Beziehungen zu Europa und der offiziell verfolgte Wunsch nach weiterer Annäherung haben zum andern auch Einfluß auf bestehende wirtschaftliche Verhaltensweisen, die i. d. R. kulturell geprägt sind, und auf das historisch gewachsene politische und administrative System - oft werden solche mit der wirtschaftlichen Zusammenarbeit einhergehenden kulturellen und gesellschaftlichen Prozesse heftig herbeigesehnt, häufig aber auch vehement abgelehnt. Historische Schnitt- und Wendepunkte unterschiedlichen Ausmaßes und auf unterschiedlichen Ebenen können erheblich zum Wandel der Beziehungen und der Einstellungen dazu beitragen.

Wie sehen nun Marokkaner selbst ihr Verhältnis zu Europa? In welchen größeren räumlichen, wirtschaftlichen, politischen oder kulturellen Einheiten verorten sie ihr Land in seinen unterschiedlichen gesellschaftlichen Dimensionen? Marokko verfügt in der arabischen Welt über eine relativ lange und pluralistische Tradition im Parteienwesen[4] und hat in den letzten Jahren weitere erhebliche Fortschritte in Richtung auf Demokratie und pluralistische Gesellschaft unternommen. Gerade der sehr auf Integration mit Europa bedachte König Ḥasan II bemüht sich, damit entsprechenden Anforderungen der Europäer entgegenzukommen.[5] Die geistige Wahrnehmung und Verarbeitung der Annäherung an Europa durch politische Parteien, die an der öffentlichen Meinungs- und Willensbildung teilhaben, ist daher von besonderem Interesse.

Eine der einflußreichsten und dem westlichen Modell von politischen Strömungsparteien am nächsten kommenden politischen Organisationen ist die "Union Socialiste des Forces Populaires" (USFP), die bis 1997 eine zentrale Kraft der Opposition darstellte. Zahlreiche Wissenschaftler des Landes stehen dieser Partei nahe oder bekleiden politische Funktionen in ihr. Viele von ihnen, die sich auch intensiv mit dem Verhältnis zu Europa auseinandersetzen, wurden, als die USFP nach den Parlamentswahlen im November 1997 als stärkste Partei erstmals mit der Regierungsbildung beauftragt wurde, für ministrabel gehalten und einige auch tatsächlich mit einem Regierungsamt betraut.[6]

Im folgenden soll das wissenschaftliche Werk von Fathallah Oualalou (Fatḥallāh Walaʿlū), einem der renommiertesten Ökonomen und Politiker Marokkos, der im März 1998 die Leitung des Wirtschafts- und Finanzministeriums übernahm, untersucht werden. Oualalou 1942 in Rabat geboren, war schon während seines Schulbesuchs politisch in der UNFP (Union Nationale des Forces Populaires) aktiv.[7] Auf sein Studium der Wirtschaftswissenschaft an der Universität Rabat (1961-1964) folgte ein Aufenthalt an der Pariser Université Panthéon-Sorbonne. Neben einer Assistententätigkeit übte er von 1966 bis 1968 den Vorsitz der UNEM, der Vereinigung marokkanischer Studenten, und eine leitende Position in der "Confédération des Etudiants du Maghreb" aus. 1968 beendete er seine Dissertation. Nach seiner Rückkehr nach Marokko war Oualalou Dozent und seit Anfang der siebziger Jahre Professor für Wirtschaftspolitik an der Universität Rabat. Seit 1968 veröffentlichte er zahlreiche Arbeiten zu Fragen der Wirtschaftstheorie, der Finanzwissenschaft, der Wirtschaft arabischer und der Maghrebstaaten und zu den Beziehungen Marokkos, des Maghreb und der arabischen Welt zu Europa. 1972 gründete er zusammen mit dem Wirtschaftswissenschaftler und Politiker Abdelaziz Belal die "Association des Economistes Marocains" (AEM), deren Vorsitzender er seit 1982 ist.

Neben dem akademischen verfolgte Oualalou auch seinen politischen Lebensweg weiter. Von 1968 bis 1977 war er Mitglied des "Bureau National du Syndicat National de l'Enseignement Supérieur". Im Rahmen der "Gruppe von Rabat" beteiligte er sich 1972 an der Spaltung der UNFP. In der stärker linksorientierten USFP ist er seitdem eines der wichtigsten Parteimitglieder. Seit 1972 war er Mitglied der Verwaltungskommission der USFP; 1989 wurde er in das Politbüro aufgenommen. Mehrfach wurde er zum Stadtrat in Rabat und zum Parlamentsabgeordneten gewählt. Seit Ende der achtziger Jahre war er Fraktionsvorsitzender der USFP, bevor er im Rahmen der Regierungsneubildung zum Minister ernannt wurde.

Im Mittelpunkt des folgenden Beitrags steht die Frage danach, wie in Oualalous Veröffentlichungen die Beziehungen Marokkos zu Europa und ihre Folgen[8] wahrgenommen und beurteilt werden und welche Alternativen sich für die Verortung und Einbindung des eigenen Landes auffinden lassen. In welchem Verhältnis stehen die unterschiedlichen Komponenten der Zugehörigkeit zueinander? Wie werden sie begründet? Welchen Einfluß nahmen historische Zäsuren auf unterschiedlichen Ebenen auf den Wandel dieser Wahrnehmungen über 30 Jahre hinweg?

Zäsuren und Wendepunkte der Beziehungen Marokkos zu Europa

Das Verhältnis Marokkos zu Europa entwickelte sich über unterschiedliche Phasen und mehrfache Zäsuren auf verschiedenen Ebenen. Von Ende der fünfziger Jahre bis zu den siebziger Jahren identifiziert Oualalou im Rückblick drei große Zeitabschnitte in den gegenseitigen Beziehungen.

Die *erste Zäsur* stellt die Gründung der EWG 1958 dar. Für deren Bildung sprachen nach Oualaou nicht nur ökonomische, sondern auch politische - einerseits innereuropäische, andererseits geostrategische - Motive. Er betont ausdrücklich die Kultur und gemeinsame Traditionen als außerökonomische Aspekte, die die europäische Einheit stärken. Zugleich soll die EWG den bisherigen Mutterländern eine bessere Verarbeitung des Entkolonialisierungsprozesses ermöglichen, indem die Grundlage der wirtschaftlichen Entwicklungsdynamik von der Ausbeutung der Kolonien auf die gemeinschaftliche Solidarität verlagert wird.

Die gemeinsame Entwicklung im Innern der EWG geht einher mit einem wachsenden Protektionismus nach außen. Marokko und Tunesien profitieren jedoch von Übergangsregelungen im Anhang des EWG-Gründungsvertrags, die den beiden ehemaligen Protektoraten die Assoziation in Aussicht stellen und spezielle Importregelungen einräumen. Wegen der Abhängigkeit der marokkanischen Wirtschaft von den europäischen Märkten bezeichnet Oualaou 1969 die Beziehungen zwischen Marokko und der EWG dennoch als Ausfluß des "phénomène néo-colonial constitué par l'Europe des Six"[9] und als "des relations de domination"[10].

Die *zweite Phase* in den sechziger Jahren wird geprägt von der Einführung der Gemeinsamen Agrarpolitik (GAP) der EWG-Mitgliedsstaaten. Die Errichtung der europäischen Zollunion 1968 zwingt die beiden Länder zwischen der - entfremdenden - Assoziation und einer - kurzfristig sehr viel mühsameren -

autonomen Entwicklungsstrategie zu wählen. Letztere stellt für Oualalou aufgrund des inzwischen eingeschlagenen Entwicklungsweges dennoch keine reale Alternative mehr dar. Mit dem 1969 abgeschlossenen Abkommen, das die "Assoziationsphase" einleitet, bestehen für Marokko erstmals reguläre Vertragsbeziehungen zur EWG. Hätte die Assoziation zu Beginn der sechziger Jahre noch als fortschrittlich bezeichnet werden können, so ist nach Oualalou diese Form der Kooperation Mitte der siebziger Jahre weit überholt. Seiner Ansicht nach bestätigt sie lediglich den Status quo der wirtschaftlichen Abhängigkeit gegenüber Europa und des wirtschaftlichen Dualismus im eigenen Land. Über ein Jahrzehnt später resümiert er: "L'accord de 1969 a consacré la satellisation structurelle de l'économie marocaine vis-à-vis de l'ensemble européen."[11]

Zwei gegenläufige Tendenzen kennzeichnen nun nach Oualalou die Außenorientierung der EG. Einerseits bemängelt er die Politik zunehmender Autarkie, wie sie sich in der GAP niederschlägt, und die Tatsache, daß Europa keine potentiellen Konkurrenten als Partner akzeptiert. Andererseits erkennt er die wachsende Öffnung Europas gegenüber dem Weltmarkt. Er kritisiert die zu beobachtende Ausweitung der Präferenzen auf nichtassoziierte Staaten. Eine Diskriminierung findet vor allem zugunsten Spaniens, Portugals, Griechenlands und Israels statt, "pays qui s'attachent tous à une civilisation européenne"[12]. Schon früh stellt Oualalou fest, daß die Aufnahme neuer Mitglieder und die Ausdehnung der Kooperationsabkommen eine Herausforderung für die Identität der Gemeinschaft darstellen: "Est-elle européenne ou atlantique? Quel sera en fin de compte le centre de l'association? Bruxelles? Paris? Bonn ou ailleurs?"[13]

Marokko und die benachbarten Maghrebstaaten befinden sich gegenüber Europa in einer Situation der Unterlegenheit. Gleichzeitig stellt die EWG für sie alle den Haupthandelspartner dar. Die fortbestehenden wirtschaftlichen Machtdifferenzen schlagen sich auch in den Assoziationsverträgen mit der EWG nieder. Anpassung wird lediglich einer Seite auferlegt. Europa, so fordert Oualalou, soll sich seine Politik nicht mehr von multinationalen Firmen und privaten Unternehmerinteressen diktieren lassen. Er erkennt aber auch, "daß der größere Kraftaufwand zur Änderung der Beziehungen ... von seiten des Maghreb unternommen werden müßte"[14], nämlich intensivere Anstrengungen um die nationale Befreiung und um eine harmonische und integrierte Entwicklung sowie Widerstand gegen die technologische Domination und die zunehmende kulturelle Entfremdung innerhalb der eigenen Länder. Aber auch wenn man zum Schluß kommt, daß die Assoziierung Marokko keinen Vorteil bringt, kann das vereinte Europa nicht ignoriert werden, muß Marokko seine Beziehungen ihm gegenüber definieren. Er erkennt die Bedeutung der europäischen Märkte für die eigene Wirtschaft und kritisiert daher auch, daß die marokkanische Wirtschaftspolitik sich den Herausforderungen des Abkommens und den

Möglichkeiten des internationalen Marktes nicht stellt. Daher fordert er "la diversification de nos échanges à l'intérieur même de l'Europe et ... la poursuite d'une politique économique interne qui s'adapterait à l'évolution économique de l'Europe et du monde développé, qui assurerait en même temps les bases du progrès et du développement et permettrait au dialogue du Maroc et de la CEE de se situer à un niveau qui dépasserait celui de l'association."[15]

Die Abkommen von 1976 im Rahmen der europäischen Mittelmeerpolitik kennzeichnen die *dritte Phase*. Während der europäische Protektionismus gerade im Agrar- und Textilbereich weiter zunimmt, ist nun Ziel dieser Verträge eine mehrdimensionale Kooperation, die sich auch auf humanitäre, finanzielle und industrielle Bereiche erstreckt. Dieser inhaltliche "Globalansatz" soll die versteckten Beschränkungen im Handelsbereich kompensieren. Im Hintergrund steht dabei der Abschluß der ersten und die Aussicht auf eine weitere EG-Erweiterungsrunde. Da im Namen des regionalen Globalansatzes alle Mittelmeerpartner einen ähnlichen Status erhalten, kommt es dennoch zu einer relativen Positionsverschlechterung vor allem Marokkos. Auch im Vergleich mit der übrigen Dritten Welt nimmt die Erosion der Präferenzen, die den Maghrebstaaten eingeräumt worden waren, weiter zu. Diese Konzessionen deutet Oualalou als Ausfluß der immer weltumspannenderen Politik Europas und - in den siebziger Jahren - der Verlagerung seiner Interessen auf die arabischen Erdölstaaten.

Rückblickend auf die ersten drei Vertragsgenerationen konstatiert Oualalou, daß die Abkommen den tatsächlichen Problemen nicht gerecht und Inhalt und Geist der Abkommen nicht umgesetzt wurden. Noch Anfang der achtziger Jahre bezeichnet er die EG als "une économie à l'échelle mondiale qui prétend à la domination"[16] und fordert, daß die Beziehungen zwischen beiden Seiten künftig auf Chancengleichheit und echtem Dialog der Partner beruhen.

Einer gesonderten Darstellung bedürfen für ihn die achtziger Jahre, in denen die Süderweiterung der EG um die europäischen Mittelmeerländer einen besonders scharfen Einschnitt in den bilateralen Beziehungen darstellt. Da die Landwirtschaft in den Beitrittsländern eine bedeutende Rolle einnimmt und ihre Exporte denen anderer Mittelmeerländer gleichen, wird gerade Marokko von der Erweiterung mehr als andere Länder betroffen sein.

Er kritisiert die Weigerung der marokkanischen Behörden, mit der EG über die Folgen der Süderweiterung zu verhandeln. Somit wird Marokko weiterhin gezwungen sein, seine Wirtschaftspolitik den strukturellen Veränderungen und konjunkturellen Schwankungen in Europa anzupassen. Marokko muß also, wie schon 1958, 1969 und 1976, eine Wahl treffen über den weiteren Entwicklungsweg. Jedoch noch mehr als in der Vergangenheit kann Marokko Europa, schon allein weil es weiterhin den Hauptwirtschaftspartner des Landes darstellt, nicht vernachlässigen. Zudem haben die etwa 1,4 Mill. Marokkaner, die in Europa leben, "un poids sur l'économie et sur la société marocaines aussi bien que sur les sociétés européennes en termes économiques, politiques et culturels"[17]. Nicht zuletzt ist das Verhältnis zu Europa ein geographisches, denn seit der Süderweiterung grenzt die EG direkt an das Staatsterritorium Marokkos an.

Aber auch die europäische Haltung empfindet Oualalou als widersprüchlich. Zum einen führen die gravierenden Auswirkungen zur Aushandlung von Anpassungsverträgen und zur Aufforderung der Europäischen Kommission an die Mitgliedsstaaten, im eigenen politischen, strategischen und wirtschaftlichen Interesse den Handelsaustausch mit den Mittelmeerdrittländern aufrecht zu erhalten. Zum andern werden durch die Ausdehnung der GAP auf die Beitrittsländer und andere protektionistische Maßnahmen die Exportchancen der Partnerstaaten weiter beeinträchtigt. Besonders kritisiert Oualalou, daß die "Anpassungsphase" nur den Übergangszeitraum für die Volleingliederung der Beitrittsländer in die EG bis 1996 umfaßt. Damit erscheint es schwierig, langfristig orientierte Entwicklungsprogramme auszuarbeiten. Jedoch nützen seiner Meinung nach die Ablehnung der irreversiblen Süderweiterung und das Klagen über ihre katastrophalen Auswirkungen nichts. Vielmehr gilt es den Blick nach vorne zu richten, die Situation bestmöglich zu nutzen und eigene Entwicklungsanstrengungen zu unternehmen. Statt die Konfrontation mit Europa zu suchen, soll versucht werden, Grundlagen für eine "wahre" Kooperation zu legen.

Hinsichtlich der Zukunft ihrer gegenseitigen Beziehungen haben die Maghrebstaaten und Europa also eine gemeinsame Verantwortung. Dabei spielen neben den ökonomischen auch politische, strategische, soziale und kulturelle Faktoren in die Gestaltung der Beziehungen mit hinein. Ab Ende der achtziger Jahre bestehen nach Oualalou Ansatzmöglichkeiten für Marokko, um seine Position gegenüber Europa zu stärken, nicht nur in der Revision der herrschenden Wirtschaftsstrategien, sondern auch in der politischen Demokratisierung und auf kultureller Ebene. Er betont, daß die EG-Erweiterung erst durch Umwälzungen auf politischer Ebene möglich wurde, nämlich "la montée des jeunes démocraties ... permettant ainsi l'extention [sic!] du modèle pluraliste de type européen"[18]. Offensichtlich begrüßt er es, daß die Europäer der Einhaltung universeller Menschenrechte und demokratischer Prinzipien zunehmend einen konditionalen Charakter in ihren Beziehungen zu Drittländern zukommen lassen. Marokko kann laut seiner Ansicht nach sogar auf eine gewisse pluralistische Tradition und demokratische Erfahrungen sowie auf jüngste Fortschritte in diesen Bereichen verweisen.

Die ersten 30 Jahre bilateraler Beziehungen zwischen der EWG/EG und den Maghrebstaaten resümierend, sind diese nach Oualalou grundsätzlich statisch geblieben, während sich die europäischen Beziehungen zur Türkei und zu Israel zunehmend erweiterten. Ihre Asymmetrie verstärkte sich mit der zunehmenden Entwicklungsdynamik, der Vertiefung und Erweiterung der Integration innerhalb Europas.

Als *neue Zäsur* in den bilateralen Beziehungen sieht Oualalou die Bildung der EU 1992, die Vollendung des Europäischen Binnenmarktes 1993 und die Errichtung des Europäischen Wirtschaftsraums 1994 an, die erhebliche Auswirkungen auf das wirtschaftliche Gleichgewicht in den Maghrebstaaten haben werde. Er fordert erneut eine gegenseitige und dynamische Partnerschaft zwischen der EU und Marokko, die die über Synergieeffekte zu einer umfassenden gemeinsamen Entwicklung führt und daher alle Bereiche zu umfassen hat, auch industrielle Entwicklung, Technologie, humanitäre Bereiche und Kultur. Beide Seiten müßten die Probleme und Sorgen der jeweils anderen Seite erkennen und in Rechnung stellen.

Auch der grundsätzlich globale Ansatz in der "Partnerschaftsphase" soll seiner Auffassung nach die wirtschaftlichen, geographischen, politischen und historischen Besonderheiten Marokkos bezüglich seiner Beziehungen zu Europa berücksichtigen: dazu zählen die Vielfalt und Besonderheit der Verhandlungsfelder (z. B. im Fischereisektor), die im 20. Jahrhundert aufgebauten historischen Beziehungen, politisch insbesondere die "position du Maroc affirmée depuis les années soixante et plus fortement encore depuis les années quatre-vingt"[19] "par les plus hautes instances du pays à renforcer l'ancrage du Maroc à l'Europe ... et à intervenir dans le débat politico-culturel sur les rapports entre le monde islamique et l'Occident"[20], "qui l'amènerait au statut de partenaire privilégié de la Communauté Européenne"[21]. Nicht zuletzt aufgrund der aktuellen Lähmung der Maghrebunion fordert Oualalou Mitte der neunziger Jahre teilweise anstelle einer Einfügung der Beziehungen in einen multilateralen Rahmen EU-Maghreb explizit bilaterale Verhandlungen Marokkos mit der EU.

Bis 1995 hat die EU Abkommen mit drei anderen Mittelmeerländern abgeschlossen, während die Verhandlungen mit Marokko nicht vorankommen. Oualalou fragt sich, ob diese zu neuartigen Beziehungen führen oder lediglich traditionelle Muster reproduzieren werden. Für den künftigen Status Marokkos gegenüber der EU kann er sich ein besonderes "partenariat de proximité"[22] vorstellen, das die geographische Nähe als Basis einer spezifischen Solidarität berücksichtigt. Eine Freihandelszone ist eine mittel- bis langfristige Option. Für die Verträge in Verhandlung fordert er eine Klausel, die um das Jahr 2000 eine Revision der Abkommen gemäß der Entwicklungsfortschritte in den Partnerländern erlaubt. Die marokkanisch-europäischen Beziehungen sieht er zunehmend mehr als Testfall für die Neue Mittelmeerpolitik der Gemeinschaft an.

Ein weiterer Schritt in der Zusammenarbeit stellt die Konferenz von Barcelona 1995 dar, die die bilateralen Beziehungen in einen weiträumigeren Kontext einfügt. Ooulalou unterstreicht den multidimensionalen Charakter der Vereinbarungen. Fundamentalistischer Extremismus, organisierte Kriminalität, Drogenhandel und Migration stellen notwendige gemeinsame Aktionsfelder dar; sie müssen in Bezug auf ihre vielfältigen ökonomischen und politischen Ursachen betrachtet werden, für die auch Europa Verantwortung mitzutragen hat. Er kritisiert, daß seitens der Europäer sicherheitspolitische Aspekte vorherrschen.[23] Auf der Ebene wirtschaftlicher Kooperation bemängelt er, daß die für das Jahr 2010 geplante Freihandelszone den freien Verkehr von Gütern, Dienstleistungen und des Faktors Kapital vorsieht, menschliche Wanderbewegungen aber ausschließt.

Die Sicht auf einzelne Staaten innerhalb der EG/EU

Unter den Staaten des kapitalistischen Weltsystems und der Europäischen Gemeinschaft nimmt *Frankreich* in Oualalous Veröffentlichungen bis Anfang der achtziger Jahre eine markante Rolle ein. Ihre Entstehung verdanken die Volkswirtschaften des Maghreb der Kolonialisierung durch Frankreich. Die wichtigsten Sektoren entwickelten sich entsprechend den Notwendigkeiten des französischen Marktes.

Wenn man die Beziehungen zu Europa betrachtet, darf die Last der kolonialen Vergangenheit nicht vergessen werden. Seit der Unabhängigkeit der ehemaligen Kolonien versucht Frankreich, vor allem die wirtschaftlichen Beziehungen zu ihnen auf eine europäische Grundlage zu stellen: "La France deviendra donc de plus en plus européenne."[24] Die Wirtschaft Frankreichs strukturierte sich nach dem Verlust ihres Kolonialreichs zugunsten einer Integration mit dem ehemaligen Erzrivalen Deutschland um. Innerhalb der EG sieht Oualalou Frankreich bis Anfang der achtziger Jahre als Fürsprecher für die Beibehaltung nationaler Souveränität und als Gegner anglo-amerikanischen Einflusses in Europa. Außerdem spricht es sich für die Pflege spezifischer Beziehungen zu den ehemaligen Kolonien in Afrika aus.

Ergänzend zur europäischen Schiene unterhält Frankreich weiterhin eigene Beziehungen zur Dritten Welt; eine besondere Rolle nehmen aufgrund ihrer Nähe und ihrer natürlichen Reichtümer der Maghreb und die arabische Welt ein. Wirtschaftlich bleibt Frankreich der Haupthandelspartner Marokkos innerhalb der EG. Ende der sechziger bis Mitte der siebziger Jahre betont Oualalou mehrfach, daß die technische, kulturelle und finanzielle Kooperation, die vor allem mit der ehemaligen Kolonialmacht stattfindet, überholt ist - denn die Sprachpolitik, die Entsendung von Entwicklungshelfern und die finanzielle Leistungsfähigkeit Frankreichs, das immer mehr in Konkurrenz zu anderen Staaten steht, treffen auf ihre Grenzen. Außerdem zahlte Marokko einen hohen wirtschaftlichen, vor allem aber soziopolitischen und psychischen Preis für die Unterstützung durch Frankreich.

Eine besondere Berücksichtigung erfährt nach seinem EG-Beitritt das größte und stärkste Beitrittsland *Spanien*. Oualalou betrachtet dabei nicht nur dessen vor allem land- und fischereiwirtschaftlichen Interessen zum Nachteil Marokkos, das am meisten unter dem Beitritt zu leiden hat. Der Prozeß des wirtschaftlichen, politischen und gesellschaftlichen Wandels und der "Europäisierung", den Spanien durchläuft, läßt es zu einer Referenz für Marokko werden. Schwer wiegt in den gegenseitigen Beziehungen aber das historische Erbe, die spanischen Enklaven an der marokkanischen Mittelmeerküste, die zu räumen Spanien nicht bereit ist. Jedoch "la logique géographique et historique confirme la marocanité de Sabta et Mellilia"[25], wobei er sich Lösungen, die spanische Interessen wahren, vorstellen kann. Er weist darauf hin, daß die EWG aus dem Dekolonialisierungsprozeß heraus entstand und Ceuta und Melilla einen besonderen Status hinsichtlich der Gemeinsamen Agrar-, Fischerei- und Außenzollpolitik sowie als Verschiffungshäfen für marokkanische Güter zuerkennt.

Einerseits kann also Europa als Mittler dienen, um an Spanien die wirtschaftlichen und politischen Forderungen Marokkos heranzutragen und ihm seine Verantwortung für die Entwicklung der europäisch-marokkanischen Beziehungen zu verdeutlichen. Andererseits nimmt umgekehrt Spanien via Mittelmeer eine Vermittlerposition gegenüber dem restlichen EG-Europa ein. Das Land ist ein wichtiger Ansprech- und einer der größten Handelspartner Marokkos. Oualalou schlägt daher eine marokkanisch-spanische Regionalkooperation in der Wirtschaft vor. Da "l'Espagne se transforme ... ceci doit l'inciter à se détacher de l'héritage du passé et à s'ouvrir sur son environnement septentrional, à savoir le Maroc"[26]. Eine solche Kooperation umfaßt drei Dimensionen: die "bilaterale" marokkanisch-spanische, die eingebettet ist in die "gemeinschaftliche" marokkanisch-(süd)europäische und die "regionale" (west)mediterrane, d. h. arabisch-europäische.

Schon geographisch stellt Spanien als notwendiges Transitland für marokkanische Handelsgüter und Auslandsarbeiter ein Bindeglied dar. Daher stellt der Transportsektor und dabei die Planung einer festen Verbindung über die Meerenge von Gibraltar einen besonders wichtigen Kooperationsbereich dar. Aber auch die Kultur ist von großer Bedeutung für den Aufbau von Beziehungen zwischen den beiden Ländern. Grund dafür sind nicht zuletzt trotz mancher Mißverständnisse in Vergangenheit und Gegenwart "les similitudes de civilisation, à travers l'histoire ... le Maroc, bénéficiant d'un double atout, de par le voisinage et surtout de par son rôle passé dans la préservation de la culture arabo musulmane en Andalousie"[27]. Mitte der neunziger Jahre symbolisiert Spanien als Gastgeber der Barcelona-Konferenz die Mittelmeerkooperation.

Auch die Rolle anderer Länder in der EG/EU betrachtet Oualalou. Er erkennt, daß die EG nicht homogen ist. Von Bedeutung für die Beziehungen zu Marokko ist auf europäischer Seite über 30 Jahre hinweg vor allem der

Widerstreit zweier konträrer Positionen bezüglich Außenöffnung und Mittelmeerkooperation:

> "... le mondialisme contre le régionalisme. Leur synthèse a donné naissance à la politique méditerranéenne de la C.E.E. Le courant régionaliste se voulait très européen, il concevait donc la construction de la C.E.E. en opposition à toute intégration à un quelconque atlantisme."[28]

Das lateinische Europa, das diese Strömung vertritt, ruft die EG/EU immer zu mehr Aufmerksamkeit und Unterstützung für den Maghreb auf, zugleich vertritt es im Außenhandel, vor allem bei Agrarprodukten, eine protektionistische Position. Das nördliche Europa dagegen sieht sich eher dem Freihandel mit den Mittelmeer-, aber auch mit allen anderen Entwicklungsländern verpflichtet, lehnt aber tendenziell finanzielle Hilfeleistungen ab.

Schon 1969 prophezeit Oualalou als Folge der Aufnahme Großbritanniens in die EG eine Stärkung des anglo-germanischen Europas und damit der globalistischen Strömung sowie die Ausdehnung der Kooperationsabkommen auf den mit ihm verbundenen Commonwealth. Dieser globalistischen Überzeugung, die der Mittelmeerpolitik angeblich zugrunde liegt, widerspricht nach seiner Ansicht jedoch die Süderweiterung der EG. Noch in den neunziger Jahren "la contradiction entre les deux parties de l'Europe les fait converger sur une position de synthèse qui n'est finalement favorable au Maghreb"[29]. Vor allem verfolgt das nördliche Europa nun andere geographische Interessen. Deutschland übernimmt bei Vertiefung, Erweiterung und Ostorientierung der EG/EU eine zentrale Rolle. Der Aufruf der Maghrebstaaten zu einer gegenseitigen Partnerschaft muß sich daher an alle europäischen Länder, insbesondere auch an Deutschland, richten.

Marokkos Zugehörigkeit zur arabischen Welt

Insgesamt gelten für Marokko und den Maghreb Mitte der siebziger Jahre mehrfache Zugehörigkeiten, nämlich "zu einer umfassenden Einheit, zur 'Dritten Welt', und zu einer kleineren historischen und geographischen Einheit: dem Süden des Mittelmeerraumes, Afrika und vor allem zur Arabischen Welt"[30]. Schon 1970 weist Oualalou darauf hin, daß für Frankreich (und die übrigen Europäer) Marokko "une place géographique utile pour tout contact avec le Maghreb, le monde arabe et l'Afrique"[31] darstellt. Mauretanien und Libyen, die den "Kleinen" zum "Großen Maghreb" ergänzen, stellen Brücken zu benachbarten Regionen - nach Afrika und zum Mashreq - dar.

Marokko selbst ist also nicht nur integraler Bestandteil des Maghreb, sondern auch "du monde arabe, centres de conflits internationaux, terres de pétrole, et, partant de promesses"[32]. Ideologische Bezüge zur restlichen arabischen Welt gab es im Maghreb schon in den dreißiger Jahren: panarabische Ideen inspirierten damals die nationalen Unabhängigkeitsbewegungen, die oft panmaghrebinische Aspirationen hegten. Oualalou diskutiert daher 1982 auch Fragen der arabischen Einheit, die sich mit historischen, geographischen und sprachlichen Kriterien objektiv und solide begründen läßt. Dennoch bestehen auch für die notwendige innerarabische Kooperation Hindernisse.

Die arabische Einheit erscheint Oualalou auch sinnvoll und notwendig, um den Unzulänglichkeiten und Herausforderungen der europäischen Mittelmeerpolitik begegnen zu können. Schon seit Jahrhunderten stehen arabische und europäische Welt in einem ungleichen Verhältnis; seit dem 14. Jahrhundert hinken die arabischen Staaten den soziopolitischen Veränderungen in Europa hinterher. Zu den Alternativen zur Orientierung auf Europa gehört für Marokko die Diversifizierung des Außenhandels in Richtung arabische Länder. Mitte der siebziger Jahre besteht "la nécessité d'intégrer les relations maghrebo-européennes dans un cadre plus large, celui de la confrontation entre centre d'hégémonie capitaliste et Tiers-Monde et plus spécialement entre le Tiers-Monde arabe et l'Europe"[33]. Faktisch jedoch bleibt der Euro-Arabische Dialog auf die ölproduzierenden arabischen Länder begrenzt. Diesen kommt Anfang der achtziger Jahre laut Oualalou eine zentrale Rolle bei der Verteidigung der arabischen Mittelmeerländer gegenüber der restriktiven europäischen Politik zu.

Bereits 1970 erkennt Oualalou Mängel darin, daß die arabischen Staaten in wirtschaftlichen Fragen keine einheitliche Position gegenüber den Industrieländern einnehmen. Dies muß jedoch nicht die Schaffung einer politischen Solidarität behindern. Über ein Jahrzehnt später liegt das Problem seiner Ansicht nach gerade im vorherrschenden Streben nach politischer Einheit unter Vernachlässigung der ökonomischen Integration. Politische Vereinigungsversuche ignorieren seiner Ansicht nach historische, geographische, soziale und kulturelle Besonderheiten der Einzelstaaten - wie das Fehlen osmanischer Präsenz in Marokko, die religiöse Vielfalt im Mashreq, das berberische Element im Maghreb oder die unterschiedlichen kolonialen Einflüsse. Dennoch benennt er 1988 folgende Hierarchie außenpolitischer Orientierungen:

> "Pour le Maroc, les orientations de la politique extérieure relèvent des considérations liées à sa position géographique et à son appartenance au monde arabe et à la civilisation musulmane. ... Le deuxième centre d'intérêt du Maroc en matière de relations internationales concerne les relations avec l'Europe communautaire"[34].

Nach dem zweiten Golfkrieg stellt er fest, daß das Projekt der arabischen Einheit als Alternative zur imperialistischen Dominanz seit den siebziger Jahren ideell und real Rückschläge hat hinnehmen müssen. Abgelöst wurde die panarabische Idee von einem wachsenden Islamismus als neuer Versuch, die Hegemonie des Westens zurückzuweisen. Dennoch betont er auch in den neunziger Jahren die Bedeutung arabischer Solidarität, um eine gemeinsame Position gegenüber der anderen Seite des Mittelmeeres herzustellen.

Die wesentlichen Gründe, die Oualalou für das Scheitern anführt, gleichen sich Anfang der achtziger wie Anfang der neunziger Jahre. Sie liegen zum einen im demokratischen Defizit des Vorhabens, das über den Appell an die Gefühle der Massen hinaus keinerlei Partizipation der Öffentlichkeit erlaubt. Die allen Staaten gemeinsame Weigerung, sich der Demokratie zu öffnen, begünstigt das Hegemonialstreben zu Lasten tatsächlicher Kooperation. Zum andern sieht er das Scheitern von Vereinigungsbemühungen auf wirtschaftlicher Ebene (wie des Arabischen Gemeinsamen Marktes) darin, daß sie auf der falschen Annahme wirtschaftlicher Komplementarität beruhten und sich auf einer Liberalisierung der Handelsströme beschränkten.

Auch hier taucht das europäische Vorbild auf: Zwar stand auch bei Gründung der EWG der Handel im Mittelpunkt; allerdings war dort die gegenseitige Handelsverflechtung sehr viel umfangreicher. Das Vorhaben verfolgte zudem das Ziel der Harmonisierung der Wirtschaftsstrukturen in Verbindung mit gemeinsamen Politikbereichen sowie regionalen und sektoralen Förder- und Entwicklungsprogrammen. In der arabischen Wirtschafts- und Entwicklungspolitik bleibt hingegen - auch nach dem Erdölboom - die Logik des Nationalstaates vorherrschend. Dennoch sieht Oualalou weiterhin ein Interesse an der arabischen Zusammenarbeit, vornehmlich aus politischen und kulturellen Gründen. So wichtig auch die Nord-Süd-Kooperation über das Mittelmeer hinweg ist, so dürfen parallel dazu die Verbindungen auf Süd-Süd-Ebene innerhalb der arabischen Welt nicht vergessen werden. Von Bedeutung ist dabei vor allem der in Casablanca auf der MENA-Konferenz 1994 eingeführte Ansatz, der das nie realisierte panarabische Projekt ersetzen kann.

Die palästinensische Frage spielt nach Oualalous Ansicht ebenfalls eine zentrale Rolle für die arabische Einheit. Dies gilt auch für die wirtschaftliche Ebene, da die ökonomische Stärke Israels die arabische Wirtschaftsintegration erheblich behindert. Vor allem die Arabische Liga und die arabischen Ölförderstaaten sind aufgerufen "de défendre les intérêts du monde arabe méditerranéen menacé par les facilités accordés par les pays européens à l'entité sioniste"[35].

Marokko spielt nach Oualalou zusammen mit dem gesamten Maghreb eine wichtige Rolle als Vermittler zwischen Europa/dem Westen und der muslimisch-arabischen Welt. Trotz der gemeinsamen Solidarität mit dem Mashrek genießt es den Vorteil, nicht direkt in die nahöstlichen Konflikte involviert zu sein. Marokko ist daher nach seiner Ansicht in den neunziger Jahren besonders geeignet, auch in innerarabischen Auseinandersetzungen und im israelisch-palästinensischen Konflikt - und zwar besser als das westliche Europa - zu vermitteln. Der Maghreb insgesamt kann dazu beitragen, die Europäer an die Probleme, die die arabische Nation beschäftigen, heranzuführen.

Oualalou betont immer wieder, daß die kleinräumigere bilaterale oder regionale Kooperation innerhalb der arabischen Welt, die auf dem Vorteil größerer geographischer Nähe und historischer Gemeinsamkeiten beruht, kein Hindernis, vielmehr eine Ergänzung der panarabischen Zusammenarbeit darstellt. Mit dem Beginn in einer kleinen Mitgliederrunde und der allmählichen Ausweitung der Gemeinschaft kann die EG daher auch Referenz für das Verhältnis von regionaler zu panarabischer Integration sein. Die Kooperation Maghreb-Europa ist also eingebettet in eine dreifache Integration:

> "Die Integration Europas ... im internationalen kapitalistischen System, die Integration des Maghreb in der Dritten und in der Arabischen Welt und die Integration, die die beiden Gruppen verbindet ..., d. h. die Integration des Maghreb in den internationalen Kapitalismus auf dem Umweg über Europa."[36]

So wurden auch die in den achtziger Jahren entstandenen drei Regionalgruppierungen aus der Einsicht geboren, daß nationale Entwicklungsstrategien nur begrenzt Wirkung entfalten können. Während Realismus und Pragmatismus den sicher langsamen, aber Anfang der neunziger Jahre fortschreitenden Einigungsprozeß im Maghreb kennzeichneten, verstießen die beiden anderen Regionalbündnisse nach Oualalou gegen die geographische Logik: der Golfkooperationsrat, weil er den benachbarten Irak ausschließt, der Arabische Kooperationsrat, weil er weit auseinander liegende Länder zusammenfaßt. Drei Elemente einer "neuen arabischen Solidarität" schlägt er vor:

> "a) la necessità di promuovere complessi regionali ... fondati sulle solidarietà geografiche ed economiche ... b) La promozione di una solidarietà globale interaraba ... , in particolare tra i paesi petroliferi con eccedenze finanziarie e i paesi deficitari ... c) La necessità imperiosa di promuovere la democrazia e il rispetto dei diritti dell'uomo..."[37]

In der arabischen Welt erkennt er außer dem Maghreb die Nilstaaten und den Raum "Sham" sowie die Golfregion als sinnvolle Teileinheiten; Libyen und der Irak können Bindeglieder zwischen benachbarten Teilregionen darstellen. Er appelliert auch an die EU, den Dialog zu regionalisieren. Im Maghreb wiederum gilt es gemeinsame Positionen in zwei Richtungen zu finden: "... à l'égard des autres régions du Machrek Arabe, d'une part, et à l'égard de l'Europe, d'autre part"[38].

Marokko als Teil Afrikas

Nach seinen Hinweisen in den siebziger Jahren betont Oualalou Mitte der achtziger Jahre erneut, daß der Maghreb zugleich ein Bindeglied zwischen der arabischen Welt und Schwarzafrika darstellt. Über transsaharische Straßen und Pipelines soll sich der Maghreb Schwarzafrika annähern; umgekehrt dienen diese Einrichtungen der Öffnung und Anbindung Schwarzafrikas via Maghreb als Durchgangs- und Kontaktraum in Richtung auf das Mittelmeer und Europa. Ziel und Notwendigkeit transsaharischer Kooperation ergibt sich nicht nur in Ost-West-Richtung; eine Ergänzung dazu stellt die Kooperation mit den subsaharischen Staaten dar. Ansätze hierzu gab es in den achtziger Jahren: seitens des Maghreb initiierten Algerien und Libyen die Konferenz saharischer Staaten nach Oualalous Ansicht vor allem, um ein Gegengewicht in den innermaghrebinischen Auseinandersetzungen zu schaffen. Die Vision eines "Gemeinsamen saharischen Marktes" blieb ohne praktische Folgen, zumal die Entwicklungsunterschiede zu groß und die wirtschaftlichen Verflechtungen zu schwach waren. Auch 1989 stellt er fest, daß das Mittelmeer nicht nur zwischen arabischer und europäischer Welt einen Mittlerraum darstellt. Er hebt die Resolution des Europäischen Parlaments vom gleichen Jahr hervor, das das Mittelmeer als Kontaktzone nach Afrika entwickeln möchte.

Das Mittelmeer als Verbindungs- und Begegnungsraum

Kaum zu trennen von seinen Beziehungen zu Europa und zur arabischen Welt ist die Einbettung Marokkos in den Mittelmeerraum. Das Mittelmeer ist Begegnungsraum zwischen der europäischen Welt und den südlichen Mittelmeeranrainern. Jedoch erst "l'irruption du fait pétrolier a poussé la C.E.E. à mettre sur pied une politique spécifique vis-à-vis du monde arabe et à l'intégrer dans sa stratégie géopolitique, économique et diplomatique"[39]. Seitdem sind die marokkanisch-europäischen Beziehungen Teil der "Globalen Mittelmeerpolitik" Europas, deren Ziel es ist, besondere Beziehungen zu den öl- und kapitalreichen Ländern der Region und zu den am Nahostkonflikt beteiligten Parteien zu knüpfen - zum Nachteil traditioneller Beziehungspartner wie Marokko. "L'aire méditerranéenne était promue à devenir un champ privilégié de ce fameux dialogue 'Nord-Sud' et les rapports euro-arabes le centre de ce dialogue"[40]; die Umsetzung des Vorhabens fällt allerdings enttäuschend aus.

Der Globalansatz drückt zugleich den Willen Europas aus, seine wirtschaftliche und politische Position gegenüber der amerikanischen und sowjetischen Präsenz im Mittelmeerraum zu erhalten. Als wirtschaftliches Ziel sieht Oualalou die Einführung einer neuen Arbeitsteilung über das Mittelmeer hinweg und die Stimulierung der Konkurrenz unter den Partnerländern. Doch hat die

Gewährung gleicher Handelsvorteile für Länder mit ungleicher Produktionsstruktur und Leistungsfähigkeit diskriminierenden Charakter, vor allem zum Nachteil der maghrebinischen Agroexporteure. Der EG-Beitritt der europäischen Mittelmeerländer, die damit in den Genuß der innergemeinschaftlichen Regelungen gelangten, bekräftigt die Diskriminierung im Mittelmeerraum.

Auch Ende der achtziger Jahre und in den neunziger Jahren ist für Oualalou das Mittelmeer ein zentraler Raum, der Marokko und den Maghreb sowie Europa bzw. die Europäische Union trennt wie verbindet. Es handelt sich für ihn beim Mittelmeer zuvörderst um ein geographisches Element. Ständig wiederkehrendes Motiv ist die mit der Süderweiterung einhergehende "méditerranisation de la CEE, son rapprochement géographique du Maghreb"[41]. Dies stärkt das geostrategische neben dem rein ökonomischen Element in den Beziehungen zum Maghreb. Nach dem Rückgang der Ölrente scheint für Oualalou eine Neuorientierung der europäischen Mittelmeerpolitik von den öl- auf die bevölkerungsreichen Länder nahezuliegen. Europa soll sich seiner gemeinsamen Interessen im Mittelmeerraum bewußt werden. Verantwortung hat die EG seiner Ansicht nach insbesondere für den landwirtschaftlichen Sektor, dessen Orientierung auf den europäischen Markt sie lancierte; er fordert die Einbeziehung der südlichen Mittelmeeranrainer in die GAP, die damit zu einem (damals) 13. EG-Mitglied würden.

Ende der achtziger Jahre gibt es Ansätze für eine "Neue Mittelmeerpolitik" der Gemeinschaft. Faktisch bleibt jedoch in der ersten Hälfte der neunziger Jahre die Mittelmeerregion außerhalb des Zentrums der europäischen Interessen. Erst Mitte der neunziger Jahre bringt die fortschreitende Integration Europa dazu, sich auch als politische Einheit zu begreifen, die eine gemeinsame Politik ihrem regionalen Umfeld gegenüber entwickelt, insbesondere gegenüber dem Mittelmeerraum. Darüber hinaus betont Oualalou Marokkos geographische Lage im Westen des Mittelmeeres und am Rande des Atlantik. Jedoch "aujourd'hui encore le Maroc est absent de la Méditerranée"[42]. Daraus folgt:

> "La méditerranisation de l'Europe doit aussi entraîner une méditerranisation du Maroc c'est à dire une plus grande ouverture de son économie sur la Méditerranée. Celle ci deviendrait un nouveau relais avec l'Europe."[43]

Seitens Europas sprechen nach Oualalous Dafürhalten vielfache Überlegungen für eine Reorientierung seiner Außenbeziehungen und die Neugestaltung seiner Mittelmeerpolitik: neben innereuropäischen Entwicklungen geoökonomische und geopolitische Gründe sowie sehr viel größere Ungleichgewichts- und Instabilitätsrisiken im Mittelmeerraum als im östlichen Europa, die vom großen demographischen Druck und von der unzureichenden Bilanz sozioökonomischer Entwicklungsanstrengungen (auch als Folge neoprotektionistischer Tendenzen in Europa) ausgehen.

"La multiplication des risques de ruptures entre le Nord et le Sud de la Méditerranée se manifeste à travers des chocs culturels et politiques reflétés par la Guerre du Golfe ou encore les conséquences de la montée de l'islamisme."[44]

1995 wird die bilaterale Kooperation Marokko-EU mit der euro-mediterranen Konferenz eingebettet in den Mittelmeerkontext. Oualalou betont die Mehrdimensionalität der Ziele und Kooperationsfelder. Um langfristig erfolgreich zu sein, bedarf es seiner Ansicht nach einer Institutionalisierung des Barcelona-Prozesses; damit er nicht nur eine Angelegenheit der Staaten bleibt, bedarf es der Einbeziehung von parlamentarischen Vertretern und Vertretern der zivilen Gesellschaften. Für den zukünftigen Status der Mittelmeerländer gegenüber der EU offeriert er zwei Modelle: die enge "Assoziation" produktiver und komplexer Volkswirtschaften wie der Türkei und Israels und die etwas losere "Partnerschaft" für fragilere Volkswirtschaften. Marokko könnte mit dem erwähnten "partenariat de proximité" einen Sonder- und Zwischenfall darstellen. Notwendig ist "le lancement d'un programme de co-développement transméditerranéen entre l'Europe et les pays maghrébins"[45].

Der Mittelmeerraum besitzt für Oualalou - nicht zuletzt aufgrund der regen Migration - auch historische und kulturelle Bedeutung: "La Méditerranée devrait être avant tout européenne et arabe, comme le veulent la géographie et l'histoire."[46] Als weiteres Ziel nennt er daher den Ausbau der Kontakte und des Austauschs zwischen den beiden großen Zivilisationen. Schließlich "les deux civilisations arabo-islamique et judéo-chrétienne ont fait de la Méditerranée le berceau d'une histoire chargée et un lieu de rencontre culturelle privilégié. ... Aujourd'hui, la Méditerranée devrait devenir un facteur de solidarité et non de rupture entre les apports culturels de ses deux rives"[47]. Die "Mediterranisierung" liegt auch "dans l'intérêt de l'Europe qui, en se rapprochant de la Méditerranée 'réchauffera' sa société et sa démocratie et se trouvera en meilleure position pour défendre son identité"[48].

"Mais, si la Méditerranée peut sauver l'Europe profonde, cela exige d'elle qu'elle reconnaisse cette autre culture méditerranéenne, la culture arabo-musulmane, qu'elle accepte les effets de son contact avec les sociétés européennes: l'immigration maghrébine qui a hier contribué à la reconstruction et à la croissance de l'Europe, installée sur le continent européen, possède aujourd'hui des atouts réels pour l'enrichir par son intégration sur les plans humain et culturel. L'Europe doit, de ce fait, reconnaître l'Islam en tant que religion d'épanouissement et de l'ouverture, et non l'associer au terrorisme et à l'intolérance."[49]

Wenn umgekehrt auch der Maghreb und die arabische Welt sich globalen und europäischen Werten öffnen, kann die Umgestaltung der wirtschaftlichen Beziehungen zur Kultur- und Glaubensverständigung im Mittelmeerraum beitragen.

Insbesondere die westliche Mittelmeerhälfte rückt bei Ooualalou seit der zweiten Hälfte der achtziger Jahre in den Mittelpunkt des Interesses. Ein gegenüber Europa geeinter Maghreb könnte dazu beitragen "à établir un certain équilibre dans la Méditerranée occidentale"[50]. Mehrfach betont er die zentrale Rolle der "lateinischen" Mitglieder. Eine Zusammenarbeit unterhalb der EU-Ebene kann zur Fundierung eines bilateralen Abkommens EU-Marokko beitragen. Gemeinsame meeresübergreifende Interessen und Kooperationsmöglichkeiten sieht er vor allem im Aufbau gemeinsamer Infrastrukturen (wie der transmediterranen Gasleitungen). Er fordert auch, daß die geplante feste Verbindung über die Straße von Gibraltar "non deve essere trattata come un semplice progetto bilaterale tra il Marocco e la Spagna. I maghrebini e gli europei sono tutti chiamati a partecipare alla sua realizzazione ... tra le due rive del Mediterraneo e anche tra i due continenti"[51].

Zwar scheiterte der Anfang der neunziger Jahre eingerichtete formale Dialog zwischen fünf südeuropäischen und den fünf Maghrebstaaten.[52] Dennoch "le projet 5 + 5 ... devra se transformer en un relais pour une action de co-développement qui intéresse l'ensemble de l'Europe"[53]. Auch zwischen subnationalen Mikroregionen sind Partnerschaftsbeziehungen naheliegend, wenn nicht gar eine Voraussetzung für die Gründung einer euro-mediterranen Freihandelszone: "L'Europe du sud peut aussi favoriser un partenariat ponctuel qui intéresserait ses provinces les plus proches du Maghreb (l'Andalousie, la Provence, le Mezzogiorno)."[54]

Die internationale Einbettung der europäisch-marokkanischen Beziehungen

Ooualalou stellt die maghrebinisch-europäischen Beziehungen in einen größeren Rahmen, nämlich die Kooperation zwischen kapitalistischen Industrieländern und "Dritter Welt". Marokko gehört in den siebziger Jahren zu den Entwicklungsländern, die den strukturellen Entwicklungshemmnissen und Ungleichgewichten des kapitalistisch dominierten Weltsystems ausgeliefert sind. Der ausländische Einfluß erstreckt sich auf alle Bereiche des gesellschaftlichen Lebens. Der Inhalt der Kooperation hat sich lediglich mit der Zeit geändert: Nach der Ära des "Kolonialismus" und des "Neokolonialismus" erkennt Oualalou als "dritte Phase der Domination" den "Neo-Neokolonialismus". Nun akzeptieren zwar die Zentren imperialistischer Hegemonie nationale Entwicklungsanstrengungen; die Abhängigkeiten, jetzt vor allem auf wissenschaftlich-technischer Ebene, bleiben jedoch erhalten.

So entsprechen auch in den siebziger Jahren die (neo)neokolonialen Volkswirtschaften des Maghreb vor allem den Anforderungen des internationalen Marktes. Reformen nach der Unabhängigkeit änderten nur wenig an den strukturellen Abhängigkeiten. Für die Maghrebländer steht die Alternative bereit, daß die Domination fortgesetzt wird oder daß sie sich daraus befreien und eine echte Kooperation anstreben. Die erstgenannte Perspektive käme Europas Interesse entgegen, im Rahmen des Ost-West-Konflikts (wie schon bei der Gründung der EWG) gegenüber den beiden Supermächten einen gemeinsamen Block zu bilden. Der für Marokko schwierigere, aber erfolgreichere Weg umfaßt die Diversifizierung des Außenhandels, z. B. auch in Richtung sozialistische Länder, die Umstellung der exportorientierten Agrarpolitik auf die Befriedigung der eigenen Grundbedürfnisse und die Schaffung von Voraussetzungen für die regionale Integration. Mißtrauisch ist Oualalou in der zweiten Hälfte der siebziger Jahre auch gegenüber den Vorstellungen einer "Neuen Weltwirtschaftsordnung".

Schon Anfang 1989 beginnen sich für Oualalou das Ende des Ost-West-Konflikts und der Wandel von geopolitischen Interessenlagen und Koordinaten in seinem Gefolge abzuzeichnen. 1990 zählen für ihn zu den "principales dynamiques qui marquent la fin du siècle ... l'affirmation de la détente internationale ... l'avancée des appels ... de démocratie et des droits de l'homme ... la détermination des valeurs culturelles ... à défendre leurs spécificités"[55]. Besonders einschneidend sind die sich herausbildenden weltwirtschaftlichen Trends:

> "... la mondialisation devenue un fait majeur, l'accentuation de la compétition technologique et l'affirmation des grands pôles régionaux qui se substituent progressivement en tant qu'acteurs centraux des relations économiques internationales."[56]

Der wirtschaftliche und technologische Wettbewerb verdrängt die politische, militärische und ideologische Konkurrenz. Von den Umwälzungen in Osteuropa sieht Oualalou ordnungspolitische Konsequenzen, insbesondere für die Entwicklungsländer, ausgehen: Die zentralistisch-bürokratische Wirtschaftsweise im Ostblock scheiterte an den Zwängen von Modernisierung und Globalisierung, doch auch der Wirtschaftsliberalismus ist unfähig sich diesen Herausforderungen zu stellen; daher "le système de référence de demain appelle à la promotion de l'économie mixte ... qui favorise l'efficacité, la compétition et non pas la concurrence et prend en charge les besoins sociaux"[57].

Oualalou hofft zunächst, daß die friedenspolitische Dividende auch das europäische Interesse an der Lösung fortbestehender Konflikte im Mittelmeerraum steigern wird. Doch schon 1989 kommt die Befürchtung auf, daß die Verstärkung der Kontakte mit Mittel- und Osteuropa auf Kosten der Mittelmeerländer gehen könnte. Nach dem Fall der Mauer ist daher die Zusammenarbeit der Maghrebstaaten auch notwendig, um ihre Position als Partner Europas gegenüber Osteuropa, aber auch den aufstrebenden asiatischen und lateinamerikanischen NICs zu verteidigen. Europa sei gezwungen, ein Gleichgewicht in der Öffnung nach Osten und nach Süden zu halten, zumal "l'Europe de l'est appartient aussi à une autre mouvance, un autre monde où l'influence russe est très grande"[58]. Zwei "konzentrische Ringe" sieht Oualalou sich herausbilden - einmal im Osten, zum andern im Süden der EG und je nach Entwicklungsstand mit unterschiedlicher Integrationsperspektive in das vereinte Europa.

Die Änderungen globalen Ausmaßes durchdringen auch die arabische Welt. Sie führen zur Herausbildung wettbewerbsfähiger regionaler Einheiten an Stelle der Nationalstaaten und erzwingen für Oualalou auch eine Änderung der Einstellungen hinsichtlich der panarabischen und regionalen Kooperation. Vor allem das Mittelmeerbecken war und bleibt ein Raum, in dem sich globale Entwicklungen konzentriert niederschlagen. Die Globalisierung läßt die Probleme des anderen zu eigenen werden. Die Konfrontation der Supermächte in dieser Region wird abgelöst von der Konkurrenz der drei großen regionalen Wirtschaftspole. Ihre Herausbildung und insbesondere die Veränderungen im ehemals sowjetischen Machtbereich verstärken das Gewicht Europas gegenüber Nordamerika und dem pazifischen Asien. Doch Oualalou wirft Europa vor, im Vergleich zu den beiden anderen Gravitationszentren wenig aktiv in Bezug auf seine regionale Umgebung gewesen zu sein. Schon 1988 erkennt er für Europa, das südliche Mittelmeer und den Maghreb neue Herausforderungen seitens der USA, die sich als alleinige Hegemonialmacht im Mittelmeer zu etablieren versucht. Auch zu Zeiten des Golfkriegs befaßt er sich mit den amerikanischen Bestrebungen, zu eigenen Gunsten eine "Neue Welt- und Regionalordnung" zu errichten. Die Nahostfriedensverhandlungen und der MENA-Prozeß sind ebenfalls Zeichen dieser Bemühungen. Die dadurch hervorgerufenen Instabilitäten in der Region hat aufgrund seiner geographischen Nähe Europa zu ertragen. Eine Neuformulierung seiner Mittelmeerpolitik "pourrait contribuer à la sauvegarde de ses valeurs intrinsèques à savoir sa culture, son identité, sa spécificité, ses exceptions et son autonomie d'action stratégique et politique face à l'envahissement conquérant de l'atlantisme 'made in USA'"[59].

Auf internationaler Ebene nehmen vor allem die Ergebnisse der Uruguay-Runde der GATT-Verhandlungen Einfluß auf die künftige Gestaltbarkeit der interregionalen Beziehungen. Seit der Reagan-Administration vertritt die amerikanische Regierung offensiv den wirtschaftlichen Liberalismus. Einerseits kann dies zu gemeinsamen Interessen wirtschaftlicher Art zwischen Europa und den Mittelmeerdrittländern führen. Andererseits soll der Barcelonaprozeß dazu beitragen, die regionale und globale Wettbewerbsfähigkeit der Mittelmeersüdanrainer zu steigern. Die Wirtschaften des Maghreb sind also aufgerufen auf zwei ineinandergreifende Logiken zu reagieren: "... la logique globalisante de la mondialisation des accords du GATT/OMC et la logique européenne qui propose la mise en place de la zone de libre-échange euro-méditerranéenne."[60]

Soziokulturelle Aspekte der wirtschaftlichen Dominanz und Offenheit

In verschiedenen Zusammenhängen befaßt sich Oualalou immer wieder ausdrücklich mit den sozialen und kulturellen Folgen äußerer wirtschaftlicher Einflüsse bzw. mit den soziokulturellen Aspekten des Anpassungsbedarfs (z. B. von wirtschaftlichen Verhaltensweisen) aufgrund der weltwirtschaftlichen Integration und der Öffnung nach Europa. Der ausländische Einfluß ist nicht zuletzt deswegen "d'ordre culturel et technique puisque non seulement elle s'impose par la production intellectuelle ..., mais aussi par le biais de tout ce qu'elle peut inspirer en matière de mode de vie, de nature des valeurs, des comportements individuels et collectifs et de méthode de travail et de gestion"[61].

Der Kolonialismus und die zunehmenden sozioökonomischen und psychosozialen Widersprüche hatten nach Oualalou zwei Widerstandsformen zur Folge: Reformistische islamische Bewegungen am Anfang unseres Jahrhunderts attackierten die traditionelle Kultur und Gesellschaft, die sie als verantwortlich für den eigenen Niedergang und die ausländische Penetration ansahen.

> "La seconde forme du refus se représentait dans le mouvement national qui a su dépasser le plan des réformes internes pour s'attaquer directement à la présence étrangère. Cette contestation s'est placée au niveau culturel, puis au niveau économique et enfin au niveau politique."[62]

Schließlich "la prise de conscience du développement a succédé à celle de la Nation. Mais dans les deux cas cette prise de conscience s'est précisée par rapport à l'Autre, c'est à dire l'Etranger"[63].

Vor allem Ende der sechziger und Anfang der siebziger Jahre behandelt Oualalou die sozialen und psychischen Kosten der technischen und kulturellen Zusammenarbeit.[64] Eine nationale Kultur- und Sprachpolitik hat sowohl jeglicher externer Abhängigkeit als auch überholten Wertvorstellungen entgegenzuwirken. Besonders betont er die Bedeutung verstärkter eigenständiger Bildungsinvestitionen. "Le but de l'enseignement et de toute la politique culturelle doit viser la naissance d'hommes créateurs de développement."[65] Eine besonders große Gefahr sieht er darin, daß Technologien, jedoch nicht die damit verbundene Erfindungsgabe und das Verständnis importiert werden und damit die Außenabhängigkeit verstärkt wird. Ende der siebziger Jahre folgert er: "On est donc devant un phénomène d'emprise qui provient du pouvoir économique et culturel et de l'attrait psychologique et sociologique du plus fort face au plus faible."[66]

Kritik äußert Oualalou in den siebziger und achtziger Jahren, aber auch zunehmend an den nationalen Wirtschaftsweisen, vor allem am Mangel an Risikobereitschaft, Kreativität und anderen unternehmerischen Qualitäten selbst im privaten Sektor. Statt dessen "(l)a bourgeoisie d'affaire ... a toujours renforcé le satellitisme et l'aliénation vis à vis du marché mondial"[67]. Eine Außenhandelsstrategie ohne Politik der internen Rationalisierung sieht er als zum Scheitern verurteilt an. Auf alle arabischen Länder bezogen kritisiert er 1982, daß die Rentenökonomie der ölreichen Staaten das Eindringen westlicher Konsummuster und die Entwicklung einer arbeitsverachtenden Mentalität begünstigt habe.

Wirtschaftliche Zwänge erfordern hingegen in den achtziger und am Übergang zu den neunziger Jahren weitreichende Anpassungsmaßnahmen, namentlich eine Effizienzsteigerung und stärkere Marktorientierung der Wirtschaftsweise. Daher "dans une perspective dynamique, l'élargissement de la Communauté n'est pas sans effets positifs"[68]. Positiv ist für Oualalou auch die realpolitische Dynamik - innenpolitisch der Beitrag zur Demokratisierung, außenpolitisch die Ermutigung, regionale Konflikte mit friedlichen Mitteln beizulegen. Nur die weitere wirtschaftliche Entwicklung kann aber die sozialen Kosten, die zu einer destabilisierenden Gefahr geworden sind, kompensieren und damit die demokratische Öffnung der maghrebinischen Gesellschaften garantieren. Erneut betont er: "Un intérêt particulier doit être accordé à l'enseignement et à la formation, tant qu'il est vrai qu'il n y a de richesse que dans les hommes."[69] Kulturelle Folgen erkennt er auch auf europäischer Seite, denn "l'émmigration [sic!] maghrébine en Europe constitue un champ de choc économique, social et culturel"[70].

Auch für die politische Kultur haben die Maghrebstaaten Lehren zu ziehen:

> "La démocratisation de leur système politique et leur respect des droits de l'homme deviennent aujourd'hui une nécessité non seulement pour briser les blocages internes, mais aussi pour se préparer à affronter les défis de l'Europe élargie et définir avec elle les fondements d'une réelle coopération."[71]

Modernität sowie universelle und europäische Werte gilt es in den Staaten südlich des Mittelmeeres in Wirtschaft, Politik und Kultur zu verankern.

Schlußbetrachtung: Mehrfache Verortung Marokkos zwischen Abgrenzung von und Eingliederung nach Europa

Am Beispiel der Veröffentlichungen des Ökonomen und Politikers Fathallah Oualalou untersucht der Beitrag den Einfluß mehrfacher historischer Schnitt- und Wendepunkte auf die Entwicklung des Europabildes in Marokko und der Verortung des eigenen Landes in den letzten 30 Jahren. Parallel zu der Wahrnehmung und Beurteilung innereuropäischer Entwicklungen und der Kooperation zwischen Marokko und der EG/EU werden daher die Integrationsmöglichkeiten und -hindernisse innerhalb des Maghreb und der arabischen Welt und die Sicht auf die Rolle des Mittelmeerraumes in den gegenseitigen Beziehungen betrachtet.

Oualalous grundsätzliche Sichtweisen ändern sich nur langsam. Die *mehrfachen Zäsuren*, die kurzfristig eher Akzentverschiebungen oder neue Themen in seinen Veröffentlichungen bewirken, sind nicht nur globalen Ausmaßes, wie die Nachwehen des Entkolonialisierungsprozesses oder das Ende des Ost-West-Konflikts. Die Rhythmen des Wandels werden auch bestimmt von der Vertiefung und Erweiterung der innereuropäischen Integration, ebenso wie von den einzelnen Phasen im bilateralen Verhältnis zwischen Marokko/den Maghrebstaaten einerseits und dem geeinten Europa andererseits. Wichtige Etappen sind dabei die Bildung der Zollunion unter den EWG-Mitgliedern 1968, die im Jahr darauf die bilaterale Assoziationsphase einleitete, und die erste Erweiterung der Europäischen Gemeinschaft, auf die 1976, eingebettet in die Globale Mittelmeerpolitik der Gemeinschaft und den Euro-Arabischen Dialog, die Kooperationsphase folgte. Eine besonders starke Zäsur ist die Süderweiterung in den achtziger Jahren, die schließlich zu Anpassungsverträgen mit den Mittelmeerpartnern der Gemeinschaft führte. In den neunziger Jahren folgten im innereuropäischen Verhältnis die Vollendung des Binnenmarktes, die zweite Norderweiterung und die Ostorientierung, der gegenüber die Neue Mittelmeerpolitik der Europäer, die vor allem als Folge des Endes der bipolaren Welt anzusehen ist, kaum Gewicht erlangen konnte. Erst Mitte dieses Jahrzehnts folgten neue Bemühungen um eine Mittelmeerpartnerschaft, die im nächsten Jahrtausend in eine euro-mediterrane Freihandelszone münden soll. Wesentliche Einschnitte stellen darüber hinaus regionale Ereignisse in der arabischen Welt, jedoch mit globalen Aspekten und Bezügen, dar, wie die Ölkrise 1973, die zu einer Neuorientierung der europäischen Interessen führte, und zu Beginn der neunziger Jahre der zweite Golfkrieg.

In seinen ersten wissenschaftlichen Veröffentlichungen befaßt sich Oualalou vor allem mit den Auswirkungen der Eingliederung des Entwicklungslandes Marokko in das internationale System, mit den Folgen der Dominanz der kapitalistischen Industrieländer. Marokkos Bindungen bestehen dabei vor allem mit Frankreich, das fest eingebunden ist in das kapitalistische Weltsystem, und mit Europa, auf das in Nachfolge der Dekolonialisierung die Beziehungen - zunächst handelspolitisch, später zunehmend auch in anderen Bereichen - formal weitgehend übergegangen sind. Er erkennt früh, daß Europa ein Faktum darstellt, das nicht ignoriert werden kann - vielmehr stellt sich die Frage: Wie soll Marokko damit umgehen?

Um sich aus der Abhängigkeit vom Westen insgesamt und von Europa insbesondere zu befreien, steht das Gegenmodell des Maghreb zur Verfügung. *Le Maghreb et l'Europe* (1988), insbesondere *La problématique de la coopération maghrébine face au dynamisme de la communauté européenne* (1989) sind ständig wiederkehrende Themen von Oualalous Veröffentlichungen. Die Spannweite der Titel reicht über mehr als ein Vierteljahrhundert hinweg von *Le Maghreb: une utopie toujours possible* (1977) bis zu *Le Maghreb est nécessaire* (1996). Der Maghreb stellt in den siebziger Jahren vor allem eine Alternative zu den europäischen Märkten dar. Da die Wirtschaftsstrukturen der Maghrebländer nicht ausreichend komplementär sind, sieht Oualalou eine reine Handelslösung als unzureichend an. Europa wird hier Vorbild für eine Harmonisierung der Wirtschaftspolitiken und eine umfassende Integration der Volkswirtschaften; nationale und gemeinsame Entwicklungsanstrengungen sind nötig.

Bis spätestens Mitte der achtziger Jahre ist der antiimperialistische Tenor aus Oualalous Veröffentlichungen gewichen. Im Vordergrund stehen nun Forderungen nach einem verbesserten Zugang zu den europäischen Märkten, insbesondere wegen der Nachteile, die der Globalansatz der europäischen Mittelmeerpolitik sowie die europäische Süderweiterung - das ambivalente Verhältnis zu Spanien erhält nun bei Oualalou besondere Beachtung - im Vergleich zu anderen Mittelmeerländern mit sich bringen. Der marokkanische Antrag auf EG-Beitritt spielt in der vorliegenden Literatur kaum eine Rolle. Die Kooperation innerhalb des Maghreb wird dagegen weiterhin als notwendig erachtet. Zunehmend wird sie als komplementär zu einer engen Anbindung an Europa angesehen, um zusätzliche Märkte zu erschließen, aber auch um gemeinsame Verhandlungspositionen zu erarbeiten. Oualalou beschreibt diesen Prozeß der veränderten Wahrnehmung selbst: "Pendant longtemps, les Maghrébins ont conçu l'idée du Maghreb uni contre l'Europe ..., l'union du Maghreb est désormais un projet qui doit avancer en renforçant ses rapports de coopération avec l'Europe."[72] Die Euphorie über die Überwindung von Kooperationshindernissen im Maghreb Ende der achtziger Jahre währt nicht lange. So tendiert Oualalou Mitte der neunziger Jahre eher zu bilateralen Beziehungen Marokkos zur EU statt zu einer Einbettung in ein biregionales Vertragswerk.

Als Ökonom beschäftigt sich Oualalou zuvörderst mit wirtschaftlich, wirtschaftspolitisch und politökonomisch relevanten Aspekten der Kooperation mit Europa wie auch innerhalb des Maghreb. Er betont aber auch mehrfach die politischen und kulturellen Bezüge und Auswirkungen der gegenseitigen Verflechtungen. Dabei geht es in den siebziger Jahren insbesondere um die soziokulturellen Folgen der externen Abhängigkeit. Er erkennt auch die außerökonomischen Aspekte der europäischen Einheit. Seit den achtziger Jahren betont er die Hoffnung auf Übernahme europäischer politischer Wertvorstellungen und die Notwendigkeit der Veränderung wirtschaftlicher Verhaltensweisen, die ebenfalls zum großen Teil kulturellen Einflüssen unterliegen. Mitte der neunziger Jahre begründet er die engen Beziehungen Marokkos zu Europa mit politischen und historischen Besonderheiten. Auch das geographische Element spielt eine Rolle - Marokkos Nähe zu Europa, insbesondere seit der Süderweiterung, und seine verbindende Lage im westlichen Mittelmeerraum zwischen Europa sowie dem Maghreb, der arabischen und afrikanischen Welt. Eine sehr viel stärkere Rolle spielt naturgemäß das Argument der kulturellen Zusammengehörigkeit bezüglich der Beziehungen zum Maghreb und zu den arabischen Staaten. Er betont Geschichte, Sprache und Religion seit Ende der sechziger Jahre als einigende Kräfte. Von Anfang an erkennt Oualalou auch interne Gründe - wirtschaftspolitisches Mißmanagement, demokratische und kulturpolitische Defizite sowie zwischenstaatliche Auseinandersetzungen - als Ursachen für die geringe Integrationsfähigkeit nach Europa und für die Erfolglosigkeit der Einheit des Maghreb und der arabischen Welt. In vieler Hinsicht - wirtschaftlich, politisch und vor allem als Integrationsmodell - ist Europa Vorbild für Marokko und den Maghreb.

Der Mittelmeerraum als trennendes und verbindendes Element zwischen Europa und dem Maghreb und der restlichen arabischen Welt taucht spätestens seit Einführung der Globalen Mittelmeerpolitik der EG auf. Sowohl Europa wie auch Marokko sollen sich stärker auf das Mittelmeer hin orientieren. Zwischen den beiden Makroregionen sind auch Beziehungen zwischen den nördlichen und südlichen Mittelmeeranrainern selbst bis auf die Ebene subnationaler Regionen auf- und auszubauen (für Marokko insbesondere mit Spanien). Auch hier finden sich neben ökonomischen zunehmend kulturelle, geographische und historische Begründungen wieder. Eine besondere Beachtung findet das Mittelmeer vor allem aufgrund der weltpolitischen Zäsuren (Ende der bipolaren Welt, Golfkrieg), die diesen Raum seit 1989 direkt betreffen. Für Oualalou "le projet de Barcelone est le produit des mutations de cette fin de siècle: de la globalisation...; de la régionalisation"[73]. Chancen sieht er für das Mittelmeer, als Kontaktraum zwischen den Kulturen, Religionen und Zivilisationen zu gegenseitigem Verständnis, gegenseitiger Öffnung und Solidarität beitragen zu können.

Schon seit den siebziger Jahren weist Oualalou auf die *mehrfachen Zugehörigkeiten* Marokkos hin. Innerhalb des eigenen Landes zählt dazu nicht nur die Reorientierung vom Atlantik hin zum Mittelmeer als Verbindung nach Europa. Innerhalb des Maghreb ist ein zentrales verbindendes Element (ebenso ein die

Einigung behindernder Streitpunkt) auch die Sahara. Diese stellt zugleich eine Brücke nach Schwarzafrika dar. Gegenüber den anderen Komponenten der eigenen Verortung - Maghreb, arabische Welt, Europa und Mittelmeer - hat Afrika für Oualalou jedoch eine weit nachgeordnete Bedeutung. Auch die Zugehörigkeit zur islamischen Welt spielt in seinem Werk kaum eine Rolle: die gemeinsame Religion ist lediglich einigendes Band der Araber.

Die mehrfache und multidimensionale Verortung des eigenen Landes in größere Zusammenhänge, die keine eindeutige Zuordnung und Einordnung in eine Hierarchie von Beziehungen mehr erlaubt, ist Teil der zunehmenden Globalisierung. Die oft gleichzeitigen Prozesse von Abgrenzung und Eingliederung lassen sich aus Oualalous Veröffentlichungen auch für Europa erkennen. Je nach individuellem Standpunkt und je nach Fragestellung und in Abhängigkeit von inneren und äußeren Ereignissen werden die eigenen Komponenten der Verortungsmöglichkeiten unterschiedlich betont. Sie werden aber auch immer vor dem Hintergrund des jeweils anderen gesehen; so betont Oualalou selbst, daß "le Maghreb comme projet et comme idéal a toujours été construit dans l'esprit des Maghrébins par rapport à l'Europe"[74].

Die politischen und wirtschaftstheoretischen Ansätze, die den Wahrnehmungen und Beurteilungen Oualalous zugrunde liegen, sind so gut wie ausschließlich westlich-universeller Provenienz, innerhalb derer er als Wissenschaftler eigene Akzente setzt. Nur ansatzweise findet sich in einer Veröffentlichung, in der er das sozioökonomische Denken des arabischen Historikers und Sozialwissenschaftlers al-Maqrīzī (1364-1442) untersucht, der Versuch, "indigene" Erklärungsansätze zu nutzen.[75] In den siebziger Jahren folgt er den internationalen dependenztheoretischen Debatten und schließt sich Forderungen nach Süd-Süd-Kooperation an. Mit der Forderung nach gemeinsamen Entwicklungspolen bezieht er sich explizit auf die Arbeiten des bekannten französischen Wirtschaftswissenschaftlers François Perroux.[76] Doch Anfang der achtziger Jahre äußert er Kritik an der verengten ökonomistischen Sichtweise konventioneller wirtschaftlicher Theorien. Sie vernachlässigen "l'impact des instances superstructurelles, idéologiques et culturelles et le rôle spécifique des relations internationales"[77]. Ein Hindernis ist vor allem "l'européo-centrisme de la théorie économique dominante ... soit d'obédience néo-classique, keynésienne ou même marxiste"[78]. In den neunziger Jahren nimmt er schließlich die Diskussion um Globalisierung, Regionalisierung[79] und kulturelle Konfrontation auf.

In seinem neuen Amt muß Oualalou, der als "homme d'une sensibilité de gauche mais ayant aussi l'oreille du patronat et des instances internationales"[80] beschrieben wird, nun seine akademischen Ideen, die sich in seinen vorwiegend wissenschaftlichen Veröffentlichungen[81] niederschlugen, unter realpolitischen Zwängen im politischen Alltag umsetzen. Nach den Wahlen versprach er einen pragmatischen Ausbau der Kooperation mit Europa: Ziel ist insbesondere die weitere Öffnung der europäischen Märkte für marokkanische Textil- und Agrarprodukte. Aber auch "mehr Demokratie unsererseits ist eine wichtige Grundlage für eine bessere Zusammenarbeit mit der EU"[82]. Die wachsende Bedeutung der Anbindung an Europa zeigt sich bspw. darin, daß er wenige Tage nach seiner Amtsübernahme für das laufende staatliche Budget eine Neuverschuldung ankündigte, die sich an der Obergrenze von 3 Prozent des Bruttoinlandprodukts orientiert, wie sie gerade im Zentrum der wirtschaftspolitischen Diskussion in Europa steht.[83] Langfristig kann Oualaous Orientierung Oualalous verbunden sein mit einer stärkeren Übernahme in Europa etablierter kultureller Elemente und Wertvorstellungen hinsichtlich Wirtschaft und Politik. Schließlich "Marocains et Européens sont condamnés à s'entendre"[84].

Literaturverzeichnis Fathallah Oualalou

L'accord avec la C.C.E. [C.E.E.] et l'avenir. In: Lamalif (1969) 30, S. 38-44.

L'agression contre l'Irak et la problématique économique. In: Chadly Ayari u. a., La Guerre du Golfe et l'avenir des arabes. Débat et réflexions, Tunis-Casablanca 1991, S. 40-55 (arab. erschienen als: Al-ᶜUdwān ᶜalaʾal-ᶜIrāq wa'l-iškālīya al-iqtiṣādīya. In: Ḥarb al-Ḫalīǧ wa mustaqbal al-ᶜarab. Ḥiwār wa-mawāqif, Tunis 1991, S. 44-58).

L'apport étranger et l'agriculture marocaine. In: Bulletin Economique et Social du Maroc 33 (1973) 122, S. 37-63.

Après Barcelone, le Maghreb est nécessaire, Casablanca-Paris 1996.

L'assistance étrangère face au développement économique du Maroc, Casablanca 1969 (= Thèse, Faculté de droit et de sciences économiques, Paris 1968).

L'avenir du Maroc face à son association avec la C.E.E. In: Revue du Marché Commun 14 (1971) 142, S. 85-89.

Les bases économiques de l'intégration éventuelle du Maghreb. In: Libération (1977) 124, S. 8-9; dto., T. 2. In: Libération, (1977) 125, S. 8f.; dto., T. 3. In: Libération, (1977) 126, S. 8f.; dto., T. 4. In: Libération, (1977) 127, S. 7.

La Communauté Economique Européenne et le Maroc. Le contentieux et l'impact du second élargissement. In: afrika spectrum, 17 (1982) 2, S. 129-149.

Complementarità e concorrenzialità delle economie arabe: dal progetto panarabo ai complessi regionali. In: Mahmoud Abdel-Fadil u. a., Stato ed economia nel mondo arabo, Turin 1993, S. 47-59.

La conférence de Barcelone: une lecture maghrébine. In: Annales Marocaines de l'Economie, 15 (1996), S. 15-29.

Le développement du Maghreb répond aux intérêts des sociétés européennes. In: Confluences Méditerranée, (1993) 7, S. 47-54 (Interview).

La division internationale du travail entre les "avancées" et les "recul[ée]s". In: Revue Juridique Politique et Economique du Maroc, 8 (1980) 2, S. 353-372.

Face-à-face France - Maroc. In: Lamalif, (1970) 36, S. 7-11.

La gauche européenne et l'affaire du Sahara. In: Lamalif, (1975) 76, S. 11-13.

L'incidence de l'association de 1969 sur l'économie marocaine. In: Les relations du Maroc et de la Communauté Economique Européenne, Journées d'étude organisées par l'Institut d'Etudes européennes les 24 et 25 mai 1976, Brüssel 1977, S. 27-44 (Diskussionsbeiträge S. 68f., 70, 73, 75).

Intégrité territoriale et spécificité de la coopération maghrébine à travers les zones sahariennes. In: Ali Abaab u. a., Intégration économique des provinces sahariennes et développement national. Colloque international organisé par l'Association des Economistes Marocains, Rabat le 9-10 janvier 1984, Casablanca 1985, S. 353-392.

Iškālīyat al-ʿilāqāt al-mustaqbalīya baina Ittiḥād al-Maġrib al-ʿarabī wa'l-Maǧmūʿa al-iqtiṣādīya al-ūrūbīya (Problématique des relations futures entre l'U.M.A. et la C.E.E.). In: Annales Marocaines de l'Economie, 1 (Frühjahr 1992), S. 9-28.

Lecture des implications de la Conférence de Barcelone. In: Association des Economistes Marocains. La Conférence euro-méditerranéenne de Barcelone et les enjeux du nouveau partenariat maroco-européen, Actes de la table ronde organisée par l'A.E.M. le 11 Novembre 1995 à Rabat, Boukili-Kénitra 1996 (= Tables Rondes de l'A.E.M. 2), S. 97-119.

Le Maghreb et l'Europe. In: L'Evénement Européen, (1988) 2, S. 43-52.

Le Maghreb nécessaire, la marocanité du Sahara et l'Algérie. In: Lamalif, (1975) 71, S. 9-18.

Le Maghreb: une utopie toujours possible, Rabat 1977.

Maroc. In: Annuaire de l'Afrique du Nord 1969. Bd. 8, Paris 1970, S. 565-586.

Maroc. In: Annuaire de l'Afrique du Nord 1970. Bd. 9, Paris 1971, S. 490-510.

Le Maroc et l'application de la notion de dépendance. In: Economie Appliquée. Archives de l'I.S.E.A., 4 (1971) 24, S. 699-715.

Le Maroc et l'Espagne face à la Méditerranée. In: Signes du Présent, (1988) 2, S. 91-108.

Le Maroc, le Maghreb et l'Union européenne entre la tendance à la reproduction des rapports traditionnels et l'exigence de leur rénovation. In: Yves-Henri Nouailhat (Hg.), Le Maroc et l'Europe, Nantes 1995, S. 91-107.

Le monde arabe et la Communauté Economique Européenne: Le globalisme et les différenciations. In: Bichara Khader (Hg.), Coopération euro-arabe: Diagnostic et prospective. Actes du Colloque organisé à Louvain-la-Neuve 2-4 décembre 1982. Bd. 1, Louvain-la-Neuve 1982, S. 78-127.

Onze thèses sur la coopération inter-arabe et le développement économique. In: Habib el-Malki (Hg.), Le Tiers-Monde dans la crise, quelles issues? Actes du Colloque du Département des Sciences Economiques de la Faculté de Droit de Rabat, Université Mohammed V, avril 1982, Casablanca 1982, S. 401-420.

La pensée socio-économique d'El Makrizi, Rabat 1976 (= Bulletin Economique et Social du Maroc).

Point de vue du tiers monde. In: Esprit (1970) 7-8, S. 151-158.

La politique phosphatière marocaine et les tentatives d'adaptation aux variations de la demande internationale. In: Annuaire de l'Afrique du Nord 1994. Bd. 13, Paris 1975, S. 41-70.

La politique phosphatière marocaine et les tentatives d'adaptation aux variations de la demande internationale. In: Libération, (1977) 138, S. 8-9, 11; dto., Le tournant de 1974: la hausse du prix des phosphates. Conséquences. In: Libération, (1977) 139, S. 8-9; dto., Les conséquences de la hausse du prix des phosphates. In: Libération, (1977) 140, S. 8-9, 14; dto., La problématique de l'industrie de transformation au Maroc. In: Libération, (1977) 141, S. 8-9, 14.

La problématique de la coopération maghrébine face au dynamisme de la communauté européenne. In: L'Europe et le Maghreb, Louvain-la-Neuve 1989 (= CERMAC, Cahier 66-67), S. 1-18.

Propos d'économie marocaine, Rabat 1980.

Propos recueillis par zakya daoud. Fathallah Oualalou: "Pour réaliser le Maghreb, il faut des capacités égales aux niveaux économique et politique". In: Lamalif, (1980) 114, S. 36-41.

Reflections on the future of Maghreb Cooperation. In: Lo Spettatore Internazionale, 3 (1977) 12, S. 239-273.

Réflexions sur les nouvelles formes de "coopération" entre le Maghreb et l'Europe. In: Bulletin Economique et Social du Maroc, (1975) 126, S. 135-154.

Réformes économiques et évolution du modèle soviétique. In: Al Asas, (1990) 98, S. 58-61.

Les théories économiques et le développement de la réflexion sur la paix. In: Lamalif, (1981) 122, S. 58-64.

Tiers-Monde et Communauté Economique Européenne. In: Bulletin Economique et Social du Maroc, 31 (1969) 114, S. 145-190.

Überlegungen zu den neuen Formen der Kooperation zwischen dem Maghreb und Europa. In: Zeitschrift für Kulturaustausch, 25 (1975) 4, S. 116-125.

L'UMA, le grand marché européen et la nécessaire mutation des rapports euro-maghrébines. In: IIème Forum Méditerranéen, Réalités et perspectives des relations entre les pays européens de la Méditerranée Occidentale et les pays de l'Union du Maghreb Arabe (Tanger - Palais Marshan - du 23 au 27 mai 1989), S. 19-38.

L'UMA, le grand marché européen et la nécessaire mutation des rapports euro-maghrébins, Communication au 2e forum "Réalités et perspectives des relations entre les pays européens de la Méditerranée occidentale et les pays de l'Union du Maghreb arabe", Tanger, 24-27 mai 1989. In: Problèmes Politiques et Sociaux, (1990) 626. Dossier: Vers le Grand Maghreb, Kap. "Changer les rapports euro-maghrébines", S. 38-42.

"Wir brauchen die Modernisierung", Fathallah Oualalou, Fraktionschef der Union der Sozialistischen Volkskräfte (USFP), über saubere Wahlen und den möglichen Machtwechsel. In: die tageszeitung, 14.11.1997, S. 3.

Zones de libre échange maghrébine et euro-maghrébine. Atelier "Libéralisation et financement des échanges maghrébins au service de l'intégration économique maghrébine" (Tanger, 14-16 juin 1995), United Nations, Economic Commission for Africa/Nations Unies, Commission Economique pour l'Afrique (ECA/MRAG/95/04 TP, Tanger 1995).

Anmerkungen

1 Vgl. dazu Ch. Oman, Globalization and Regionalization, The Challenge for Developing Countries, Paris 1994; M. Fouquin, Mondialisation et régionalisation. In: R. Bistolfi (Hg.), Euro-Méditerranée. Une région à construire, Paris 1995, S. 37 ff.; R. Shams, Liberalisierung, Globalisierung und Regionalisierung: Neue Ansatzpunkte zur Integration der Entwicklungsländer in die Weltwirtschaft, Hamburg 1996; A. Gamble/A. Payne (Hg.), Regionalism and World Order, New York 1996; Mondialisation et dynamiques régionales, Paris 1997 (= Politique étrangère 2).

2 Zur kultur- und sozialwissenschaftlich geprägten Globalisierungsdebatte vgl. bspw. Mike Featherstone (Hg.), Global Culture, Nationalism, Globalization and Modernity, London u.a. 1990; ders. (Hg.), Cultural Theory and Cultural Change, London u.a. 1992; ders. (Hg.), Global Modernities, 5. Aufl., London u.a. 1994; Ulrich Beck, Was ist Globalisierung? Irrtümer des Globalismus - Antworten auf die Globalisierung, Frankfurt/M. 1997; ders. (Hg.), Perspektiven der Weltgesellschaft, Frankfurt/M. 1998; ders. (Hg.), Politik der Globalisierung, Frankfurt/M. 1998.

3 Vgl. dazu Maurice Flory, Note sur la demande d'adhésion du Maroc à la Communauté Economique Européenne. In: Annuaire de l'Afrique du Nord 1994. Bd. 23, Paris 1986, S. 705-709; Abdelkader Kadiri, La demande d'adhésion du Maroc à la Communauté européenne: mythe ou réalité. In: Yves-Henri Nouailhat (Hg.), Le Maroc et l'Europe, Nantes 1995, S. 85-90.

4 Vgl. z. B. Sigrid Faath, "Le Hassanisme". Das marokkanische Konzept von Demokratie. In: Sigrid Faath/Hanspeter Mattes (Hg.), Marokko, Hamburg 1991 (= wuqûf 4-5), S. 9ff.; dies., Die Rolle politischer Parteien in den Maghrebstaaten und die Aussichten der Demokratisierung. In: KAS-Auslandsinformationen, 12 (1996) 6, S. 31ff.; Bernabé López Garcia, Structure des partis, politisation de la société et démocratie: Splendeur et misère de l'opposition politique au Maroc. In: Jean-Claude Vatin u. a., Démocratie et démocratisations dans le monde arabe, Kairo 1992, S. 253ff.; George Joffé, Elections and Reform in Morocco. In: Richard Gillespie (Hg.), Mediterranean Politics. Bd. 1, London 1994, S. 212ff.

5 Vgl. Abdelkader El Kadiri, La politique extérieure du Maroc entre le projet et la réalité. In: Jean-Claude Santucci (Hg.), Le Maroc actuel. Une modernisation au miroir de la tradition? Paris 1992, S. 171ff.; Aide Mémoire. Maroc-Union Européenne - Programme d'appui au secteur privé - 4 décembre 1996; Annuaire de l'Afrique du Nord 1994. Bd. 33, Paris 1996; Rémy Leveau/ Mounia Bennani-Chraïbi, Maroc 1996. Institutions-Economie-Société. In: Hamit Bozarslan u.a., Acteurs et espaces politiques au Maroc et en Turquie, Berlin 1996 (= Les Travaux du Centre Marc Bloch 8), S. 65f.

6 Bei den Wahlen entfielen auf die USFP 57 von insgesamt 325 Parlamentsabgeordeneten. Vgl. Jeune Afrique (1997) 1925, S. 30ff. (http://www.mincom.gov.ma/elections/scrutin.htm). Zur Bestellung und Vereidigung der Mitte-Links-Regierung vgl. Tagesspiegel, 16.3.1998, und Neue Zürcher Zeitung, 3.3. und 16.3.1998. Zu den ministrablen Wissenschaftlern der USFP vgl. La Vie Economique, (1998) 3958, S. 15 (http://www.marocnet.net.ma/ve3958/p15.html).

7 Quellen zum Lebenslauf: http://www.mincom.gov.ma/frensh/minister/gouv98/07.htm; Propos recueillis par zakya daoud. Fathallah Oualalou: "Pour réaliser le Maghreb, il faut des capacités égales aux niveaux économique et politique". In: Lamalif, (1980) 114, S. 36-41. Zu Details vgl. außerdem Autorenangaben in den Veröffentlichungen Oualalous; Annuaire de l'Afrique du Nord 1977. Bd. 16, Paris 1978; Documents Maroc, 2. Elections législatives, a) Elus des provinces et préfectures, S. 874, 17/1978 [1979]; Documents Maroc, 5. 3e Congrès de l'USFP ..., c) Renouvellement des instances dirigeantes, S. 809; 30/1991 [1993], S. 848 (Chronique Bibliographique Maroc) und 31/1992 [1994]; Maroc (Chronique intérieure/Documents), Elections Communales, a.a.O., S. 876.

8 Im folgenden geht es vor allem um allgemein wirtschafts- und integrationspolitische Fragen und insbesondere um politische und soziokulturelle Aspekte. Zu ökonomischen Details vgl. z.B. Thomas Pornschlegel, Effects of EC South enlargement: the Case of Morocco. In: Orient, 26 (1985) 2, S. 238ff.; Ansgar Eußner, Die marokkanische Agroindustrie nach der Süderweiterung der EG, Entwicklungsaussichten und

Fördermaßnahmen, Berlin 1988; Thomas F. Rutherford/E. E. Rutström/David Tarr, Morocco's Free Trade Agreement with the EC: A Quantitative Assessment, 1993 (= The World Bank, Policy Research Working Papers).

9 Fathallah Oualalou, Tiers-Monde et Communauté Economique Européenne. In: Bulletin Economique et Social du Maroc, (1969) 114, S. 158.

10 Fathallah Oualalou, L'assistance étrangère face au développement économique du Maroc, Casablanca 1969, S. 207.

11 Oualalou, La Communauté Economique Européenne et le Maroc, Le Contentieux et l'impact du second élargissement. In: afrika spectrum, 17 (1982) 2, S. 131; ähnlich auch: Le monde arabe et la Communauté Economique Européenne: Le globalisme et les différenciations. In: Bichara Khader (Hg.), Coopération euro-arabe: Diagnostic et Prospective. Bd. 1, Actes du Colloque organisé à Louvain-la-Neuve 2-4 décembre 1982, Louvain-la-Neuve 1982, S. 100.

12 Oualalou, Tiers-Monde..., a.a.O., S. 184.

13 Oualalou, L'avenir du Maroc face à son association avec la C.E.E. In: Revue du Marché Commun, 14 (1971) 142, S. 86; ders., Le Maroc et l'application de la notion de dépendance. In: Economie Appliquée. Archives de l'I.S.E.A., 4 (1971) 24, S. 704.

14 Fathallah Oualalou, Überlegungen zu den neuen Formen der Kooperation zwischen dem Maghreb und Europa. In: Zeitschrift für Kulturaustausch, 25 (1975) 4, S. 124.

15 Oualalou, L'avenir du Maroc..., S. 34.

16 Fathallah Oualalou, Propos d'économie marocaine, Rabat 1980, S. 64.

17 Fathallah Oualalou, Le développement du Maghreb répond aux intérêts des sociétés européennes. In: Confluences Méditerranée, (1993) 7, S. 54.

18 Fathallah Oualalou, La problématique de la coopération maghrébine face au dynamisme de la communauté européenne. In: L'Europe et le Maghreb, Louvain-la-Neuve 1989, Louvain-la-Neuve 1989, S. 7.

19 Oualalou, Le développement..., a.a.O., S. 48.

20 Oualalou, Lecture des implications de la Conférence de Barcelone. In: Association des Economistes Marocains: La Conférence euro-méditerranéenne de Barcelone et les enjeux du nouveau partenariat maroco-européen. Actes de la table ronde organisée par l'A.E.M. le 11 Novembre 1995 à Rabat, Boukili-Kénitra 1996 (= Tables Rondes de l'A.E.M. 2), S. 111.

21 Oualalou, Le développement..., a.a.O., S. 48.

22 Fathallah Oualalou, Le Maroc, le Maghreb et l'Union européenne entre la tendance à la reproduction des rapports traditionnels et l'exigence de leur rénovation. In: Yves-Henri Nouailhat (Hg.), Le Maroc et l'Europe, Nantes 1995, S. 102.

23 Vgl. auch seine Äußerungen als Mitglied des Mittelmeerkomitees der Sozialistischen Internationale in: L'Opinion, 24.3.1997, S. 1, 4.

24 Oualalou, Face-à-face France - Maroc. In: Lamalif, (1970) 36, S. 9.

25 Fahtallah Oualalou, Le Maroc et l'Espagne face à la Méditerranée. In: Signes du Présent, (1988) 2, S. 103.

26 Ebenda, S. 95.

27 Ebenda, S. 100.

28 Fathallah Oualalou, Le monde arabe et la Communauté Economique Européenne: Le globalisme et les différenciations. In: Khader, a.a.O., S. 112.

29 Oualalou, Lecture des implications..., a.a.O., S. 105.

30 Oualalou, Überlegungen..., a.a.O., S. 117; vgl. auch dens., Propos..., a.a.O., S. 92; Réflexions sur les nouvelles formes de "coopération" entre le Maghreb et l'Europe. In: Bulletin Economique et Social du Maroc, (1975) 126, S. 136.

31 Oualalou, Face-à-face France - Maroc. In: Lamalif, (1970) 36, S. 9.
32 Ebenda, S. 7.
33 Oualalou, Réflexions..., a.a.O., S. 145.
34 Oualalou, Le Maroc et l'Espagne face à la Méditerranée. In: Signes du Présent, (1988) 2, S. 104.
35 Oualalou, Onze thèses sur la coopération inter-arabe et le développement économique. In: Habib el-Malki (Hg.), Le Tiers-Monde dans la crise, quelles issues? Actes du Colloque du Département des Sciences Economiques de la Faculté de Droit de Rabat, Université Mohammed V, avril 1982, Casablanca 1982, S. 416.
36 Oualalou, Überlegungen..., a.a.O., S. 117 (im Original teilweise kursiv); vgl. auch dens., Propos..., a.a.O., S. 92f.
37 Oualalou, Complementarità e concorrenzialità delle economie arabe: dal progetto panarabo ai complessi regionali. In: Mahmoud Abdel-Fadil u. a., Stato ed economia nel mondo arabo, Turin 1993, S. 58f.
38 Fathallah Oualalou, L'agression contre l'Irak et la problématique économique. In: Chadly Ayari u.a., La Guerre du Golfe et l'avenir des arabes. Débat et réflexions, Tunis-Casablanca 1991, S. 53.
39 Oualalou, Le monde arabe..., a.a.O., S. 80.
40 Oualalou, Le Maghreb et l'Europe. In: L'Evénement Européen (1988) 2, S. 44.
41 Oualalou, L'UMA, le grand marché européen et la nécessaire mutation des rapports euro-maghrébins, Communication au 2e forum "Réalités et perspectives des relations entre les pays européens de la Méditerranée occidentale et les pays de l'Union du Maghreb arabe", Tanger, 24-27 mai 1989. In: Problèmes Politiques et sociaux, 626 (16. Febr. 1990). Dossier: Vers le Grand Maghreb, Kap. "Changer les rapports euro-maghrébines", S. 39.
42 Oualalou, Le Maroc et le Espagne..., a.a.O., S. 103.
43 Ebenda, S. 95.
44 Oualalou, Le Maroc, le Maghreb et l'Union européenne entre la tendance à la reproduction des rapports traditionnels et l'exigence de leur rénovation. In: Yves-Henri Nouailhat (Hg.), Le Maroc et l'Europe, Nantes 1995, S. 100.
45 Ebenda, S. 106.
46 Oualalou, Le Maghreb et l'Europe..., a.a.O., S. 52.
47 Oualalou, La conférence de Barcelone: une lecture maghrébine. In: Annales Marocaines de l'Economie, 15 (1996), S. 25; vgl. auch dens., Lecture des implications..., a.a.O., S. 112; dens., Après Barcelone, le Maghreb est nécessaire, Casablanca-Paris 1996, S. 273f.
48 Oualalou, Lecture des implications, a.a.O., S. 112; vgl. auch dens., La conférence de Barcelone..., a.a.O., S. 25; dens., Après Barcelone..., a.a.O., S. 274.
49 Oualalou, Lecture des implications..., a.a.O., S. 112f.; vgl. auch dens., La conférence de Barcelone..., a.a.O., S. 25; dens., Après Barcelone..., a.a.O., S. 274.
50 Oualalou, La problématique..., a.a.O., S. 8; vgl. auch dens., Le Maghreb et l'Europe, a.a.O., S. 49.
51 Oualalou, Complementarità..., a.a.O., S. 57.
52 Der Dialog, an dem auf europäischer Seite Spanien, Portugal, Frankreich und Italien sowie als Nicht-EU-Mitglied Malta teilnahmen, scheiterte nicht zuletzt wegen des Libyenembargos seit 1991.
53 Oualalou, Lecture des implications..., a.a.O., S. 105; vgl. auch dens., La conférence de Barcelone..., a.a.O., S. 20; dens., Après Barcelone, a.a.O., S. 266; dens., Le Maroc, le Maghreb..., a.a.O., S. 100.

54 Oualalou, Lecture des implications..., a.a.O., S. 105; vgl. auch dens., La conférence de Barcelone..., a.a.O., S. 20.
55 Fathallah Oualalou, Réformes économiques et évolution du modèle soviétique. In: Al Asas, (1990) 98, S. 60f.
56 Ebenda, S. 58.
57 Ebenda, S. 61.
58 Oualalou, Le développement..., a.a.O., S. 52.
59 Oualalou, Le Maroc, le Maghreb..., a.a.O., S. 106.
60 Oualalou, La conférence de Barcelone..., a.a.O., S. 28; vgl. dens., Après Barcelone..., a.a.O., S. 278f.; dens., Lecture des implications..., a.a.O., S. 117.
61 Oualalou, L'évolution des phases de domination dans les pays du tiers-monde. In: Lamalif, (1972) 54, S. 24.
62 Ebenda, S. 26.
63 Oualalou, L'assistance étrangère..., a.a.O., S. 17
64 Oualalou mokiert sich auch über den "linken" Experten, der weniger die Probleme der Dritten Welt als seine eigenen zu lösen versucht und die zu Hause gescheiterte Revolution in den Entwicklungsländern realisieren will.
65 Oualalou, L'assistance étrangère..., a.a.O., S. 347.
66 Oualalou, L'incidence de l'association de 1969 sur l'économie marocaine. In: Les relations du Maroc et de la Communauté Economique Européenne, Journées d'étude organisées par l'Institut d'Etudes européennes les 24 et 25 mai 1976, Brüssel 1977, S. 31; vgl. auch dens., L'avenir du Maroc face à son association avec la C.E.E. In: Revue du Marché Commun, 14 (1971) 142, S. 85, und dens., Propos..., a.a.O., S. 64.
67 Oualalou, Onze thèses..., a.a.O., S. 411.
68 Oualalou, L'UMA..., a.a.O., S. 38.
69 Fathallah Oualalou, Zones de libre échange maghrébine et euro-maghrébine. Atelier "Libéralisation et financement des échanges maghrébins au service de l'intégration économique maghrébine" (Tanger, 14-16 juin 1995), Nations Unies, Commission Economique pour l'Afrique (ECA/MRAG/95/04 TP, Tanger 1995), S. 129.
70 Oualalou, Après Barcelone..., a.a.O., S. 172.
71 Oualalou, La problématique..., a.a.O., S. 7.
72 Oualalou, Le développement..., a.a.O., S. 50.
73 Oualalou, Après Barcelone..., a.a.O., S. 18f.
74 Oualalou, Le développement..., a.a.O., S. 50.
75 Ihm geht es jedoch vor allem darum, den arabisch-islamischen Beitrag zur Wissenschaftsgeschichte nachzuvollziehen. Außerdem ist für ihn Maqrizis Werk "d'un grand secours pour l'économiste qui cherche à sonder les causes du sous-développement actuel". Fathallah Oualalou, La pensée socio-économique d'El Makrizi, Rabat 1976 (= Bulletin Economique et Social du Maroc 130), S. 9.
76 Vgl. auch L. Talha, Oualalou (Fathallah). Le Tiers-Monde et la troisième phase de la domination, Rabat 1973. In: Annuaire de l'Afrique du Nord. Bd. 12/1973, Paris 1974, S. 1332-1334.
77 Fathallah Oualalou, Les théories économiques et le développement de la réflexion sur la paix. In: Lamalif, (1981) 122, S. 58.
78 Ebenda, S. 58.
79 Vgl. auch L'Opinion, 15.1.1997, S. 5, und 22.1.1997, S. 5.
80 Le Nouvel Afrique Asie, (1998) 103, S. 29f. (http://www.afrique-asie.com/03-mar1.htm).

81 Auch seine Ausführungen in "Libération", dem Organ der USFP, entsprechen inhaltlich, argumentativ und stilistisch seinen für die wissenschaftliche Öffentlichkeit bestimmten Fachpublikationen.

82 Oualalou, "Wir brauchen die Modernisierung". Fathallah Oualalou, Fraktionschef der Union der Sozialistischen Volkskräfte (USFP), über saubere Wahlen und den möglichen Machtwechsel. In: die tageszeitung, 14.11.1997, S. 3.

83 Vgl. La Vie Economique (1998) 3961, S. 1 (http://www.marocnet.net.ma/ve3961).

84 Oualalou, Le développement..., a.a.O., S. 54.

ZENTRUM MODERNER ORIENT

ARBEITSHEFTE

Nr. 1 ANNEMARIE HAFNER/JOACHIM HEIDRICH/PETRA HEIDRICH: Indien: Identität, Konflikt und soziale Bewegung

Nr. 2 HEIKE LIEBAU: Die Quellen der Dänisch-Halleschen Mission in Tranquebar in deutschen Archiven. Ihre Bedeutung für die Indienforschung

Nr. 3 JÜRGEN HERZOG: Kolonialismus und Ökologie im Kontext der Geschichte Tansanias - Plädoyer für eine historische Umweltforschung (herausgegeben von Achim von Oppen)

Nr. 4 GERHARD HÖPP: Arabische und islamische Periodika in Berlin und Brandenburg, 1915 - 1945. Geschichtlicher Abriß und Bibliographie

Nr. 5 DIETRICH REETZ: Hijrat: The Flight of the Faithful. A British file on the Exodus of Muslim Peasants from North India to Afghanistan in 1920

Nr. 6 HENNER FÜRTIG: Demokratie in Saudi-Arabien? Die Āl Saᶜūd und die Folgen des zweiten Golfkrieges

Nr. 7 THOMAS SCHEFFLER: Die SPD und der Algerienkrieg (1954-1962)

Nr. 8 ANNEMARIE HAFNER (Hg.): Essays on South Asian Society, Culture and Politics

Nr. 9 BERNT GLATZER (Hg.): Essays on South Asian Society, Culture and Politics II

Nr. 10 UTE LUIG/ACHIM VON OPPEN (Hg.): Naturaneignung in Afrika als sozialer und symbolischer Prozess

Nr. 11 GERHARD HÖPP/GERDIEN JONKER (Hg.): In fremder Erde. Zur Geschichte und Gegenwart der islamischen Bestattung in Deutschland

Nr. 12 HENNER FÜRTIG: Liberalisierung als Herausforderung. Wie stabil ist die Islamische Republik Iran?

Nr. 13 UWE PFULLMANN: Thronfolge in Saudi-Arabien - vom Anfang der wahhabitischen Bewegung bis 1953

Nr. 14 DIETRICH REETZ/HEIKE LIEBAU (Hg.): Globale Prozesse und "Akteure des Wandels": Quellen und Methoden ihrer Untersuchung

Nr. 15 JAN-GEORG DEUTSCH/INGEBORG HALENE (Hg.): Afrikabezogene Nachlässe in den Bibliotheken und Archiven der Bundesländer Berlin, Brandenburg und Mecklenburg-Vorpommern

Nr. 16 HENNER FÜRTIG/GERHARD HÖPP (Hg.): Wessen Geschichte? Muslimische Erfahrungen historischer Zäsuren im 20. Jahrhundert

STUDIEN

Bd. 1 JOACHIM HEIDRICH (Hg.): Changing Identities. The Transformation of Asian and African Societies under Colonialism

Bd. 2 ACHIM VON OPPEN/RICHARD ROTTENBURG (Hg.): Organisationswandel in Afrika: Kollektive Praxis und kulturelle Aneignung

Bd. 3 JAN-GEORG DEUTSCH: Educating the Middlemen: A Political and Economic History of Statutory Cocoa Marketing in Nigeria, 1936-1947

Bd. 4 GERHARD HÖPP (Hg.): Fremde Erfahrungen: Asiaten und Afrikaner in Deutschland, Österreich und in der Schweiz bis 1945

Bd. 5 HELMUT BLEY: Afrika: Geschichte und Politik. Ausgewählte Beiträge 1967-1992

Bd. 6 GERHARD HÖPP: Muslime in der Mark. Als Kriegsgefangene und Internierte in Wünsdorf und Zossen, 1914 - 1924

Bd. 7: JAN-GEORG DEUTSCH/ALBERT WIRZ (Hg.): Geschichte in Afrika. Einführung in Probleme und Debatten

Bd. 8: HENNER FÜRTIG: Islamische Weltauffassung und außenpolitische Konzeptionen der iranischen Staatsführung seit dem Tod Ajatollah Khomeinis

In Vorbereitung:

STUDIEN

BRIGITTE BÜHLER: Mündliche Überlieferungen: Geschichte und Geschichten bei den Wiya im Grasland von Kamerun

KATJA FÜLLBERG-STOLBERG/PETRA HEIDRICH/ELLINOR SCHÖNE (Hg): Dissociation and Appropriation of Global Processes and Ideas: History, Religion and Local Culture in Asia and Africa (Arbeitstitel)

ANNEMARIE HAFNER: Proletarische Lebenswelten im kolonialen Indien. Zur Kultur von Textilarbeitern in Bombay und Kalkutta sowie von Teeplantagenkulis in Assam (Arbeitstitel)

ELLINOR SCHÖNE: Weltbild und Politik der Organisation der Islamischen Konferenz (OIC) nach dem Ende des Ost-West-Konflikts

Bei Fragen zur Produktsicherheit wenden Sie sich bitte an:
If you have any questions regarding product safety,
please contact:

Walter de Gruyter GmbH
Genthiner Straße 13
10785 Berlin
productsafety@degruyterbrill.com